中国铁建股份有限公司企业标准

中低速磁浮交通工程施工质量验收标准

Standard for Construction Quality Acceptance of Medium and Low Speed Maglev Transit Engineering

Q/CRCC 32806—2019

主编单位：中铁第五勘察设计院集团有限公司
　　　　　中铁磁浮交通投资建设有限公司
批准单位：中国铁建股份有限公司
施行日期：2020 年 5 月 1 日

人民交通出版社股份有限公司
2019·北京

图书在版编目（CIP）数据

中低速磁浮交通工程施工质量验收标准 / 中铁第五勘察设计院集团有限公司，中铁磁浮交通投资建设有限公司主编. — 北京：人民交通出版社股份有限公司，2019.12

ISBN 978-7-114-16088-2

Ⅰ. ①中… Ⅱ. ①中… ②中… Ⅲ. ①磁浮铁路—铁路工程—工程验收—质量标准 Ⅳ. ①U237-65

中国版本图书馆 CIP 数据核字（2019）第 280021 号

标准类型：	中国铁建股份有限公司企业标准
标准名称：	中低速磁浮交通工程施工质量验收标准
标准编号：	Q/CRCC 32806—2019
主编单位：	中铁第五勘察设计院集团有限公司
	中铁磁浮交通投资建设有限公司
责任编辑：	曲 乐 李 梦
责任校对：	孙国靖 扈 婕
责任印制：	刘高彤
出版发行：	人民交通出版社股份有限公司
地　　址：	（100011）北京市朝阳区安定门外外馆斜街 3 号
网　　址：	http://www.ccpress.com.cn
销售电话：	(010) 59757973
总 经 销：	人民交通出版社股份有限公司发行部
经　　销：	各地新华书店
印　　刷：	北京鑫正大印刷有限公司
开　　本：	880×1230　1/16
印　　张：	19.25
字　　数：	406 千
版　　次：	2019 年 12 月　第 1 版
印　　次：	2020 年 5 月　第 2 次印刷
书　　号：	ISBN 978-7-114-16088-2
定　　价：	96.00 元

（有印刷、装订质量问题的图书，由本公司负责调换）

序　一

2016年5月6日，由中国铁建独家承建的我国首条中低速磁浮商业运营线——长沙磁浮快线开通试运营。长沙磁浮快线是世界上最长的中低速磁浮线，是我国磁浮技术工程化、产业化的重大自主创新项目，荣获我国土木工程领域工程建设项目科技创新的最高荣誉——中国土木工程詹天佑奖。长沙磁浮快线是中国铁建独创性采用"投融资＋设计施工总承包＋采购＋研发＋制造＋联调联试＋运营维护＋后续综合开发"模式的建设项目，其建成标志着我国在中低速磁浮工程化应用领域走在了世界前列，也标志着中国铁建成为中低速磁浮交通的领跑者和代言人。

我国已进入全面建成小康社会的决定性阶段，正处于城镇化深入发展的关键时期，亟待解决经济发展、城市交通、能源资源和生态环境等问题，而中低速磁浮交通具有振动噪声小、爬坡能力强、转弯半径小等优势，业已成为市内中低运量轨道交通、市郊线路和机场线、旅游专线等的有力竞争者。以中低速磁浮交通为代表的新型轨道交通是中国铁建战略规划"7＋1"产业构成中新兴产业、新兴业务重点布局新兴领域之一，也是中国铁建产业转型升级、打造"品质铁建"、实现高质量发展的切入点之一。2018年4月，中国铁建开展了中低速磁浮标准体系建设工作，该体系由15项技术标准组成，包括1项基础标准、9项通用标准和5项专用标准，涵盖勘察、测量、设计、施工、验收、运营和维护全过程、全领域；系列标准立足总结经验、标准先行、补齐短板、填补空白，立足系统完备、科学规范、国内一流、国际领先，立足推进磁浮交通技术升级、交通产业发展升级和人民生活品质提升。中低速磁浮系列标准的出版，必将为中国铁建新型轨道交通发展提供科技支撑力并提升中国铁建核心竞争力。

希望系统内各单位以中低速磁浮系列标准出版为契机，进一步提升新兴领域开拓战略高度，强化新兴业务专有技术培育，加快新兴产业标准体系建设，以为政府和业主提供综合集成服务方案为托手，以"旅游规划、基础配套、产业开发、交通工程勘察设计、投融资、建设、运营"一体化为指导，全面推动磁浮、单轨、智轨等新型轨道交通发展，为打造"品质铁建"做出新的更大贡献！

董事长：　　　　　　　总裁：

中国铁建股份有限公司

2019年12月

序 二

建设更安全可靠、更节能环保、更快捷舒适的轨道交通运输系统，一直都是人类追求的理想和目标。为此，我国自20世纪80年代以来积极倡导、投入开展中低速常导磁浮列车技术的研究。通过对国外先进技术的引进、消化、吸收以及自主创新，利用高校、科研院所及设计院等企业的协调合作，我国逐步研发了各种常导磁浮试验模型车，建设了多条厂内磁浮列车试验线，实现了载人运行试验，标志着我国在中低速常导磁浮列车领域的研究已跨入世界先进国家的行列，并从基础性技术研究迈向磁浮产业化。

国内首条中低速磁浮商业运营线——长沙磁浮快线于2014年5月开建，开启了国内中低速磁浮交通系统从试验研究到工程化、产业化的首次尝试，实现了国内自主设计、自主制造、自主施工、自主管理的中低速磁浮商业运营线零的突破。建成通车时，我倍感欣慰，不仅是因为我的团队参与了建设，做出了贡献，更因为中低速磁浮交通走进了大众的生活，让市民感受到了磁浮的魅力，让国人的磁浮梦扬帆起航。

在我国磁浮技术快速发展的基础上，中国工程院持续支持了中低速磁浮、高速磁浮、超高速磁浮发展与战略研究三个重点咨询课题。三个课题详细总结了我国磁浮交通的发展现状、发展背景，给出了我国磁浮交通的发展优势、发展路径、发展战略等建议。同时，四年前，在我国已掌握了中低速磁浮交通的核心技术、特殊技术、试验验证技术和系统集成技术，并且具备了磁浮列车系统集成、轨道制造、牵引与供电系统装备制造、通信信号系统装备制造和工程建设的能力的大背景下，我联合多名中国科学院院士、中国工程院院士、大学教授署名了一份《关于加快中低速磁浮交通推广应用的建议》，希望中低速磁浮交通上升为国家战略新兴产业。

两年前，国内首条旅游专线——清远磁浮旅游专线获批开建，再次推动了中低速磁浮交通的产业化发展，拓展了其在旅游交通领域的应用。

现在，我欣慰地看到，第一批中国铁建中低速磁浮工程建设企业标准已完成编制，内容涵盖了工程勘察、设计、施工、验收建设全过程以及试运营、运营、检修维护全领域，结构合理、内容完整，体现了中低速磁浮交通标准体系的系统性和完整性，体现更严、更深、更细的企业技术标准要求。一系列标准的发布，凝聚了众多磁浮人的智慧结晶，对推动我国中低速磁浮交通事业的发展、实现"交通强国"具有重要的意义。

磁浮交通一直在路上、在奔跑，具有绿色环保、安全性高、舒适性好、爬坡能力强、转弯半径小、建设成本低、运营维护成本低等优点，拥有完全自主知识产权的中低速磁浮交通也是未来绿色轨道交通的重要形式。磁浮人应以国际化为目标，以产业化为支撑，以市场化为指导，以工程化为载体，实现我国磁浮技术的发展和应用。

  作为磁浮交通科研工作者中的一员，我始终坚信磁浮交通有着广阔的发展前景，也必将成为我国轨道交通事业的"国家新名片"。

中国工程院院士：

2019 年 11 月

中国铁建股份有限公司文件

中国铁建科技〔2019〕165 号

关于发布《中低速磁浮交通术语标准》等 15 项中国铁建企业技术标准的通知

各区域总部，所属各单位：

现批准发布《中低速磁浮交通术语标准》（Q/CRCC 31801—2019）、《中低速磁浮交通岩土工程勘察规范》（Q/CRCC 32801—2019）、《中低速磁浮交通工程测量规范》（Q/CRCC 32802—2019）、《中低速磁浮交通设计规范》（Q/CRCC 32803—2019）、《中低速磁浮交通信号系统技术规范》（Q/CRCC 33802—2019）、《中低速磁浮交通供电系统技术规范》（Q/CRCC 33803—2019）、《中低速磁浮交通接触轨系统技术标准》（Q/CRCC 33805—2019）、《中低速磁浮交通车辆基地设计规范》（Q/CRCC 33806—2019）、《中低速磁浮交通土建工程施工技术规范》（Q/CRCC 32804—2019）、《中低速磁浮交通机电工程施工技术规范》（Q/CRCC 32805—2019）、《中低速磁浮交通工程施工质量验收标准》（Q/CRCC 32806—2019）、《中低速磁浮交通试运营基本条件》（Q/CRCC 32807—2019）、《中低速磁浮交通车辆检修规程》（Q/CRCC 33804—2019）、《中低速磁浮交通运营管理规范》（Q/CRCC 32809—2019）和《中低速磁浮交通维护规范》（Q/CRCC 32808—2019），自 2020 年 5 月 1 日起实施。

15 项标准由人民交通出版社股份有限公司出版发行。

中国铁建股份有限公司
2019 年 11 月 18 日

中国铁建股份有限公司办公厅　　　　　　　　2019 年 11 月 18 日印发

前 言

本标准是根据中国铁建股份有限公司《关于下达中国铁建中低速磁浮工程建设标准编制计划的通知》（中国铁建科设〔2018〕53 号）的要求，由中铁第五勘察设计院集团有限公司和中铁磁浮交通投资建设有限公司会同有关单位编制完成。

本标准编制过程中，编制组进行了深入调查研究，认真总结实践经验，广泛征求有关单位和专家意见，并与相关标准进行了协调，经反复讨论、修改，由中国铁建股份有限公司科技创新部审查定稿。

本标准共分 23 章和 8 项附录，主要内容包括：1 总则；2 术语和缩略语；3 基本规定；4 低置结构；5 桥涵；6 地下工程；7 轨道；8 道岔系统；9 车站建筑；10 车辆基地；11 给水排水；12 供电；13 通信；14 信号；15 电梯、自动扶梯及自动人行道；16 自动售检票系统；17 火灾自动报警系统；18 综合监控系统；19 环境与设备监控系统；20 安防系统；21 通风空调及供暖；22 门禁系统；23 站台门；附录 A 单位工程、分部工程及分项工程划分；附录 B 检验批质量验收记录；附录 C 分项工程质量验收记录；附录 D 分部工程质量验收记录；附录 E 单位工程质量控制资料核查记录；附录 F 单位工程实体质量和主要功能核查记录；附录 G 单位工程观感质量核查记录；附录 H 单位工程质量竣工验收记录。

本标准由中国铁建股份有限公司科技创新部负责管理，由中铁第五勘察设计院集团有限公司和中铁磁浮交通投资建设有限公司负责具体技术内容的解释。标准执行过程中如有意见或者建议，请寄送中铁第五勘察设计院集团有限公司（地址：北京市大兴区康庄路 9 号，邮编：102600；电子邮箱：xiaojinfeng@163.com）和中铁磁浮交通投资建设有限公司（地址：湖北省武汉市武昌区张之洞路 169 号金星大厦 17 楼，邮编：430060；电子邮箱：crmtbz@163.com），以供今后修订时参考。

主 编 单 位：中铁第五勘察设计院集团有限公司
中铁磁浮交通投资建设有限公司
参 编 单 位：中铁第一勘察设计院集团有限公司
中铁十一局集团有限公司
中铁十六局集团有限公司
中铁十八局集团有限公司
中铁二十三局集团有限公司
中国铁建重工集团股份有限公司
中国铁建电气化局集团有限公司

主要起草人员： 肖金凤　张家炳　李伟强　胡　明　刘武斌　李海培　余鹏成
　　　　　　　　黄　欣　龚俊虎　黎　祥　任继红　邢　亮　丁兆锋　金建军
　　　　　　　　张守超　张宝华　刘可兵　马存有　陈霞飞　张亚军　方　魏
　　　　　　　　王国军　邓世勇　李　宝　梁　红　邓　梦　韩孝勇　郑雅聪
　　　　　　　　年嗣秀　谢　斌　尹仁发　刘晓贺　祁国强　李天游　刘　强
　　　　　　　　王　军

主要审查人员： 史存林　薛吉岗　周诗广　尹福康　许和平　贾志武　李庆民
　　　　　　　　张立青　骆　力　林传年　肖利君　夏　冷　曹同来　黄直久
　　　　　　　　郭　胜　钱国玉　姚洪锡　娄会彬　刘艳青　沈　翔　郭建湖
　　　　　　　　霍建勋　张兴昭　全顺喜　贺少辉　周大兴　苏光辉　张淑莉
　　　　　　　　白国岩　吴应明　张军林　谭　斌　盛蓉蓉　曾力勇

目　次

1 总则 ·· 1
2 术语和缩略语 ·· 2
　2.1 术语 ·· 2
　2.2 缩略语 ·· 5
3 基本规定 ·· 6
　3.1 一般规定 ·· 6
　3.2 工程施工质量验收单元的划分 ·· 7
　3.3 工程施工质量验收内容和要求 ·· 8
　3.4 工程施工质量验收的程序和组织 ·· 9
4 低置结构 ··· 11
　4.1 一般规定 ··· 11
　4.2 地基处理 ··· 12
　4.3 基床以下路堤 ··· 21
　4.4 路堑 ··· 25
　4.5 过渡段 ··· 26
　4.6 基床 ··· 29
　4.7 路基面 ··· 32
　4.8 承轨梁 ··· 33
　4.9 路基排水 ··· 36
　4.10 边坡防护 ··· 42
　4.11 支挡工程 ··· 49
　4.12 路基相关工程及设施 ··· 54
　4.13 变形观测 ··· 58
5 桥涵 ··· 59
　5.1 一般规定 ··· 59
　5.2 墩台基础 ··· 60
　5.3 墩台 ··· 65
　5.4 桥位制梁 ··· 67
　5.5 桥梁预制及架设 ··· 74
　5.6 承轨梁 ··· 77
　5.7 支座安装 ··· 77

— 1 —

5.8	桥面及相关结构	78
5.9	涵洞	81
5.10	变形观测	82

6 地下工程 ······ 84

6.1	一般规定	84
6.2	暗挖隧道洞口、明洞	85
6.3	暗挖隧道地层预加固	88
6.4	暗挖隧道洞身开挖	89
6.5	暗挖隧道支护	90
6.6	暗挖隧道衬砌	94
6.7	暗挖隧道防排水	96
6.8	明挖工程	100
6.9	盾构工程	105
6.10	承轨梁	107
6.11	附属设施	107
6.12	变形观测	108

7 轨道 ······ 109

7.1	一般规定	109
7.2	轨排控制网	109
7.3	轨排	110
7.4	承轨台	112
7.5	轨排接头	114
7.6	轨道附属设施与标志	114

8 道岔系统 ······ 116

8.1	一般规定	116
8.2	道岔基础和道岔基础平台	116
8.3	道岔结构件	118
8.4	电控设备	122
8.5	道岔调试	125

9 车站建筑 ······ 128

9.1	一般规定	128
9.2	站台	128
9.3	站厅	131
9.4	栏杆、扶手	134
9.5	出入口	136
9.6	导向标志	139

10 车辆基地	142
10.1 一般规定	142
10.2 场内道路	142
10.3 洗车机	145
10.4 悬浮架更换设备	149
10.5 车底大部件拆装设备	150
10.6 整车间隙检测系统	151
10.7 三层作业平台设备	152
10.8 蓄电池间设备	153
10.9 起重机设备	154
10.10 附属设施	154
11 给水排水	156
11.1 一般规定	156
11.2 给水排水管道	157
11.3 构筑物	158
11.4 水泵及附属设备	160
11.5 系统功能检验	161
12 供电	163
12.1 一般规定	163
12.2 变电所	163
12.3 接触轨	165
12.4 环网电缆线路	167
12.5 动力与照明	168
12.6 防雷与接地	170
12.7 电力监控系统功能检验	172
13 通信	173
13.1 一般规定	173
13.2 通信管线	173
13.3 通信线路	175
13.4 室内设备安装和配线	178
13.5 传输系统	179
13.6 公务、专用电话系统	181
13.7 无线通信系统	182
13.8 视频监视系统	185
13.9 广播系统	186
13.10 时钟系统	188

13.11　乘客信息系统 ··· 189
　13.12　办公自动化系统 ·· 190
　13.13　电源设备 ··· 191
　13.14　防雷与接地 ·· 192
　13.15　集中告警系统 ··· 193

14　信号 ·· 194
　14.1　一般规定 ··· 194
　14.2　光电缆线路 ·· 194
　14.3　信号机、发车指示器和按钮装置 ·· 196
　14.4　LEU、应答器和标志牌 ··· 198
　14.5　无线接入设备、计轴设备 ·· 198
　14.6　室内设备 ··· 199
　14.7　防雷及接地 ·· 202
　14.8　单机功能检验 ··· 202
　14.9　系统检验 ··· 205

15　电梯、自动扶梯及自动人行道 ··· 209
　15.1　一般规定 ··· 209
　15.2　自动扶梯、自动人行道安装 ··· 209
　15.3　电力驱动的曳引式电梯安装 ··· 210
　15.4　系统检验 ··· 218

16　自动售检票系统 ··· 220
　16.1　一般规定 ··· 220
　16.2　管线敷设 ··· 220
　16.3　设备安装 ··· 221
　16.4　电源、防雷与接地 ·· 222
　16.5　车站终端设备功能检验 ··· 222
　16.6　车站计算机系统检验 ·· 224
　16.7　线路中央计算机系统检验 ·· 225
　16.8　票务清分系统检验 ·· 226

17　火灾自动报警系统 ·· 229
　17.1　一般规定 ··· 229
　17.2　管线敷设 ··· 229
　17.3　设备安装 ··· 232
　17.4　电源、防雷与接地 ·· 233
　17.5　单机功能检验 ··· 233
　17.6　系统检验 ··· 234

18 综合监控系统 ... 237
18.1 一般规定 ... 237
18.2 管线敷设 ... 237
18.3 设备安装 ... 237
18.4 电源与接地 ... 238
18.5 单机功能检验 ... 238
18.6 系统检验 ... 239

19 环境与设备监控系统 ... 240
19.1 一般规定 ... 240
19.2 管线敷设 ... 240
19.3 设备安装 ... 241
19.4 电源、防雷与接地 ... 242
19.5 单机功能检验 ... 242
19.6 系统检验 ... 243

20 安防系统 ... 246
20.1 一般规定 ... 246
20.2 管线敷设 ... 246
20.3 设备安装 ... 246
20.4 电源、防雷与接地 ... 247
20.5 周界报警系统检验 ... 247
20.6 视频监视系统检验 ... 248
20.7 电子巡更系统检验 ... 248
20.8 安检设施检验 ... 248

21 通风空调及供暖 ... 250
21.1 一般规定 ... 250
21.2 风管与通风部件 ... 251
21.3 抗震支吊架 ... 252
21.4 设备安装 ... 253
21.5 供暖系统 ... 254
21.6 系统检验 ... 255

22 门禁系统 ... 257
22.1 一般规定 ... 257
22.2 线缆敷设及设备安装 ... 257
22.3 系统检验 ... 259

23 站台门 ... 261
23.1 一般规定 ... 261

23.2 管线敷设 …… 261
23.3 站台门安装 …… 262
23.4 电源与接地 …… 266
23.5 系统检验 …… 267
附录A 单位工程、分部工程及分项工程划分 …… 268
附录B 检验批质量验收记录 …… 275
附录C 分项工程质量验收记录 …… 276
附录D 分部工程质量验收记录 …… 277
附录E 单位工程质量控制资料核查记录 …… 278
附录F 单位工程实体质量和主要功能核查记录 …… 279
附录G 单位工程观感质量核查记录 …… 280
附录H 单位工程质量竣工验收记录 …… 281
本标准用词说明 …… 282
引用标准名录 …… 283

Contents

1 **General Provisions** ·· 1
2 **Terms and Abbreviations** ·· 2
   2.1 Terms ·· 2
   2.2 Abbreviations ··· 5
3 **Basic Regulations** ·· 6
   3.1 General Requirements ··· 6
   3.2 Construction Quality Acceptance Unit Division ·· 7
   3.3 Contents and Requirements for Acceptance of Engineering Construction Quality ··· 8
   3.4 Procedure and Organization of Acceptance of Engineering Construction Quality ··· 9
4 **At-ground Structure** ·· 11
   4.1 General Requirements ··· 11
   4.2 Foundation Treatment ··· 12
   4.3 Embankment below Subgrade ··· 21
   4.4 Cutting ··· 25
   4.5 Transition Segment ·· 26
   4.6 Subgrade Bed ··· 29
   4.7 Subgrade Surface ··· 32
   4.8 Rail-bearing Beam ·· 33
   4.9 Subgrade Drainage ··· 36
   4.10 Slope Protection ·· 42
   4.11 Support Engineering ··· 49
   4.12 Subgrade-related Engineering and Facilities ·· 54
   4.13 Deformation Observation ··· 58
5 **Bridge and Culvert** ··· 59
   5.1 General Requirements ··· 59
   5.2 Pier and Abutment Foundation ··· 60
   5.3 Pier and Abutment ··· 65
   5.4 Bridge Location Beam Making ·· 67
   5.5 Prefabrication and Erection of Bridges ·· 74
   5.6 Rail-bearing Beam ·· 77
   5.7 Bearing Installation ·· 77

	5.8	Bridge Deck and Related Structures	78
	5.9	Culvert	81
	5.10	Deformation Observation	82
6	**Underground Engineering**	84
	6.1	General Requirements	84
	6.2	Undercut Tunnel Portal and Open Cut Tunnel	85
	6.3	Pre-reinforcement of Underground Tunnel Stratum	88
	6.4	Excavation of Tunnel Body by Subsurface Excavation	89
	6.5	Supporting of Underground Excavation Tunnel	90
	6.6	Underground Tunnel Lining	94
	6.7	Waterproof and Drainage of Underground Tunnel	96
	6.8	Open-cut Engineering	100
	6.9	Shield Tunneling	105
	6.10	Rail-bearing Beam	107
	6.11	Affiliated Facilities	107
	6.12	Deformation Observation	108
7	**Track**	109
	7.1	General Requirements	109
	7.2	Track Panel Control Network	109
	7.3	Track Panel	110
	7.4	Rail Bearing Platform	112
	7.5	Section of Track Panel	114
	7.6	Track Accessory Facilities and Marks	114
8	**Turnout System**	116
	8.1	General Requirements	116
	8.2	Turnout Foundation and Turnout Foundation Platform	116
	8.3	Turnout Structural Parts	118
	8.4	Electronic Control Equipment	122
	8.5	Turnout Debugging	125
9	**Station Building**	128
	9.1	General Requirements	128
	9.2	Platform	128
	9.3	Station Hall	131
	9.4	Railings and Handrails	134
	9.5	Entrance and Exit	136
	9.6	Guide Sign	139

10 Vehicle Base 142
   - 10.1 General Requirements 142
   - 10.2 On-site Road 142
   - 10.3 Car Washer 145
   - 10.4 Suspension Rack Replacement Equipment 149
   - 10.5 Disassembly and Assembly Equipment for Large Parts of Car Bottom 150
   - 10.6 Workplace Gap Detection System 151
   - 10.7 Three-layer Platform Equipment 152
   - 10.8 Battery Room Equipment 153
   - 10.9 Crane Equipment 154
   - 10.10 Affiliated Facilities 154

11 Water Supply and Drainage 156
   - 11.1 General Requirements 156
   - 11.2 Water Supply and Drainage Pipeline 157
   - 11.3 Structure 158
   - 11.4 Water Pump and Auxiliary Equipment 160
   - 11.5 System Function Check 161

12 Power Supply 163
   - 12.1 General Requirements 163
   - 12.2 Substation 163
   - 12.3 Contact Rail 165
   - 12.4 Ring Cable Line 167
   - 12.5 Power and Lighting 168
   - 12.6 Lightning Protection and Grounding System 170
   - 12.7 Function check of Electric Power Monitoring System 172

13 Communication 173
   - 13.1 General Requirements 173
   - 13.2 Communication Pipeline 173
   - 13.3 Communication Line 175
   - 13.4 Installation and Wiring of Indoor Equipment 178
   - 13.5 Transmission System 179
   - 13.6 Business and Private Telephone System 181
   - 13.7 Wireless Communication System 182
   - 13.8 Video Surveillance System 185
   - 13.9 Broadcasting System 186
   - 13.10 Clock System 188

13.11　Passenger Information System ······ 189
13.12　Office Automation System ······ 190
13.13　Power Equipment ······ 191
13.14　Lightning Protection and Grounding System ······ 192
13.15　Centralized Alarm System ······ 193

14　Signal ······ 194

14.1　General Requirements ······ 194
14.2　Optical Cable Line ······ 194
14.3　Signal, Start Indicator and Button Device ······ 196
14.4　LEU, Transmitter and Signboard ······ 198
14.5　Wireless Access Equipment and Axle Counting Equipment ······ 198
14.6　Indoor Equipment ······ 199
14.7　Lightning Protection and Grounding ······ 202
14.8　Single Machine Function Check ······ 202
14.9　System Check ······ 205

15　Elevators, Escalators and Moving Sidewalks ······ 209

15.1　General Requirements ······ 209
15.2　Installation of Escalators and Moving Sidewalks ······ 209
15.3　Installation of Electric Driven Traction Elevator ······ 210
15.4　System Check ······ 218

16　Automation Fare Collection System ······ 220

16.1　General Requirements ······ 220
16.2　Pipeline Laying ······ 220
16.3　Equipment Installation ······ 221
16.4　Power Supply, Lightning Protection and Grounding ······ 222
16.5　Function Check of Station Terminal Equipment ······ 222
16.6　Station Computer System Check ······ 224
16.7　Line Central Computer System Check ······ 225
16.8　Ticket Clearing System Check ······ 226

17　Automatic Fire Alarm System ······ 229

17.1　General Requirements ······ 229
17.2　Pipeline Laying ······ 229
17.3　Equipment Installation ······ 232
17.4　Power Supply, Lightning Protection and Grounding ······ 233
17.5　Single Machine Function Check ······ 233
17.6　System Check ······ 234

18　Integrated Supervisory and Control System ········ 237

18.1　General Requirements ········ 237

18.2　Pipeline Laying ········ 237

18.3　Equipment Installation ········ 237

18.4　Power Supply and Grounding ········ 238

18.5　Single Machine Function Check ········ 238

18.6　System Check ········ 239

19　Environment and Equipment Monitoring System ········ 240

19.1　General Requirements ········ 240

19.2　Pipeline Laying ········ 240

19.3　Equipment Installation ········ 241

19.4　Power Supply, Lightning Protection and Grounding ········ 242

19.5　Single Machine Function Check ········ 242

19.6　System Check ········ 243

20　Security System ········ 246

20.1　General Requirements ········ 246

20.2　Pipeline Laying ········ 246

20.3　Equipment Installation ········ 246

20.4　Power Supply, Lightning Protection and Grounding ········ 247

20.5　Perimeter Alarm System Check ········ 247

20.6　Video Monitoring System Check ········ 248

20.7　Guard Tour System Check ········ 248

20.8　Security Inspection Facilities Check ········ 248

21　Ventilation, Air Conditioning and Heating ········ 250

21.1　General Requirements ········ 250

21.2　Air Duct and Ventilation Components ········ 251

21.3　Seismic Support and Hanger ········ 252

21.4　Equipment Installation ········ 253

21.5　Heating System ········ 254

21.6　System Check ········ 255

22　Access Control System ········ 257

22.1　General Requirements ········ 257

22.2　Wiring and Equipment Installation ········ 257

22.3　System Check ········ 259

23　Platform Screen Door ········ 261

23.1　General Requirements ········ 261

23.2　Pipeline Laying ………………………………………………………………… 261
23.3　Installation of Platform Screen Door ……………………………………… 262
23.4　Power Supply and Grounding ………………………………………………… 266
23.5　System Check …………………………………………………………………… 267

Appendix A　Division of Unit Engineering, Partial Work and Sub-project ……… 268

Appendix B　Quality Acceptance Records of Inspection Lot …………………… 275

Appendix C　Quality Acceptance Records of Sub-project ……………………… 276

Appendix D　Quality Acceptance Records of Partial Work …………………… 277

Appendix E　Verification Records of Quality Control Data for Unit Project …… 278

Appendix F　Inspection Records of Unit Engineering Entities Quality and Main Functions ……………………………………………………………… 279

Appendix G　Inspection Records of Unit Engineering Appearance Quality ……… 280

Appendix H　Acceptance Records of Unit Engineering Quality ………………… 281

Explanation of Wording in This Code …………………………………………… 282

List of Quoted Standard …………………………………………………………… 283

1 总则

1.0.1 为加强中低速磁浮交通工程施工质量管理，统一施工质量验收标准，保证工程质量，制定本标准。

1.0.2 本标准适用于最高运行速度不超过 120km/h 的中低速磁浮交通工程施工质量验收。

1.0.3 中低速磁浮交通工程建设各方应执行国家法律法规及相关技术标准，并制定相应的质量、安全、技术措施，严格按照设计文件进行施工，满足工程结构安全、耐久性能及系统使用功能要求，保证设计使用年限内正常运营。

1.0.4 中低速磁浮交通工程施工应合理利用资源，做好环境保护、水土保持等工作。

1.0.5 中低速磁浮交通工程施工质量验收除应符合本标准外，尚应符合国家、行业现行有关标准和中国铁建股份有限公司现行有关技术标准的规定。

2 术语和缩略语

2.1 术语

2.1.1 中低速磁浮交通　medium and low speed maglev transit
采用直线异步电机驱动，定子设在车辆上的常导磁浮轨道交通。

2.1.2 低置结构　at-ground structure
路基与设置在路基之上的承轨梁组成的结构物。

2.1.3 路基　subgrade
经开挖或填筑而形成的，用于支撑承轨梁及轨道结构的土工结构物。

2.1.4 路基面　formation surface
低置结构回填层的表面。

2.1.5 回填层　backfill layer
设置在承轨梁的两侧，将承轨梁下部梁体埋置在路基基床之上的填土层。

2.1.6 承轨梁　supporting-track beam
设置在隧道、路基或桥梁上，用于支承轨道结构，安装接触轨，实现中低速磁浮列车抱轨运行的结构物。

2.1.7 轨道　track
承受列车荷载和约束列车运行方向的设备或设施总称。

2.1.8 F型钢　F type steel
断面为"F"形状的中低速磁浮轨道专用型钢。

2.1.9 轨距　track gauge
轨道两侧F型导轨悬浮检测面中心线之间的距离。

2.1.10 轨排　track panel

由 F 型导轨、轨枕、连接件及紧固件等组成，是中低速磁浮线路的基本单元。

2.1.11 中低速磁浮道岔　medium and low speed maglev turnout

中低速磁浮线路的转线设备，由主体结构、驱动、锁定、控制等部分组成。其主体结构梁由三段钢结构梁构成，每段钢结构梁依次围绕三个实际点旋转实现转线。按照结构组成和功能状态，可分为单开道岔、对开道岔、三开道岔、多开道岔、单渡线道岔和交叉渡线道岔。

2.1.12 道岔梁　turnout beam

道岔上用于固定导轨和接触轨的可转动轨道钢结构梁。

2.1.13 接触轨　contact rail

敷设在承轨梁两侧，通过受电靴向中低速磁浮列车供给电能的导电轨。

2.1.14 工程施工质量　construction quality of engineering

反映工程施工过程或实体满足相关标准规定或合同约定的要求，包括其在安全、使用功能及耐久性能、环境保护等方面所有明显和隐含能力的特性总和。

2.1.15 验收　acceptance

在施工单位自行检查评定的基础上，参与建设活动的有关单位共同对分项、分部、单位工程的质量按有关规定进行检验，根据相关标准以书面形式对工程质量达到合格与否做出确认。

2.1.16 进场验收　site acceptance

对进入施工现场的材料、构配件、设备等按相关标准规定要求进行检验，对其达到合格与否做出确认。

2.1.17 检验批　inspection lot

按相同的生产条件或按规定的方式汇总起来供抽样检验用的，由一定数量样本组成的检验体。

2.1.18 检验　inspection

对检验项目中的性能进行量测、检查、试验等，并将结果与标准规定要求进行比较，以确定每项性能是否合格所进行的活动。

2.1.19 见证检验　evidential testing

监理单位对施工单位材料取样、送样、检验或某项检测、试验过程进行的监督活动。

2.1.20 平行检验　parallel testing
监理单位利用一定的检查或检测手段，在施工单位自检的基础上，按照一定的比例独立进行检查或检测的活动。

2.1.21 抽样检验　sampling inspection
按照规定的抽样方案，随机地从进场的材料、构配件、设备或工程检验项目中，按检验批抽取一定数量的样本所进行的检验。

2.1.22 工序　construction procedure
施工过程中具有相对独立特点的作业活动，或由必要的技术间歇及停顿分割的作业活动，是组成施工过程的基本单元。

2.1.23 主控项目　dominant item
对质量、安全、卫生、环境保护和公众利益起决定性作用的检验项目。

2.1.24 一般项目　general item
除主控项目以外的检验项目。

2.1.25 观感质量　quality of appearance
通过观察和必要的量测所反映的工程外在的质量。

2.1.26 框架控制网（CF0）　frame control network
采用卫星定位测量方法建立的空间直角坐标控制网，作为全线（段）的坐标起算基准。

2.1.27 基础平面控制网（CFⅠ）　basic horizontal control network
在CF0的基础上，沿线路走向布设，按卫星静态相对定位原理建立，为CFⅡ和CFⅢ提供坐标基准。

2.1.28 线路平面控制网（CFⅡ）　route horizontal control network
在CFⅠ的基础上，沿线路附近布设，为施工和CFⅢ测量提供坐标基准。

2.1.29 轨排控制网（CFⅢ）　track panel control network
沿线路布设的平面、高程三维控制网，为轨排及其附属设施施工、运营维护提供控制基准。

2.2 缩略语

本标准缩略语一览表见表2.2.0。

表2.2.0 本标准缩略语一览表

缩 写	释 义	全 文
ATO	列车自动运行系统	Automatic Train Operation
ATP	列车自动防护系统	Automatic Train Protection
ATS	列车自动监控系统	Automatic Train Supervision
AFC	自动售检票系统	Automatic Fare Collection System
BHCA	忙时呼叫尝试次数	Busy Hour Call Attempts
CI	计算机联锁系统	Computer Interlocking
DCS	数据通信系统	Data Communication System
DDF	数字配线架	Digital Distribution Frame
LED	发光二极管	Light Emitting Diode
LEU	轨旁电子单元	Lineside Electronic Unit
MSS	维护支持系统	Maintenance Support System
NTP	网络时间协议	Network Time Protocol
ODF	光纤配线架	Optical Distribution Frame
QOS	系统服务质量	Quality of Service
PSNR	峰值信噪比	Peak Signal to Noise Ratio
UPS	不间断电源	Uninterruptible Power Supply
VDF	音频配线架	Voice Distribution Frame
OTDR	光时域反射仪	Optical Time-Domain Reflectometer

3 基本规定

3.1 一般规定

3.1.1 中低速磁浮交通工程施工现场质量管理应有相应的施工技术标准、健全的质量管理体系、施工质量检验制度和综合施工质量水平评定考核制度。

3.1.2 中低速磁浮交通工程施工质量控制应符合现行国家标准《建筑工程施工质量验收统一标准》（GB 50300），并应符合下列规定：

1 工程采用的原材料、构配件和设备，施工单位应按本标准的规定进行进场检验，并形成记录，不合格的不得用于施工。

2 各工序应按设计文件要求和施工技术标准进行质量控制。每道工序完成后，施工单位应进行测试或检查，并形成记录，相关专业接口工序的检验应经监理工程师检查认可。未经检查或经检查不合格的，不得进行下道工序施工。

3 工序施工过程中所进行的测试或试验应符合相关技术标准和本标准规定，并形成记录。

4 隐蔽工程覆盖前应按国家法律法规和本标准要求全数检查并形成记录，经监理工程师检查签字后方可进行下道工序施工。

5 工程施工完成后应进行实体质量和观感质量检查，并形成记录。

3.1.3 中低速磁浮交通工程施工质量验收应符合现行国家标准《建筑工程施工质量验收统一标准》（GB 50300），并应符合下列规定：

1 工程质量验收均应在施工单位自检合格的基础上进行。

2 参加工程施工质量检测的各方人员应具备相应的资格。

3 工程施工质量验收应包括实体质量检查、观感质量检查、质量控制保证资料检查等内容。

4 涉及结构安全、环境保护和主要使用功能的试块、试件及材料，应在进场时或施工中按规定进行检验。

5 隐蔽工程覆盖前应由施工单位通知监理单位进行验收，并形成验收文件。

6 涉及结构安全、环境保护和使用功能的重要分部工程在验收前应按规定进行抽样检验。

7 工程观感质量应由验收人员现场检查，并共同确认。

8 所有土建结构及设备不得侵入限界。

3.1.4 中低速磁浮交通工程施工质量控制资料应齐全、真实、系统、完整，并应包括下列主要内容：
1 所用原材料及制品、半成品和成品质量检验结果，主要包括质量合格证、规格、型号及性能检测报告和抽样检验报告等。
2 机电设备的合格证明材料。
3 各项质量控制指标的试验记录和质量检验汇总资料。
4 施工过程中遇到的非正常情况记录及其对工程质量影响分析资料。
5 施工过程中出现的质量缺陷，经处理后满足安全和使用功能要求的技术资料。

3.2 工程施工质量验收单元的划分

3.2.1 中低速磁浮交通工程施工质量验收单元应按单位工程、分部工程、分项工程和检验批划分。

3.2.2 单位工程应按下列原则划分：
1 具备独立施工条件，并能形成独立使用功能的建筑物、构筑物、设施及设备系统为一个单位工程。
2 规模较大或技术复杂的工程，可作为一个单位工程。

3.2.3 分部工程应按下列原则划分：
1 可按专业性质、工程部位确定。
2 当分部工程较大或较复杂时，可按材料种类、施工特点、施工程序、专业系统及类别，将分部工程划分为若干子分部工程。

3.2.4 分项工程可按工种、工序、材料、施工工艺、设备类别划分。

3.2.5 检验批可根据施工、质量控制和验收需要，按施工段、施工部位或工程数量等划分。属于同一分项工程便于一次验收的工程内容，宜作为一个检验批。

3.2.6 中低速磁浮交通工程的单位工程、分部工程、分项工程划分宜按本标准附录A采用。

3.2.7 施工前，应由施工单位结合工程特点制定分项工程和检验批的划分方案，并由监理单位审核，建设单位确认。

3.2.8 本标准未涵盖的分部、分项工程和检验批，可由建设单位组织监理、施工单位确定。

3.3 工程施工质量验收内容和要求

3.3.1 检验批的质量验收应包括下列内容：
1 实物检查：原材料、构配件和设备等检验应按进场的批次和本标准规定的抽样检验方法执行；对工序质量的检验，应按本标准规定的抽样检验方法执行。
2 资料检查：原材料、构配件和设备等的质量证明文件和检验报告，工序的施工记录、自检和交接检验记录等。

条文说明

原材料、构配件和设备等的质量证明文件，主要包括质量合格证、规格、型号及性能检测报告等。

3.3.2 检验批质量验收合格应符合下列规定：
1 主控项目的质量经抽样检验应全部合格。
2 一般项目的质量经抽样检验应全部合格。一般项目当采用计数抽样检验时，除本标准各章有专门规定外，其合格点率应达到80%及以上，且不得有严重缺陷，不合格点不得集中。
3 具有完整的施工操作依据、质量验收记录。

3.3.3 分项工程质量验收合格应符合下列规定：
1 所含检验批质量均应验收合格。
2 所含检验批的质量验收记录应完整。

3.3.4 分部工程质量验收合格应符合下列规定：
1 所含分项工程质量均应验收合格。
2 所含分项工程质量验收资料应完整。
3 涉及结构安全和主要使用功能的抽样检验结果应符合有关规定。

3.3.5 单位工程质量验收合格应符合下列规定：
1 所含分部工程质量均应验收合格。
2 质量控制资料应完整。
3 实体质量和主要功能应符合设计文件要求和相关标准的规定。
4 工程观感质量验收应符合要求。

3.3.6 中低速磁浮交通工程施工质量验收记录可按下列规定填写：
1 检验批质量验收记录可按附录 B 填写。现场检查原始记录应在单位工程竣工验收前保留，并可追溯。
2 分项工程质量验收记录可按附录 C 填写。
3 分部工程质量验收记录可按附录 D 填写。
4 单位工程质量控制资料核查记录、单位工程实体质量和主要功能核查记录、单位工程观感质量评定记录、单位工程质量竣工验收记录分别可按附录 E、F、G、H 填写。

3.3.7 观感质量验收未达到合格标准的，应进行返修。结构实体质量和主要使用功能检查未达到设计要求的，不应验收。工程施工质量不符合要求时，应按下列规定进行处理：
1 经返工、返修或更换构配件、设备的检验批，应重新进行验收。
2 经有资质的检测机构检测鉴定能够达到设计要求的检验批，可予以验收。
3 经返修或加固处理的分项工程，满足安全及使用功能要求时，可按技术处理方案和协商文件的要求予以验收。

3.3.8 通过返修或加固处理仍不能满足结构安全和使用功能要求的分部工程、单位工程，不应验收。

3.4 工程施工质量验收的程序和组织

3.4.1 检验批应在施工单位自检合格的基础上，由监理工程师组织施工单位专职质量检查人员、现场作业负责人等进行验收。监理单位应对全部主控项目进行检查，一般项目的检查内容和数量可根据具体情况确定。

3.4.2 分项工程应由监理工程师组织施工单位分项工程技术负责人等进行验收，勘察及设计单位专业负责人应参加低置结构、桥涵、地下工程、轨道、车站建筑、机电系统等中的重要分项工程验收。

3.4.3 分部工程应由总监理工程师组织施工单位项目负责人和技术、质量负责人等进行验收，勘察、设计单位项目负责人应参加低置结构、桥涵、地下工程、轨道、车站建筑、机电系统等中的重要分部工程验收。

条文说明

低置结构、桥涵、地下工程、轨道、车站建筑、机电系统等中的重要分部工程主要包括地基处理、过渡段、预应力简支箱梁、混凝土连续梁、隧道支护、轨道测量网、道岔结构、牵引降压变电所、信号系统测试、电梯调试或报警系统调试等。另外，建设单位可组织勘察单位、设计单位、施工单位、监理单位协商确定。

3.4.4 单位工程完工后，施工单位应自行组织有关人员进行检查评定，并向建设单位提交验收报告。

3.4.5 建设单位收到单位工程验收报告后，应由建设单位项目负责人组织勘察、设计、监理、施工等单位项目负责人进行单位工程验收。

4 低置结构

4.1 一般规定

4.1.1 原地面处理前，应对地基的地质资料进行核查，地基条件应与设计文件相符。地基条件与设计文件不符时，应及时反馈。

条文说明

　　本条是对地基地质资料进行核查的要求。国内城市轨道交通工程及大量铁路路基病害的产生多为勘察不足、没有查明不良地质情况造成的。施工时的地形地貌与勘察设计时可能发生较大变化，地质情况存在较大出入或者拆迁区在勘测设计时无法完全查明具体地质条件等，应对地基采取原位测试等快速方便的地质核查手段，检查地基土层是否与勘察资料相符。

　　当核查的地质条件与设计资料不符时，应提交设计单位重新评价地基条件，以便优化调整地基处理措施。

4.1.2 路堤应按设计文件进行地基处理，经检验符合设计文件要求后开始填筑。填筑前应对不同填料进行摊铺压实工艺试验，确定施工工艺参数，报监理单位确认后，方可进行施工。

4.1.3 路基施工前，应做好路基范围及两侧的地面排水、防渗、地下水的拦截及引排。填筑施工不应污染农田、环境。

4.1.4 路堑开挖应自上而下施工，根据开挖深度和地质情况选择全断面开挖、逐层顺坡开挖或纵断面台阶开挖等施工方式，不得掏底开挖。

条文说明

　　为了保证施工安全，防止上部岩土整体垮塌，路堑须从上到下逐层开挖。

4.1.5 过渡段桥台台后基坑及横向结构物基坑，应在基底验收合格后进行基坑回填。

4.1.6 承轨梁施工前，应对路基进行沉降观测，沉降评估符合设计文件要求后，方可进行承轨梁施工。

4.1.7 预制承轨梁起吊、搬运和堆码时，应防止冲撞和产生附加弯矩。

4.1.8 支挡结构基坑开挖时，应采取临时支护措施保持边坡稳定。基坑开挖较深、边坡稳定性较差时，应分段跳槽开挖，并及时灌注基础混凝土。

4.1.9 修筑于路基上的声屏障基础，应与路基同步修建。

4.1.10 低置结构施工质量验收除应符合本标准外，尚应符合现行行业标准《高速铁路路基工程施工质量验收标准》（TB 10751）的有关规定。

4.2 地基处理

I 换 填

主 控 项 目

4.2.1 换填基底有承载力要求时，其承载力应符合设计文件要求。
检验数量：施工单位每个基底抽验检验3处；监理单位见证1处。
检验方法：土质基底采用动力触探检验，石质基底现场目测鉴别。

条文说明

按设计换填深度开挖基坑后，应核查基底的地质条件是否与设计相符，与设计不符时，应初步探明软弱层厚度，提交给设计单位进行处理。

4.2.2 换填所用的填料应符合设计文件要求。
检验数量：同一产地、品种、规格且连续进场的填料，每 $1\times10^4 m^3$ 为一批，不足 $1\times10^4 m^3$ 时也按一批计，更换填料场时，应重新检验。施工单位每批抽样检验1组；监理单位按施工单位检验数量的20%见证检验。
检验方法：筛析法检验颗粒级配，有机质试验，观察检验草根、树皮等杂质，化学改良土采用滴定法检测。

4.2.3 换填深度、宽度应符合设计文件要求。
检验数量：沿线路纵向连续长度每100m，施工单位抽样检验5处；监理单位平行检验1处。
检验方法：尺量，仪器测量。

4.2.4 换填基床以下路堤时，压实质量应符合表4.2.4的规定。

表4.2.4 基床以下路堤换填普通填料、物理改良土填料压实标准

检 验 项 目	压实标准	
	砂类土及细砾土	碎石类及粗砾土
压实系数 K	≥0.92	≥0.92
地基系数 K_{30}（MPa/m）	≥110	≥130

检验数量：沿线路纵向连续长度每200m，停车场、车辆段区域路基每$1.5 \times 10^4 m^2$，施工单位每压实层大致均匀分布抽样检验压实系数6点。每填高约60cm大致均匀分布抽样检验地基系数4点。站场路基按照区域划分和填筑区段参照区间正线路基取点方法抽样检验；监理单位按施工单位检验数量的10%平行检验压实系数，按施工单位检验数量的20%见证检验地基系数，且不少于1点。

检验方法：按现行行业标准《铁路工程土工试验规程》（TB 10102）规定的试验方法进行检验。

一 般 项 目

4.2.5 换填顶面高程、横坡坡度的允许偏差、检验数量及检验方法应符合表4.2.5的规定。

表4.2.5 换填顶面高程、横坡的允许偏差、检验数量及检验方法

序号	检 验 项 目	允 许 偏 差	施工单位检验数量	检 验 方 法
1	顶面高程	±50mm	沿线路纵向每100m抽样检验5处	仪器测量
2	横坡坡度	±0.5%	沿线路纵向每100m抽样检验5个断面	坡度尺测量

Ⅱ 素混凝土桩

主 控 项 目

4.2.6 素混凝土桩所用的水泥、粗细骨料、减水剂和水等材料，其品种、规格及质量应符合设计文件要求，进场检验应符合现行行业标准《铁路混凝土工程施工质量验收标准》（TB 10424）中的有关规定。

条文说明

素混凝土桩包括水泥粉煤灰碎石桩（CFG桩）、螺杆桩。

4.2.7 素混凝土桩混合料坍落度应符合设计文件要求。

检验数量：施工单位每台班抽样检验3次；监理单位按施工单位抽样数量的20%见证检验。

检验方法：现场坍落度试验。

4.2.8 素混凝土桩混合料强度应符合设计文件要求。
检验数量：施工单位每台班做一组试件；监理单位按施工单位抽样数量的20%见证检验。
检验方法：每台班制作混合料试块，进行28d标准养护试件抗压强度检验。

4.2.9 素混凝土桩的数量、布桩形式应符合设计文件要求。
检验数量：施工单位、监理单位全部检验。
检验方法：现场清点，观察。

4.2.10 每根桩的投料量不得少于设计灌注量。
检验数量：施工单位每根桩检验；监理单位按施工单位检验数量的20%见证检验。
检验方法：料斗现场计量或检查混凝土泵自动记录值。

条文说明

当素混凝土桩灌注量远大于设计灌注量时，应及时通知设计单位，特别是位于流塑性软土地区。

4.2.11 清除桩顶浮浆后，桩的有效长度及桩顶高程应符合设计文件要求。
检验数量：施工单位每根桩检验；监理单位按施工单位检验数量的20%见证检验。
检验方法：观察，尺量。

条文说明

施工前测量钻杆或沉管长度，施工中检查是否达到设计深度，施工后检查并清理浮浆，计算出桩的有效长度。

4.2.12 素混凝土桩的桩身完整性应符合设计文件要求。
检验数量：施工单位按总桩数的10%抽样检验，且不少于3根；监理单位按施工单位抽样检验桩数的20%见证检验，且不少于3根。
检验方法：低应变检测。

条文说明

素混凝土桩桩身完整性一般采用低应变检测。低应变检测有疑问时，采用钻机在检测桩桩径方向1/4处、桩长范围内垂直钻孔取芯，通过观察芯样连续性判断桩的完整性，并在上、中、下各1/3范围的中部分别取样做抗压强度试验。钻芯后的孔洞采用水泥砂浆灌注封闭。

4.2.13 素混凝土桩处理后的复合地基承载力应符合设计文件要求。

检验数量：检测机构抽样检验总桩数的2‰，且不少于3根；监理单位全部见证检验。

检验方法：平板载荷试验或标准贯入试验。

一 般 项 目

4.2.14 素混凝土桩施工的允许偏差、检验数量及检验方法应符合表4.2.14的规定。

表4.2.14 素混凝土桩施工的允许偏差、检验数量及检验方法

序号	检验项目	允许偏差	施工单位检验数量	检验方法
1	桩位（纵、横向）	±100mm	按成桩总数的10%抽样检验，且每检验批不少于5根	仪器测量
2	桩体垂直度	1%		仪器测量
3	桩体有效直径	不小于设计值		开挖50~100cm深后，钢卷尺测量周长，计算桩体直径

Ⅲ 旋 喷 桩

主 控 项 目

4.2.15 旋喷桩所用的水泥和外加剂品种、规格及质量应符合设计文件要求。

检验数量：同一产地、品种、规格、批号的水泥和外加剂，袋装水泥每200t为一批、散装水泥500t为一批，当袋装水泥及外加剂不足200t或散装水泥不足500t时也按一批计。施工单位每批抽样检验1组；监理单位按施工单位抽样检验数量的20%见证检验。

检验方法：检查产品质量证明文件及抽样检验。

4.2.16 旋喷桩的数量、布桩形式应符合设计文件要求。

检验数量：施工单位、监理单位全部检验。

检验方法：现场清点，观察。

4.2.17 旋喷桩的长度应符合设计文件要求。

检验数量：施工单位、监理单位全部检验。

检验方法：测量钻杆长度，并在施工中检查是否达到设计深度标志；检查施工记录。

4.2.18 旋喷桩的完整性、均匀性、无侧限抗压强度应符合设计文件要求。

检验数量：施工单位抽样检验桩总数的2‰，且不少于3根；监理单位按施工单位抽样数量的20%见证检验。

检验方法：钻芯取样，无侧限抗压强度试验。

条文说明

桩完工28d后，在每根检测桩桩径方向1/4处、桩长范围内垂直钻孔取芯，观察其完整性、均匀性，拍摄取出芯样的照片，取上、中、下不同深度的3个试样做无侧限抗压强度试验。钻芯后的孔洞采用水泥砂浆灌注封闭。

4.2.19 旋喷桩处理后的复合地基承载力应符合设计文件要求。

检验数量：检测机构抽样检验桩总数的2‰，且不少于3根；监理单位全部见证检验。

检验方法：平板载荷试验。

一 般 项 目

4.2.20 旋喷桩施工的允许偏差、检验数量及检验方法应符合表4.2.20的规定。

表4.2.20 旋喷桩施工的允许偏差、检验数量及检验方法

序号	检验项目	允许偏差	施工单位检验数量	检验方法
1	桩位（纵横向）	±100mm	按成桩总数的10%抽样检验，且每检验批不少于5根	仪器测量或钢尺测量
2	桩体垂直度	1%		仪器测量
3	桩体有效直径	不小于设计值		开挖50～100cm深后，钢尺测量

Ⅳ 混凝土预制桩

主控项目

4.2.21 混凝土预制桩的强度等级、尺寸和外观质量应符合设计文件要求。

检验数量：施工单位、监理单位全部检验。

检验方法：观察，检查产品质量证明文件。

4.2.22 混凝土预制桩的数量、布桩形式应符合设计文件要求。

检验数量：施工单位、监理单位全部检验。

检验方法：现场清点，观察。

4.2.23 采用焊接接桩时，电焊结束后停歇时间、焊缝的允许偏差、检验数量及检验方法应符合表4.2.23的规定。

表4.2.23 电焊结束后停歇时间、焊缝的允许偏差、检验数量及检验方法

序号	项 目		允许偏差	检验数量	检验方法
1	电焊接桩焊缝	上下节端部缝隙	≤2mm	施工单位按焊接桩接头总数的10%抽样检验，且每检验批不少于10根。监理单位按施工单位检验数量的20%见证检验	用钢直尺测量
2		焊缝咬边深度	≤0.5mm		焊缝检查仪
3		焊缝加强层高度	2mm		焊缝检查仪
4		焊缝加强层宽度	2mm		焊缝检查仪

表 4.2.23（续）

序号	项目		允许偏差	检验数量	检验方法
5	电焊接桩焊缝	焊缝电焊质量外观	无气孔、无焊瘤、无裂缝	施工单位按焊接接桩接头总数的10%抽样检验，且每检验批不少于10根。监理单位按施工单位检验数量的20%见证检验	观察
6		焊缝探伤检验	符合设计文件要求		超声波探伤，有疑问时可采用磁粉探伤、渗透探伤等方法
7	电焊结束后停歇时间		>1.0min		秒表测定
8	上下节平面偏差		10mm		用钢直尺测量
9	节点弯曲矢高		$l/1000$		用钢直尺测量

注：l 为 2 节桩长。

4.2.24 混凝土预制桩用法兰盘拼接时，应连接牢固，防锈处理应符合设计文件要求。

检验数量：施工单位、监理单位全部检验。

检验方法：观察。

4.2.25 混凝土预制桩的沉桩深度和最终贯入度、压桩力应符合设计文件要求。

检验数量：施工单位、监理单位全部检验。

检验方法：观察，测量。

4.2.26 混凝土预制桩沉桩后，桩的完整性应符合设计文件要求。

检验数量：施工单位抽样检验桩总数的10%，且不少于3根；监理单位全部见证检验。

检验方法：低应变检测。

4.2.27 混凝土预制桩沉桩后，单桩的承载力应符合设计文件要求。

检验数量：检测机构抽样检验桩总数的2‰，且不少于3根；监理单位全部见证检验。

检验方法：平板载荷试验。

一 般 项 目

4.2.28 桩位、倾斜度的允许偏差、检验数量及检验方法应符合表4.2.28的规定。

表 4.2.28 桩位、倾斜度的允许偏差、检验数量及检验方法

序号	检验项目	允许偏差	施工单位检验数量	检验方法
1	桩位（纵、横向）	±50mm	按桩总数的5%抽样检验，且每检验批不少于10根	测量或尺量
2	垂直度	1%		吊线和尺量
3	桩顶高程	±50mm		仪器测量

V 钢筋混凝土灌注桩

主 控 项 目

4.2.29 钢筋混凝土灌注桩所用水泥、粗骨料、细骨料、矿物掺和料、外加剂、钢筋等材料，其品种、规格、质量应符合设计文件要求，进场检验应符合现行行业标准《铁路混凝土工程施工质量验收标准》（TB 10424）的有关规定。

4.2.30 钢筋加工、安装等应符合现行行业标准《铁路混凝土工程施工质量验收标准》（TB 10424）中的有关规定。

4.2.31 钢筋混凝土灌注桩的孔型、孔径和孔深应符合设计文件要求。
  检验数量：施工单位、监理单位全部检验。
  检验方法：观察，测量。

4.2.32 桩的混凝土强度等级应符合设计文件要求。
  检验数量：施工单位每工班浇筑混凝土不大于100m³应在浇筑地点随机抽样制作混凝土试件1组；监理单位按施工单位检验数量的10%平行检验。
  检验方法：混凝土强度试验。

4.2.33 桩身顶端浮浆清理后，桩顶高程应符合设计文件要求。
  检验数量：施工单位、监理单位全部检验。
  检验方法：观察，测量。

4.2.34 桩身混凝土应均质、完整。
  检验数量：检测机构按总桩数的10%进行检验；监理单位全部见证检验。
  检验方法：按现行行业标准《铁路工程桩基无损检测规程》（TB 10218）和《铁路工程结构混凝土强度检测规程》（TB 10426）的有关规定检验。

4.2.35 钢筋混凝土灌注桩单桩承载力应符合设计文件要求。
  检验数量：检测机构抽样检验桩总数的2‰，且不少于3根；监理单位全部见证检验。
  检验方法：平板载荷试验。

一 般 项 目

4.2.36 桩孔的允许偏差、检验数量和检验方法应符合表4.2.36的规定。

表 4.2.36 桩孔的允许偏差、检验数量和检验方法

序号	项目	允许偏差	施工单位检验数量	检验方法
1	孔位中心	100mm	全部检验	仪器测量
2	桩孔垂直度	1%		

Ⅵ 桩板结构

主控项目

4.2.37 桩板结构所用水泥、粗骨料、细骨料、矿物掺和料、外加剂、钢筋等材料，其品种、规格、质量应符合设计文件要求，进场检验应符合现行行业标准《铁路混凝土工程施工质量验收标准》（TB 10424）的有关规定。

4.2.38 模板及支架安装的检验应符合现行行业标准《铁路混凝土工程施工质量验收标准》（TB 10424）的有关规定。

4.2.39 钢筋的加工、连接、安装的检验应符合现行行业标准《铁路混凝土工程施工质量验收标准》（TB 10424）的有关规定。

4.2.40 桩身混凝土应均质、完整。
检验数量：检测机构全部检验；监理单位全部见证检验。
检验方法：按现行行业标准《铁路工程桩基无损检测规程》（TB 10218）和《铁路工程结构混凝土强度检测规程》（TB 10426）的有关规定检验。

4.2.41 桩头与托梁、托梁与承载板的连接钢筋及套管，其长度、连接方式应符合设计文件要求。
检验数量：施工单位、监理单位全部检查。
检验方法：观察，尺量。

一般项目

4.2.42 托梁、承载板的允许偏差、检验数量及检验方法应符合表 4.2.42 的规定。

表 4.2.42 托梁、承载板的允许偏差、检验数量及检验方法

序号	项目	允许偏差	施工单位检验数量	检验方法
1	承载板顶面高程	±10mm	每块板4点	仪器测量
2	承载板顶面平整度	3mm/1m	每块板4点	尺量
3	平面尺寸	±15mm	每块板/梁长、宽各2点	
4	梁、板厚度	+15/−10 mm	每块板/梁4点	
5	中心位置	15 mm	测量纵横各2点	

VII 筏 板

主控项目

4.2.43 筏板所用水泥、粗骨料、细骨料、矿物掺和料、外加剂、钢筋等材料，其品种、规格、质量应符合设计文件要求，其进场检验应符合现行行业标准《铁路混凝土工程施工质量验收标准》（TB 10424）的有关规定。

4.2.44 筏板模板及支架安装和拆除的检验应符合现行行业标准《铁路混凝土工程施工质量验收标准》（TB 10424）的有关规定。

4.2.45 筏板钢筋原材料、加工、连接和安装的检验应符合现行行业标准《铁路混凝土工程施工质量验收标准》（TB 10424）的有关规定。

4.2.46 沉降缝和伸缩缝的位置、尺寸、构造形式、填缝料塞封应符合设计文件要求。

检验数量：施工单位、监理单位全部检验。

检验方法：观察，尺量。

一般项目

4.2.47 筏板基底高程的允许偏差、检验数量及检验方法应符合表4.2.47的规定。

表4.2.47 筏板基底高程的允许偏差、检验数量及检验方法

序号	检验项目	允许偏差	施工单位检验数量	检验方法
1	基底高程	$^{+30}_{\ 0}$ mm	沿线路纵向对每块筏板检查不少于5处	仪器测量
2	横坡坡度	±0.5%	沿线路纵向每块筏板抽样检验2个断面	坡度尺测量

4.2.48 筏板混凝土表面质量的检验应符合现行行业标准《铁路混凝土工程施工质量验收标准》（TB 10424）的有关规定。

4.2.49 筏板的允许偏差、检验数量及检验方法应符合表4.2.49的规定。

表4.2.49 筏板的允许偏差、检验数量及检验方法

序号	检验项目	允许偏差（mm）	施工单位检验数量	检验方法
1	纵向长度	±30	每块筏板检验2处	尺量
2	厚度	$^{+30}_{\ 0}$	每块筏板检验2处	尺量
3	横向宽度	$^{+30}_{\ 0}$	每块筏板检验2处	尺量

表 4.2.49（续）

序号	检验项目	允许偏差（mm）	施工单位检验数量	检验方法
4	边缘距设计中心线尺寸	+50 -20	每块筏板检验左右边各2处	尺量
		±50	每块筏板检验左右边各2处	尺量

4.3 基床以下路堤

I 普通填料及物理改良土填筑

主控项目

4.3.1 路堤填料种类、质量应符合设计文件要求，填料的最大粒径应小于75mm。

检验数量：施工单位和监理单位每$1\times10^4 m^3$填料或土性明显变化时检验1次填料的出场试验报告。

检验方法：查验填料出场试验报告，并在每层填筑过程中检查最大粒径和级配有无明显变化。

条文说明

填料种类、质量应在填料生产场取样检验，评定填料是否符合设计文件要求。在摊铺现场，应对填料出场检验资料进行核查，以复查填料是否符合设计文件要求。此条规定是鉴于铁路路基填料采取工厂（场）化生产，填料质量相对稳定，颗粒级配抽样检测在场内进行；为减少施工现场摊铺碾压等待填料抽验检验结果的时间，提高施工效率，对于出厂（场）检验合格运至现场的填料，现场抽样检验填料含水率，原则上不再进行颗粒级配的抽样检验。当运抵现场的填料存在明显变化或疑问时，在现场进行填料的颗粒级配的抽样检测。

4.3.2 基床以下路堤填筑应符合下列规定：

1 每一水平层的全宽应用同一种填料填筑。

2 上下相接的填筑层使用不同种类及颗粒条件的填料时，其粒径应符合$D_{15}<4d_{85}$的要求。下部填料为化学改良土时，可不受此项规定限制。

注：D_{15}为大粒径土颗粒级配曲线上相应于15%含量的粒径，d_{85}为小粒径土颗粒级配曲线上相应于85%含量的粒径。

3 碾压时，各区段交接处应互相重叠压实，纵向搭接长度不应小于2.0m，纵向行与行之间的轮迹重叠不小于40cm，上下两层填筑接头应错开不小于3.0m。

检验数量：施工单位区间低置结构沿线路纵向连续长度每200m、站场低置结构折合正线双线每200m每层检查6处，左、中、右各2处；监理单位按施工单位检验数量的10%平行检验。

检验方法：观察，尺量，筛分试验。

条文说明

观察检验每一水平层的全宽是否用同一种填料填筑,尺量摊铺厚度及碾压时的搭接长度、轮迹重叠宽度及上下层填筑接头错开长度;检查该层和下承层土工试验报告的筛分结果,比较其粒径是否符合 $D_{15}<4d_{85}$ 的要求。

4.3.3 基床以下路堤的压实标准应符合表4.3.3的规定。站场站线低置结构基床以下路堤的压实质量应符合设计文件要求。

表4.3.3 基床以下路堤普通填料压实标准

指 标	压实标准	
	砂类土及细砾土	碎石类及粗砾土
压实系数 K	≥0.92	≥0.92
地基系数 K_{30}(MPa/m)	≥110	≥130

检验数量:沿线路纵向连续长度每200m,施工单位每压实层抽样检验压实系数6点,其中左、右距路肩边线1m处各2点,路基中部2点;每填高约60cm抽样检验地基系数4点;监理单位按施工单位检验数量的10%进行平行检验,且不少于一次。

检验方法:按现行行业标准《铁路工程土工试验规程》(TB 10102)的有关规定进行检验。

条文说明

现行行业标准《铁路工程土工试验规程》(TB 10102)规定地基系数 K_{30} 试验的有效深度约为承载板直径的1.5倍,所以规定每填高约60cm抽样检验地基系数 K_{30}。

一 般 项 目

4.3.4 基床以下路堤顶面路基压实宽度、横坡的允许偏差、检验数量及检验方法应符合表4.3.4的规定。

表4.3.4 基床以下路堤顶面路基压实宽度、横坡坡度的
允许偏差、检验数量及检验方法

序号	检验项目	允许偏差	施工单位检验数量	检验方法
1	顶面路基压实宽度	不小于设计宽度	沿线路纵向每100m各抽样检验3个断面	尺量
2	顶面横坡坡度	±0.3%		坡度尺测量

Ⅱ 化学改良土填筑

主 控 项 目

4.3.5 化学改良土外掺料的品种、规格和质量应符合设计文件要求。其质量验收应符合表4.3.5的规定。

表 4.3.5 化学改良土外掺料的检验数量及检验方法

外掺料名称	检验项目	施工单位检验数量	监理单位检验数量	检验方法
水泥	凝结时间	同一产地、厂家、品种且连续进场的水泥每500t检验1次；石灰每1000t检验1次；粉煤灰每1000t检验1次	按施工单位检验数量的10%见证检验，且不少于1次	按现行《水泥标准稠度用水量、凝结时间、安定性检验方法》（GB/T 1346）中规定的方法检验
水泥	胶砂强度			按现行《水泥胶砂强度检位检验数量验方法（ISO法）》（GB/T 17671）中规定的方法检验
石灰	（CaO+MgO）含量			按现行《建筑石灰试验方法 第2部分：化学分析方法》（JC/T 478.2）中规定的方法检验
粉煤灰	烧失量			按现行《水泥化学分析方法》（GB/T 176）中规定的方法检验

4.3.6 化学改良土混合料摊铺、拌和、整形及碾压应符合下列规定：

1 化学改良土混合料中不应含有大于15mm的土块和未消解石灰颗粒。

2 碾压时，各区段交接处应互相重叠压实，纵向搭接长度不得小于2.0m，纵向行与行之间的轮迹重叠不小于40cm，上下两层填筑接头应错开不小于3.0m。

检验数量：施工单位区间正线低置结构沿线路纵向连续长度每200m、站场低置结构折合正线双线每200m每层抽样检验3处，左、中、右各1处；监理单位按施工单位检验数量的10%平行检验。

检验方法：现场取样做筛分试验，并观察、尺量。

4.3.7 化学改良土外掺料剂量允许偏差为试验配合比的外掺料剂量的 -0.5% ~ $+1.0\%$。

检验数量：施工单位区间正线低置结构沿线路纵向连续长度每200m、站场低置结构折合正线双线每200m每层抽样检验3处，左、中、右各1处；监理单位按施工单位检验数量的20%见证检验。

检验方法：采用滴定法或仪器法检测。

4.3.8 化学改良土填筑压实质量应符合表4.3.8的要求。站场站线低置结构基床以下化学改良土填筑的压实质量应符合设计和相关验收标准的要求。

表 4.3.8 化学改良土填筑压实标准

指标	压实标准
压实系数 K	≥0.92
7d饱和无侧限抗压强度 q_u（kPa）	≥250

检验数量：沿线路纵向连续长度每200m，施工单位每压实层抽样检验压实系数6点，其中左、右距路肩边线1m处各2点，低置结构中部2点；抽样检验3处无侧限抗

压强度，同一连续作业段左、中、右各1处；监理单位按施工单位抽样数量的10%平行检验压实系数；每检验批平行检验1处无侧限抗压强度。

检验方法：按现行行业标准《铁路工程土工试验规程》（TB 10102）的有关规定检验；无侧限抗压强度试样应从已摊铺好填料的地段现场抽样，在室内按要求的压实密度成型，并按规定进行养护和无侧限抗压强度试验。

条文说明

掺水泥的化学改良土应按现行行业标准《铁路工程土工试验规程》（TB 10102）规定的方法做延迟时间试验。

一 般 项 目

4.3.9 化学改良土填筑的一般项目检验应符合本标准第4.3.4条的规定。

Ⅲ 路堤边坡成型

主 控 项 目

4.3.10 路堤边坡超填部分应按设计路基宽度、边坡坡率完全刷坡，坡率应符合设计文件要求，偏陡量不应大于设计值的3%。

检验数量：施工单位沿线路纵向每200m每侧边坡抽样检验3处；监理单位平行检验1处。

检验方法：用钢钎探查坡面，使用竿尺或坡度尺测量边坡坡率。

条文说明

路基边坡主要是对路基起防护作用，其施工质量对路基的耐久性和稳定性有着重要的作用。虽然路基边坡不直接承受线路上部结构静荷载和列车行驶的动荷载，但如果其压实程度不足，则影响路基边坡的防护效果，存在路肩下沉、边坡坍塌等隐患，故要求完全刷坡，即将坡面上的路基边线以外的松土全部刷掉。

一 般 项 目

4.3.11 路堤变坡点位置、平台的允许偏差、检验数量及检验方法应符合表4.3.11的规定。

表4.3.11 路堤变坡点位置、平台的允许偏差、检验数量及检验方法

序号	项 目	允许偏差（mm）	施工单位检验数量	检验方法
1	变坡点位置	±200	沿线路纵向每100m每侧各抽样检验3点	仪器测量或尺量
2	平台位置	±100		仪器测量或尺量
3	平台宽度	±50		尺量

注：变坡点、平台位置以位于路肩下的高度计量。

4.4 路堑

主 控 项 目

4.4.1 采用机械开挖或光面、预裂爆破时应保证开挖面完整平顺,无危石和坑穴。边坡坡面应平整且稳定无隐患,局部凹凸差不大于15cm。边坡防护封闭无变形、开裂。

检验数量:沿线路纵向连续长度每100m施工单位抽样检验5处;监理单位平行检验2处。

检验方法:观察,尺量。

4.4.2 石质路堑采用爆破法开挖的装药量应符合批准的爆破设计用药量。

检验数量:施工单位、监理单位全部检验。

检验方法:对照爆破设计文件核对各项爆破参数。

4.4.3 路堑开挖边坡坡率不得陡于设计值。

检验数量:每一级台阶沿线路纵向连续长度每200m单侧边坡施工单位抽样检验8点,上、下部各4点,监理单位平行检验4点,上、下部各2点。

检验方法:吊线尺测量计算或坡度尺测量。

条文说明

每段路堑边坡坡率根据不同地质情况而设计,为保证边坡安全,边坡变坡里程或高程应与设计里程相符。

4.4.4 路堑开挖至设计高程后,应核查地质情况,基床为软质岩及土质层时,基床底层范围内的基本承载力应符合设计文件要求。

检验数量:施工单位区间正线低置结构沿线路纵向连续长度每200m、站场低置结构折合正线双线每200m抽样检验2点;监理单位全部见证检验。

检验方法:按现行行业标准《铁路工程地质原位测试规程》(TB 10018)规定的试验方法进行检验,并对照设计文件核对。

一 般 项 目

4.4.5 路堑边坡变坡点位置、边坡及侧沟平台施工的允许偏差、检验数量及检验方法应符合表4.4.5的规定。

表4.4.5 路堑边坡变坡点位置、边坡及侧沟平台施工的允许偏差、检验数量及检验方法

序号	检验项目	允许偏差（mm）	施工单位检验数量	检验方法
1	平台位置	±100	沿线路纵向每100m单侧边坡各抽样检验6点	仪器测量或尺量
2	平台宽度	±50		尺量
3	变坡点位置	±200		仪器测量或尺量

注：平台位置以平台顶面高程计量，变坡点按路肩以上高度计量。

4.5 过渡段

Ⅰ 基坑回填

主控项目

4.5.1 基坑采用混凝土回填时，混凝土强度等级应符合设计文件要求。

检验数量：施工单位每个基坑抽样检验2组；监理单位见证检验1组。

检验方法：在浇筑地点抽样制作混凝土试件，标准养护28d后进行抗压强度试验。

4.5.2 基坑采用碎石或灰土回填时，应分层回填，并采用小型振动机械压实，压实质量应满足动态变形模量 $E_{vd} \geq 30\mathrm{MPa}$。

检验数量：施工单位每个基坑抽样检验2点；监理单位见证检验1点。

检验方法：按现行行业标准《铁路工程土工试验规程》（TB 10102）规定的试验方法进行检验。

条文说明

该检测指标是根据现行中国铁建企业技术标准《中低速磁浮交通设计规范》（Q/CRCC 32803）规定的，过渡段基坑部位空间狭小，其压实质量适合使用动态变形模量 E_{vd} 进行检测。

一般项目

4.5.3 基坑采用灰土回填时，灰土应拌和均匀，色泽一致，无灰团、灰条和花面现象。

检验数量：施工单位全部检验。

检验方法：观察。

条文说明

基坑采用灰土回填时，每层的松铺厚度宜在20~25cm；灰土填料参照改良土混合料要求，一般最大粒径不应大于15mm。

4.5.4 基坑回填顶面高程的允许偏差为±50mm。

检验数量：施工单位每个基坑抽样检验2点。

检验方法：仪器测量。

Ⅱ 过渡段填筑

主 控 项 目

4.5.5 过渡段级配碎石质量应符合设计文件要求。

检验数量：施工单位每2000m³检验1次；监理单位见证检验。

检验方法：按现行行业标准《铁路工程土工试验规程》（TB 10102）规定的试验方法进行检验。

条文说明

级配碎石的颗粒级配、最大干密度，针状、片状颗粒含量和质软、易破碎的碎石含量试验，应在级配碎石料场取样检验，评定填料是否符合设计文件要求。在摊铺现场，应对填料出场检验资料进行核查，以复查填料是否符合设计文件要求。此条规定是鉴于级配碎石是采取工厂（场）化生产，质量相对稳定。为减少施工现场摊铺碾压等待填料抽验检验结果的时间，提高施工效率，对于出厂（场）检验合格运至现场的填料，现场抽样检验填料含水率，原则上不再进行级配碎石质量的抽样检验。当运抵现场的级配碎石目测存在明显变化或疑问时，在现场进行级配碎石的抽样检测。

4.5.6 级配碎石中掺入水泥的品种、规格及质量应符合设计文件要求。

检验数量：同厂家、同品种、同规格的水泥，袋装水泥每200t、散装水泥每500t为一批，当袋装水泥不足200t、散装水泥不足500t时也按一批计。施工单位每批抽样检验1次；监理单位按施工单位抽检数量的10%见证检验，且不少于1次。

检验方法：水泥强度按现行行业标准《水泥胶砂强度检验方法》（GB/T 17671）规定的试验方法进行检验。水泥的安定性、凝结时间，按现行行业标准《水泥标准稠度用水量、凝结时间、安定性检验方法》（GB/T 1346）规定的试验方法进行检验。

4.5.7 级配碎石中水泥掺加剂量应符合设计文件要求，允许偏差为试验配合比的0~+1.0%。

检验数量：施工单位每过渡段每填高约90cm抽样检验3处，其中左、中、右各1处；监理单位按施工单位检验数量的20%见证检验。

检验方法：按现行行业标准《铁路工程土工试验规程》（TB 10102）规定的试验方法进行检验。

4.5.8 基床表层以下过渡段级配碎石填层的压实质量应符合表4.5.8的规定。

表 4.5.8　基床表层以下过渡段级配碎石填层压实标准

指　　标	地基系数 K_{30}（MPa/m）	动态变形模量 E_{vd}（MPa）	压实系数 K
压实标准	≥150	≥50	≥0.95

检验数量：施工单位每压实层抽样检验压实系数3点，其中距路基两侧填筑级配碎石边线1m处左、右各1点，路基中部1点；每填高约30cm抽样检验动态变形模量3点，其中1点应靠近桥台或横向结构物边缘处；每填高约60cm抽样检验地基系数2点，其中距路基两侧填筑级配碎石边线2m处1点，路基中部1点；监理单位按施工单位检验数量的20%平行检验。

检验方法：按现行行业标准《铁路工程土工试验规程》（TB 10102）规定的试验方法进行检验。

条文说明

一般采用大型压路机械碾压时，每层的最大压实厚度不宜超过30cm，最小压实厚度不宜小于15cm；采用小型振动压实设备碾压时，填料的松铺厚度不应大于20cm。

4.5.9　路堤与软质岩石或土质路堑过渡段基床以下路堤，普通填料、物理改良土填料及压实质量应符合本标准第4.3.1条和第4.3.3条的规定，化学改良土填料及压实质量应符合本标准第4.3.5条和第4.3.8条的规定。

4.5.10　路堤与软质岩石或土质路堑过渡段基床底层填筑及压实质量应符合本标准第4.6.1条～第4.6.4条的规定。

4.5.11　路堤与路堑连接处为硬质岩石，路堑过渡段基床表层以下路堤填筑及压实质量应符合本标准第4.5.7条和第4.5.8条的规定。

4.5.12　隧道与路堑连接处为软质岩石或土质，路隧过渡段基床表层以下路基填筑及压实质量应符合本标准第4.5.7条和第4.5.8条的规定。

一　般　项　目

4.5.13　基床表层以下过渡段级配碎石填层的允许偏差、检验数量及检验方法应符合表4.5.13的规定。

表 4.5.13　基床表层以下过渡段级配碎石填层的允许偏差、检验数量及检验方法

序号	检验项目	允许偏差	施工单位检验数量	检验方法
1	纵向填筑长度	不小于设计值	每层抽样检验3点，左、中、右各1点	尺量
2	纵向填筑坡度	不大于设计值	每层抽样检验3点，左、中、右各1点	尺量计算

III 过渡段两侧及锥体填土

主 控 项 目

4.5.14 基床表层以下过渡段两侧及锥体填料应符合设计文件要求，其检验应符合本标准第4.3.1条或第4.3.5条的规定。

4.5.15 基床表层以下过渡段两侧及锥体填筑压实质量应符合表4.5.15的规定。

表4.5.15 基床表层以下过渡段两侧及锥体填筑压实标准

指 标	压 实 标 准		
	化学改良土	砂类土及细砾土	碎石类及粗砾土
地基系数 K_{30}（MPa/m）	—	≥130	≥150
动态变形模量 E_{vd}（MPa）	—	≥40	≥40
压实系数 K	≥0.95	≥0.95	≥0.95
7d饱和无侧限抗压强度 q_u（kPa）	≥350（550）	—	—

注：括号内数字为寒冷地区化学改良土考虑冻融循环作用所需强度值。

检验数量：每过渡段施工单位每压实约60cm厚抽样检验地基系数2点；基床以下每压实层抽样检验压实系数3点，基床底层每压实层抽样检验压实系数和动态变形模量各3点。改良土填筑时，每压实约60cm厚抽样检验1组无侧限抗压强度；监理单位按施工单位检验数量的20%平行检验，且每个过渡段每个指标至少平行检验1次。

检验方法：按现行行业标准《铁路工程土工试验规程》（TB 10102）规定的试验方法进行检验。

条文说明

无侧限抗压强度试验应从已摊铺好填料的地段现场抽样，在室内按要求的压实密度成型，并按规定进行养护和无侧限抗压强度试验。

4.6 基床

I 基床底层

主 控 项 目

4.6.1 基床底层填料的种类、质量应符合设计文件要求，填料的最大粒径不应大于60mm。

检验数量：施工单位每$1 \times 10^4 m^3$填料或填料明显变化时，检验1次；监理单位见证检验。

检验方法：按现行行业标准《铁路工程土工试验规程》（TB 10102）规定的试验方法进行检验。

条文说明

基床底层填料应在填料生产场取样检验，评定填料是否符合设计文件要求。在摊铺现场，应对填料出场检验资料进行核查，以复查填料是否符合设计文件要求。此条规定是鉴于填料是采取工厂（场）化生产，质量相对稳定。为减少施工现场摊铺碾压等待填料抽验检验结果的时间，提高施工效率，对于出厂（场）检验合格运至现场的填料，现场抽样检验填料含水率，原则上不再进行填料质量的抽样检验。当运抵现场的填料存在明显变化或疑问时，在现场进行填料的抽样检测。

4.6.2 基床底层普通填料分层填筑应符合下列规定：

1 每一水平层的全宽应用同一种填料填筑。

2 上下相接的压实层使用不同种类及不同颗粒条件的填料时，其粒径应符合 $D_{15} < 4d_{85}$ 的要求。

3 碾压时，各区段交接处应互相重叠压实，纵向搭接长度不应小于 2.0m，纵向行与行之间的轮迹重叠不小于 40cm，上、下两层填筑接头应错开不小于 3.0m。

检验数量：区间正线路基沿线路纵向连续长度每 100m，施工单位每层抽样检验 6 处，其中左、中、右各 2 处；监理单位按施工单位检验数量的 10% 平行检验。

检验方法：观察，尺量，筛分试验。

条文说明

基床底层普通填料填筑，除应按试验段工艺试验确定的并经监理工程师批准的参数进行控制外，上下层颗粒级配还应满足反滤准则要求，即为保证路基稳定，防止较小颗粒嵌入较大颗粒填层，不同粒径填料填层间的级配需满足太沙基反滤准则，即 $D_{15} < 4d_{85}$，大粒径土颗粒级配曲线上相应于 15% 含量的粒径 D_{15}，需小于较小粒径土颗粒级配曲线上相应于 85% 含量的粒径 d_{85} 的 4 倍；当填土之间不满足 $D_{15} < 4d_{85}$ 的要求时，应在填土层之间铺设土工合成材料。下部填土为化学改良土时，可不受此项规定限制。以上填料检验方法，应符合现行行业标准《铁路工程土工试验规程》（TB 10102）中的有关规定。

4.6.3 基床底层压实质量应采用地基系数 K_{30}、动态变形模量 E_{vd} 和压实系数 K 控制，压实标准应符合表 4.6.3 的规定。

表 4.6.3 基床底层压实标准

指 标	压实标准		
	化学改良土	砂类土及细砾土	碎石类及粗砾土
地基系数 K_{30}（MPa/m）	—	≥130	≥150
动态变形模量 E_{vd}（MPa）	—	≥40	≥40

表 4.6.3（续）

指　　标	压实标准		
	化学改良土	砂类土及细砾土	碎石类及粗砾土
压实系数 K	≥0.95	≥0.95	≥0.95
7d饱和无侧限抗压强度 q_u（kPa）	≥350（550）	—	—

注：括号内数字为寒冷地区化学改良土考虑冻融循环作用所需强度值。

检验数量：沿线路纵向连续长度每200m，施工单位每压实层抽样检验压实系数4点，其中路基左、右距路基边线1m处各1点，路基中部2点；每填高约60cm抽样检验地基系数、动态变形模量各4点，其中路基距路基边线2m处左、右各1点，路基中部2点；监理单位按施工单位检验数量的10%平行检验，且不少于1次。

检验方法：按现行行业标准《铁路工程土工试验规程》（TB 10102）规定的试验方法检验。

一 般 项 目

4.6.4 基床底层顶面高程及顶面宽度的允许偏差、检验数量及检验方法应符合表4.6.4的规定。

表 4.6.4　基床底层各部的允许偏差、检验数量及检验方法

序号	检验项目	允许偏差	施工单位检验数量	检验方法
1	顶面高程	$\begin{matrix}0\\-20\end{matrix}$ mm	沿线路纵向每200m抽样检验3点	仪器测量
2	顶面宽度	不小于设计值	沿线路纵向每200m抽样检验3个断面	尺量

Ⅱ　基床表层

主 控 项 目

4.6.5 基床表层级配碎石质量应符合设计文件要求。

检验数量：施工单位每一料场抽样检验洛杉矶磨耗率、硫酸钠溶液浸泡损失率、液限、塑性指数、不均匀系数和曲率系数2次；监理单位每一料场平行检验1次。

施工单位每工作班抽样检验1次粒径级配、细长及扁平颗粒含量、压碎指标、黏土团及其他杂质含量；监理单位按施工单位检验数量的10%平行检验。

施工单位每一料场抽样检验2次压实后的渗透系数，若是Ⅱ型级配碎石还应同等频次检验持水率；监理单位每一料场平行检验1次。

检验方法：按现行行业标准《铁路工程土工试验规程》（TB 10102）规定的试验方法检验。

4.6.6 基床表层级配碎石填料应分层填筑，碾压时的含水率应控制在工艺试验确定的施工允许含水率范围内。每层摊铺厚度及碾压遍数应按工艺试验确定的参数进行。

检验数量：沿线路纵向连续长度每200m，施工单位每压实层抽样检验1次含水率、

6处摊铺厚度，其中左、中、右各2处；监理单位按施工单位检验数量的10%平行检验。

检验方法：现场取样按现行行业标准《铁路工程土工试验规程》（TB 10102）规定的试验方法检验。

4.6.7 基床表层级配碎石的压实质量应采用地基系数K_{30}、动态变形模量E_{vd}和压实系数K控制，压实标准应符合表4.6.7的规定。

表4.6.7 基床表层压实标准

填 料	压 实 标 准		
	地基系数K_{30}（MPa/m）	动态变形模量E_{vd}（MPa）	压实系数K
级配碎石	≥190	≥55	≥0.97

检验数量：沿线路纵向连续长度每200m，施工单位每压实层抽样检验动态变形模量和压实系数各4点，其中路基左、右距路基边线1m处各1点，路基中部2点；抽样检验地基系数4点，其中路基左、右距路基边线1.5m处各1点，路基中部2点；监理单位按施工单位检验数量的10%平行检验，且不少于1次。

检验方法：按现行行业标准《铁路工程土工试验规程》（TB 10102）规定的试验方法进行检验。

一 般 项 目

4.6.8 基床表层顶面中线高程、路肩高程、中线至路肩边缘的距离、宽度、横坡坡度、平整度的允许偏差、检验数量及检验方法应符合表4.6.8的规定。

表4.6.8 基床表层顶面各部的允许偏差、检验数量及检验方法

序号	检验项目	允许偏差	施工单位检验数量	检验方法
1	中线高程	±10mm	沿线路纵向每200m抽样检验3点	仪器测量
2	路肩高程	±10mm	沿线路纵向每200m抽样检验3点	仪器测量
3	中线至路肩边缘的距离	+20 0 mm	沿线路纵向每200m抽样检验3处	尺量
4	宽度	不小于设计值	沿线路纵向每200m抽样检验3处	尺量
5	横坡坡度	±0.5%	沿线路纵向每200m抽样检验3个断面	坡度尺测量
6	平整度	不大于15mm	沿线路纵向每200m抽样检验5点	3m直尺测量

4.7 路基面

主 控 项 目

4.7.1 路基基床表层顶面以上的回填层填料应符合设计文件要求，其检验应符合本标准第4.6.1条的规定。

4.7.2 路基基床表层顶面以上的回填层应采用小型碾压机具压实，压实标准应符合表4.3.3或表4.3.8中的要求。

检验数量：沿线路纵向连续长度每200m，施工单位每压实层抽样检验压实系数4点，其中距路基左、右边线1m处各1点，路基中部2点；监理单位按施工单位检验数量的10%平行检验，且不少于1次。

检验方法：按现行行业标准《铁路工程土工试验规程》（TB 10102）规定的试验方法进行检验。

4.7.3 路基基床表层顶面以上回填层厚度、封闭层厚度、排水坡度应符合设计文件要求。

检验数量：施工单位沿线路纵向每200m抽样检验5个断面；监理单位沿线路纵向每200m平行检验1个断面。

检验方法：仪器测量。

4.7.4 路基面中线和路肩的位置、高程应符合设计文件要求。

检验数量：施工单位每200m等间距检验9个断面27个点，其中每个断面中线1点、路肩2点；监理单位见证检验3个断面9个点。

检验方法：仪器测量。

一 般 项 目

4.7.5 路基面平整度、允许偏差及检验方法应符合表4.7.5的规定。

表4.7.5 路基面平整度允许偏差及检验方法

项　　目	允许偏差（mm）	施工单位检验数量	检验方法
路堤和土质路堑基床	15	每200m等间距检验5点	用2.5m长直尺测量

4.8 承轨梁

主 控 项 目

4.8.1 承轨梁、承轨梁下混凝土垫层、节间防错台板，所用水泥、粗骨料、细骨料、矿物掺和料、外加剂、钢筋等材料，其品种、规格、质量应符合设计文件要求，其进场检验应符合现行行业标准《铁路混凝土工程施工质量验收标准》（TB 10424）的有关规定。

4.8.2 承轨梁、承轨梁下混凝土垫层、节间防错台板混凝土强度应符合设计文件要求，其检验应符合现行行业标准《铁路混凝土工程施工质量验收标准》（TB 10424）的有关规定。

4.8.3 承轨梁下节间防错台板尺寸、位置应符合设计文件要求，与承轨梁底板连接应牢固。

　　检验数量：施工单位、监理单位全部检验。
　　检验方法：观察，尺量。

4.8.4 承轨梁结构形式应符合设计文件要求。

　　检验数量：施工单位、监理单位全部检验。
　　检验方法：观察。

条文说明

　　承轨梁是支撑轨道结构，安装接触轨，实现中低速磁浮列车抱轨运行的结构物；其结构主要有实心梁、箱形梁、框柱梁、柱梁、横向门式框架梁、纵向门式框架梁等形式。

4.8.5 过渡段耐磨滑动层现场铺设应采取临时固定措施，并应平整，其结构厚度、铺设长度应符合设计文件要求。

　　检验数量：施工单位全部检验；监理单位见证检验20%。
　　检验方法：观察，尺量。

4.8.6 桥路过渡段处桥台榫槽、预埋销钉、补注浆管的设置位置和构造尺寸应符合设计文件要求。

　　检验数量：施工单位、监理单位全部检验。
　　检验方法：观察，尺量。

条文说明

　　桥路过渡段处低置结构承轨梁与桥台榫接，榫接处通过横向限位销钉限制承轨梁的横向位移，允许转动位移，其销钉位置、垂直度、套筒间隙等均应符合设计文件要求，否则可能导致承轨梁无法发生转动位移，造成榫接处承轨梁受力状态由铰接变为固定连接，可能造成承轨梁或桥台局部开裂。

4.8.7 承轨梁下混凝土垫层应平整、整洁，横向应为水平面。顶面粗糙度为1.5~2.0mm，不应污损。

　　检验数量：施工单位、监理单位全部检验。
　　检验方法：观察，尺量。

一 般 项 目

4.8.8 承轨梁尺寸的允许偏差、检验数量及检验方法应符合表4.8.8的规定。

表4.8.8 承轨梁各部位尺寸的允许偏差、检验数量及检验方法

序号	承轨梁形式	项	目	允许偏差（mm）	施工单位检验数量	检验方法
1	实心式	尺寸	底板纵横向	±5	全部检验	尺量
2			顶面纵向	±5	全部检验	尺量
3			顶面横向	0 −5	全部检验	尺量
4		底板以上结构左右边缘距设计中心位置		±3	全部检验	仪器测量或尺量
5	框柱式、支墩式	尺寸	底板纵横向	±5	全部检验	尺量
6			纵梁纵横向	±5	全部检验	尺量
7			框柱纵向	±5	全部检验	尺量
8			框柱横向	0 −5	全部检验	尺量
9			横梁	±5	全部检验	尺量
10		框柱与纵梁左右外边缘距设计中心线尺寸		±3	全部检验	仪器测量或尺量

4.8.9 承轨梁各部位高程及平整度的允许偏差、检验数量及检验方法应符合表4.8.9的规定。

表4.8.9 承轨梁各部位高程及平整度的允许偏差、检验数量及检验方法

序号	项 目	高程允许偏差（mm）	平整度允许偏差（mm）	施工单位检验数量	检验方法
1	承轨梁顶面	±5	5	全部检验	仪器测量或尺量
2	垫层顶面	±10	5	全部检验	仪器测量或尺量
3	路基表层顶面	+10 −50	10	全部检验	仪器测量或尺量

4.8.10 承轨梁预埋件和预留孔洞的留置允许偏差、检验数量及检验方法应符合表4.8.10的规定。

表4.8.10 承轨梁预埋件和预留孔洞的留置允许偏差、检验数量及检验方法

序号	项	目	允许偏差（mm）	施工单位检验数量	检验方法
1	预留孔洞	中心位置	10	全部检验	仪器测量或尺量
		尺寸	+10 0	全部检验	仪器测量或尺量
2	预埋件中心位置		3	全部检验	仪器测量或尺量

4.9 路基排水

Ⅰ 线间排水

主控项目

4.9.1 路基防水层混凝土、纤维混凝土的材料质量和检验应符合现行行业标准《铁路混凝土工程施工质量验收标准》(TB 10424) 的有关规定。

4.9.2 防（隔）水层、隔水板用土工合成材料的质量应符合设计文件要求。

检验数量：同一厂家、品种、批号且连续进场的土工合成材料，每 $10 \times 10^4 \mathrm{m}^2$ 为一批，施工单位每批抽样检验3组；监理单位按施工单位检验数量的20%见证检验。

检验方法：观察，尺量；按设计要求的项目抽样检验。

条文说明

土工合成材料生产时原料的配制及生产工艺可能存在差异，因此应查验每批产品质量证明文件、性能报告单，并进行抽样试验。

材料的拉伸强度、极限抗拉强度及延伸率按现行中国国家铁路集团有限公司标准《铁路工程土工合成材料》(Q/CR 549.1~Q/CR 549.9) 规定的试验方法进行检验。

4.9.3 防（隔）水层、隔水板用土工合成材料设置位置、铺设层数、方向和连接方式应符合设计文件要求。

检验数量：施工单位沿线路纵向每100m检验5处；监理单位按施工单位检验数量的10%平行检验。

检验方法：观察，尺量。

4.9.4 预制构件品种、规格、质量应符合设计文件要求，外观完整、无破损。

检验数量：施工单位按同品种、规格预制构件每1000块（节）抽样4块（节）检验；监理单位按施工单位检查数量的20%见证检验。

检验方法：观察，尺量。

4.9.5 现浇混凝土及预制混凝土的强度等级应符合设计文件要求，其检验应符合现行行业标准《铁路混凝土工程施工质量验收标准》(TB 10424) 的有关规定。

4.9.6 沟底垫层、反滤层、封闭层的结构形式、设置范围、设置厚度应符合设计文件要求。

检验数量：施工单位每200m检验3个断面；监理单位平行检验1个断面。

检验方法：观察，尺量。

4.9.7 线间排水设施平面位置应符合设计文件要求，其纵坡应和实际地形相协调，排水通畅，不得反坡。

检验数量：施工单位每200m抽样检验3处；监理单位见证检验1处。

检验方法：观察，尺量，水准仪测量。

4.9.8 泄水孔设置的位置、布置形式、尺寸、数量应符合设计文件要求，且能有效排水。

检验数量：施工单位全部检验；监理单位按施工单位检验数量的10%平行检验。

检验方法：观察，尺量。

4.9.9 沉降缝和伸缩缝的位置及塞封应符合设计文件要求。

检验数量：施工单位全部检验；监理单位按施工单位检验数量的10%平行检验。

检验方法：观察，尺量。

4.9.10 排水设施迎水侧沟壁不应高出地面，沟顶、槽顶应与地面顺接。

检验数量：施工单位、监理单位全部检查。

检验方法：观察，尺量。

一 般 项 目

4.9.11 防（隔）水层、隔水板用土工合成材料铺设的允许偏差、检验数量及检验方法应符合表4.9.11的规定。

表4.9.11 防（隔）水层、隔水板用土工合成材料铺设的允许偏差、检验数量及检验方法

序号	检验项目	允许偏差	施工单位检验数量	检验方法
1	铺设范围	不小于设计值	沿线路每100m抽样检验3处，且每检验批不少于3处	尺量
2	搭接宽度	+50 0 mm		
3	竖向间距	±30mm		
4	上下层接缝错开距离	±50mm		
5	回折长度			

Ⅱ 地 表 排 水

主 控 项 目

4.9.12 混凝土及砂浆所用水泥、粗骨料、细骨料、矿物掺和料、外加剂、钢筋等材料的品种、规格、质量应符合设计文件要求，其进场检验应符合现行行业标准《铁路混凝土工程施工质量验收标准》（TB 10424）的有关规定。

4.9.13 沟底垫层、反滤层材料应符合设计文件要求。
　　检验数量：每条沟每200m施工单位抽样检验3处；监理单位抽样检验1处。
　　检验方法：筛析法，有机质试验。

4.9.14 排水沟、天沟垫层、反滤层、封闭层的结构形式、设置位置、厚度应符合设计文件要求。
　　检验数量：每条沟每200m施工单位抽样检验3个断面；监理单位平行检验1个断面。
　　检验方法：观察，尺量。

4.9.15 现浇混凝土及混凝土预制件的强度应符合设计文件要求，其检验应符合现行行业标准《铁路混凝土工程施工质量验收标准》（TB 10424）的有关规定。

4.9.16 预制水沟的基础与基坑边坡应密实、平整。预制件应拼装平顺，水泥砂浆粘贴密实，接缝咬合完好，基础与边坡间应用水泥砂浆填塞缝隙。
　　检验数量：每条沟每200m施工单位抽样检验3个断面；监理单位平行检验1个断面。
　　检验方法：观察，尺量。

4.9.17 路堑侧沟泄水孔设置位置、布置形式、尺寸、数量应符合设计文件要求，且能有效排水。
　　检验数量：施工单位全部检验；监理单位按施工单位检验数量的10%平行检验。
　　检验方法：观察，尺量。

4.9.18 沉降缝和伸缩缝的设置位置、缝宽与塞封应符合设计文件要求。
　　检验数量：施工单位全部检验；监理单位按施工单位检验数量的10%平行检验。
　　检验方法：观察，尺量。

4.9.19 吊沟排水系统中消力池的结构形式、设置位置应符合设计文件要求。
　　检验数量：施工单位、监理单位全部检验。
　　检验方法：观察，尺量。

4.9.20 吊沟排水系统中挡水墙的结构形式、设置位置应符合设计文件要求。
　　检验数量：施工单位、监理单位全部检验。
　　检验方法：观察，尺量。

一 般 项 目

4.9.21 路堤排水沟允许偏差、检验数量及检验方法应符合表4.9.21的规定。

表4.9.21 路堤排水沟的允许偏差、检验数量及检验方法

序号	检验项目	允许偏差	施工单位检验数量	检验方法
1	沟底中心位置	±100mm	每200m排水沟抽样检验5处	尺量
2	沟底高程	±20mm		水准测量
3	净空尺寸	±20mm		尺量
4	沟底坡度	不小于设计坡度		坡度尺测量
5	水沟铺砌厚度	−10mm		尺量
6	沟底平整度	25mm		尺量
7	沟顶高程	$^{0}_{-20}$ mm		水准测量

4.9.22 路堑侧沟的允许偏差、检验数量及检验方法应符合表4.9.22的规定。

表4.9.22 路堑侧沟允许偏差、检验数量及检验方法

序号	检验项目	允许偏差		施工单位检验数量	检验方法
		石质沟	现浇或预制沟		
1	沟底中心位置	$^{+50}_{0}$ mm	$^{+50}_{0}$ mm	每200m侧沟抽样检验5处	尺量
2	沟底高程	±20mm	±10mm		水准测量
3	净空尺寸	±20mm	±20mm		尺量
4	边坡坡度（偏陡量）	5%设计坡度	5%设计坡度		坡度尺测量
5	铺砌厚度	−10mm	−10mm		尺量
6	沟底坡度	±5%设计坡度	±5%设计坡度		坡度尺测量
7	沟底平整度	25mm	12mm		尺量
8	平台宽度	$^{+50}_{0}$ mm	$^{+50}_{0}$ mm		尺量
9	沟顶高程	—	$^{0}_{-20}$ mm		水准测量

4.9.23 天沟的允许偏差、检验数量及检验方法应符合表4.9.23的规定。

表4.9.23 天沟的允许偏差、检验数量及检验方法

序号	检验项目	允许偏差	施工单位检验数量	检验方法
1	沟底中心位置	±100mm	每200m天沟抽样检验5处	尺量
2	净空尺寸	±20mm		尺量
3	沟底坡度	不小于设计坡度		坡度尺测量
4	水沟铺砌厚度	−10mm		尺量

4.9.24 吊沟的允许偏差、检验数量及检验方法应符合表4.9.24的规定。

表4.9.24 吊沟的允许偏差、检验数量及检验方法

序号	检验项目	允许偏差	施工单位检验数量	检验方法
1	净空尺寸	$^{+50}_{\ \ 0}$ mm	每100m吊沟抽样检验6处	尺量
2	铺砌厚度	－10%设计厚度		尺量

4.9.25 吊沟排水系统消力池允许偏差、检验数量及检验方法应符合表4.9.25的规定。

表4.9.25 吊沟排水系统消力池允许偏差、检验数量及检验方法

序号	检验项目	允许偏差	施工单位检验数量	检验方法
1	净空尺寸	$^{+50}_{\ \ 0}$ mm	每个消力池抽样检验2处	尺量
2	铺砌厚度	不小于设计厚度		尺量

Ⅲ 地 下 排 水

主 控 项 目

4.9.26 渗水管等排水构筑物混凝土预制件规格、型号应符合设计文件要求。

检验数量：施工单位全部检验；监理单位按施工单位检验数量的20%见证检验。

检验方法：观察，尺量。

4.9.27 地下排水设施的位置、开挖断面、排水坡度、出水口地点应符合设计文件要求。

检验数量：每条沟每50m水沟施工单位抽样检验3个断面；监理单位平行检验2个断面。

检验方法：尺量，仪器测量。

4.9.28 排水沟或暗沟沟壁最下一排渗水孔的底部距沟底高度应符合设计文件要求。

检验数量：施工单位全部检验；监理单位按施工单位检验数量的20%见证检验。

检验方法：观察，尺量。

4.9.29 渗水暗沟填充碎石技术指标应符合表4.9.29的规定。

表 4.9.29　渗水暗沟填充碎石技术指标

项　目	技 术 指 标	项　目	技 术 指 标
母岩强度	不小于 30MPa	含泥量	<2%
碎石粒径	3～8cm		

检验数量：施工单位按同一生产地点每 500m³ 抽样检验 1 组；监理单位按施工单位检验数量的 20% 见证检验。

检验方法：筛析法，有机质试验，抗压强度试验。

条文说明

本条文中的含泥量按重量计算。

4.9.30 渗沟内渗水材料、填充位置、厚度应符合设计文件要求。

检验数量：每条水沟每 50m 施工单位抽样检验 3 个断面；监理单位全部见证检验。

检验方法：观察，尺量。

一 般 项 目

4.9.31 地下排水设施允许偏差、检验数量及检验方法应符合表 4.9.31 的规定。

表 4.9.31　地下排水设施的允许偏差、检验数量及检验方法

检 验 项 目	允许偏差（mm）	施工单位检验数量	检 验 方 法
沟中心位置	±50	沿线路每 100m 抽样检验 3 个检查井	经纬仪测量
沟底高程	±20	沿线路每 100m 抽样检验 4 个检查井，8 点	水准仪测量
渗沟断面尺寸	+50 −20	沿线路每 100m 抽样检验 2 处	尺量

Ⅳ　过 渡 段 排 水

主 控 项 目

4.9.32 软式透水管和无砂混凝土渗水板的品种、规格、质量应符合设计文件要求。

检验数量：施工单位对同一品种、规格、批号进场产品抽样检验不少于 1 次；监理单位平行检验 1 次。

检验方法：观察，尺量。

4.9.33 路堤与桥台过渡段软式透水管、无砂混凝土渗水板的放置位置、设置范围、坡度应符合设计文件要求，并保证排水通畅。

检验数量：每个过渡段施工单位、监理单位全部检验。

检验方法：观察，尺量，仪器测量。

4.9.34 过渡段软式透水管、横向排水盲沟出口应与路堤排水沟、坡面排水衔接，不

应散排。

检验数量：每个过渡段施工单位、监理单位全部检验。

检验方法：观察。

条文说明

水沟出水口位置及与既有沟渠、自然沟渠的衔接是完善排水系统的重要组成部分，是顺利排除水沟积水的最后一道关，不仅要保证水沟内的水能够顺利排出，还要确保接口处附近建筑物的安全。

4.10 边坡防护

条文说明

绿色防护是通过植物的叶、茎和根系与保护土体的共同作用，形成边坡保护层。绿色防护方式较多，主要包括植物种植、客土植生、喷混植生、铺设有助于植物生长的配套材料，如固土网垫、立体植被护坡网、土工格室、植生带（袋）等土工合成材料。

I 绿色防护

主控项目

4.10.1 边坡植物防护应沿坡面连续覆盖，防护范围应符合设计文件要求。

检验数量：施工单位、监理单位全部检验。

检验方法：观察，尺量。

4.10.2 边坡植物的种类及其种植数量、密度、株距、树穴的直径和深度应符合设计文件要求。

检验数量：施工单位按面积抽样检验5%；监理单位按施工单位检验数量的20%见证检验。

检验方法：观察，尺量。

4.10.3 边坡客土土质、客土厚度、边坡坡率应符合设计文件要求。

检验数量：沿线路每侧200m连续边坡，施工单位抽样检验5个断面，每个断面上、中、下检验各1点；监理单位平行检验1个断面，其中上、中、下各1点。

检验方法：观察，尺量。

条文说明

在播撒草籽或移植幼苗期间，绿色防护措施易受雨水冲刷或大风吹蚀而损毁，为提高植物的成活率，在种植初期应采取既能避免草籽、幼苗受损，又能有效防止坡面冲刷或吹蚀的固土措施。

4.10.4 空心砖混凝土预制件的外观质量、几何尺寸应符合设计文件要求和现行行业标准《铁路混凝土工程施工质量验收标准》（TB 10424）的有关规定，空心砖及无纺布的铺设方式应符合设计文件要求。

检验数量：每一批次进场预制构件施工单位抽样检验1次，且每次不少于3件；监理单位全部见证检验；铺设方式施工单位、监理单位全部检验。

检验方法：观察，尺量，检查出厂质量证明文件；随铺设层观察。

4.10.5 喷混植生制作基材所用种子、种植土、养生材料、水泥等材料的品种、规格、技术条件应符合设计文件要求，进场时应进行验收。

检验数量：施工单位、监理单位每进场批检验1次。

检验方法：观察，检查产品质量证明文件和材料性能报告单。

4.10.6 喷混植生所用挂网材料、锚杆的品种、规格应符合设计文件要求。

检验数量：施工单位、监理单位每进场批检验1次。

检验方法：检查产品质量证明文件和材料性能报告单。

4.10.7 喷混植生所用锚杆的布置形式及间距设置应符合设计文件要求。

检验数量：施工单位按每坡面锚杆数量的10%抽样检验；监理单位按施工单位检验数量的20%见证检验。

检验方法：观察，尺量。

条文说明

锚杆孔施钻过程中，不应影响边坡岩体结构。如发现岩体裂隙增大、边坡变形异常及地质情况变化等情况，应停止施工，并上报处理。

4.10.8 喷混植生锚杆注浆体强度等级应符合设计规定，其质量验收应符合现行行业标准《铁路混凝土工程施工质量验收标准》（TB 10424）的有关规定。

4.10.9 喷混植生锚杆抗拔力应符合设计文件要求。

检验数量：施工单位抽样检验锚杆总数的3%；监理单位按施工单位检验数量的20%见证检验。

检验方法：锚杆抗拔力试验按照现行行业标准《铁路路基支挡结构设计规范》（TB 10025）附录Ⅰ规定的试验方法进行。

4.10.10 喷混植生喷射基材厚度应符合设计文件要求。

检验数量：沿线路每50m坡面施工单位抽样检验1个断面，每个断面检查3点。沿线路每200m坡面监理单位平行检验1个断面，不足200m按200m计算。

检验方法：观察预埋标志尺。

4.10.11 固土网垫、立体植被护坡网、土工格室、植生袋、生态袋等土工合成材料的规格及性能应符合设计文件要求。

检验数量：同一厂家、品种、批号进场的土工合成材料，每$1\times10^4 m^2$为一批，不足$1\times10^4 m^2$也按一批计。施工单位每批抽样检验1组；监理单位按施工单位检验数量的20%见证检验。

检验方法：检查产品质量证明文件。

4.10.12 固土网垫、立体植被护坡网、土工格室、植生袋、生态袋等土工合成材料的铺设范围、连接和固定方式应符合设计文件要求。

检验数量：施工单位、监理单位全部检验。

检验方法：观察。

4.10.13 固土网垫、立体植被护坡网、土工格室、植生袋、生态袋等种植土土质及充填质量应符合设计文件要求。

检验数量：施工单位、监理单位每进场批检验1次。

检验方法：观察，检查掺料记录。

一 般 项 目

4.10.14 边坡植物防护覆盖率、成活率的检验数量及检验方法应符合表4.10.14的规定。

表4.10.14 植物防护覆盖率、成活率的检验数量及检验方法

序号	项目		覆盖率（%）	成活率（%）	施工单位检验数量	检验方法
1	一般地区	植草防护 土质路基边坡	85	—	每段护坡每200m长抽样检验3条带	尺量，计算面积
2		植草防护 石质路基边坡	70	—		尺量，计算面积
3		种植藤本植物、灌木防护 土质路基边坡	—	80		点数，统计计算
4		种植藤本植物、灌木防护 石质路基边坡	—	70		点数，统计计算
5	干旱地区	植草防护 土质路基边坡	65	—		尺量，计算面积
6		种植藤本植物、灌木防护 土质路基边坡	—	70		点数，统计计算
7	寒冷地区	植草防护 土质路基边坡	80	—		尺量，计算面积
8		植草防护 石质路基边坡	70	—		尺量，计算面积

表 4.10.14（续）

序号	项 目		覆盖率（%）	成活率（%）	施工单位检验数量	检验方法
9	寒冷地区	种植藤本植物、灌木防护	土质路基边坡	—	75	每段护坡每200m长抽样检验3条带	点数，统计计算
10			石质路基边坡	—	70		点数，统计计算

注：1. 一条带指边坡上从顶至底带宽为3m的护坡。
　　2. 一般地区、寒冷地区植物覆盖率和成活率验收在植物建植不小于12个月后进行。干旱地区植物建植完工12个月后，对植物覆盖率、成活率进行验收；验收通过12个月后，进行复验。

Ⅱ 骨架护坡

主控项目

4.10.15 现浇混凝土所用材料的品种、规格及质量应符合现行行业标准《铁路混凝土工程施工质量验收标准》（TB 10424）的有关规定。

4.10.16 现浇混凝土和预制混凝土强度等级应符合设计文件要求。

检验数量：每工班拌制的混凝土，每100m³取样至少留置一组试件，不足100m³混凝土时按100m³计。施工单位、监理单位全部检验。

检验方法：抗压强度试验。

4.10.17 混凝土预制构件外观质量、几何尺寸应符合设计文件要求和现行行业标准《铁路混凝土工程施工质量验收标准》（TB 10424）的有关规定，并满足安装要求。

检验数量：每一批次进场预制构件施工单位抽样检验1次，每次不少于3件，监理单位全部见证检验。

检验方法：观察，尺量，检查出场质量证明文件。

4.10.18 浆砌片石所用石材的规格、强度应符合设计文件要求。

检验数量：施工单位每400m³检验一次；监理单位按施工单位检验数量的20%见证检验，且不少于1次。

检验方法：按照现行行业标准《铁路工程岩石试验规程》（TB 10115）规定的方法检验。

条文说明

浆砌片石砌筑所用片石的强度，是指岩石试件在无侧限条件下的单轴抗压强度。

4.10.19 砌体砌筑所用砂浆的强度等级应符合设计文件要求。

检验数量：施工单位每工班砌筑的砌体，每100m³取样至少留置一组试件，不足100m³砌体时按100m³计；监理单位按施工单位检验数量的20%见证检验。

检验方法：抗压强度试验。

4.10.20 骨架护坡镶边、截水缘与骨架连接应符合设计文件要求。

检验数量：施工单位沿线路每200m防护坡面抽样检验5处；监理单位全部见证检验。

检验方法：观察。

4.10.21 沉降缝和伸缩缝的设置应整齐垂直，上下贯通，塞封严密，缝宽与缝的塞封应符合设计文件要求。

检验数量：施工单位全部检验；监理单位按施工单位检验数量的20%平行检验。

检验方法：观察，尺量。

一 般 项 目

4.10.22 骨架护坡各部允许偏差、检验数量及检验方法应符合表4.10.22的规定。

表4.10.22 骨架护坡各部允许偏差、检验数量及检验方法

序号	检验项目	允许偏差	施工单位检验数量	检验方法
1	骨架净距	+50mm	每段护坡抽样检验6处，其中上、中、下部各2处	尺量
2	骨架宽度及边槽高度	不小于设计值		尺量
3	骨架厚度及嵌置深度	不小于设计值		尺量
4	护肩、镶边及基础厚度、宽度	不小于设计值	每段护坡抽样检验3组	尺量
5	踏步宽度、厚度	不小于设计值	每踏步抽样检验1处	尺量
6	坡面平整度	不大于40mm	每段护坡抽样检验3处	3.0m长直尺和尺量

注：每500m护坡作为一段，每段护坡长不足500m按500m计。

Ⅲ 孔窗式护坡（墙）

主 控 项 目

4.10.23 采用浆砌片石或预制砌块砌筑、混凝土现浇的孔窗式护坡（墙）应与边坡密贴，无空洞。

检验数量：施工单位每500m防护坡面抽样检验3处；监理单位全部见证检验。

检验方法：观察。

4.10.24 孔窗式护坡（墙）的布置方式及孔窗尺寸应符合设计文件要求。

检验数量：施工单位全部检验；监理单位按施工单位检验数量的20%见证检验。

检验方法：观察，尺量。

4.10.25 孔窗式护坡（墙）平台设置应符合设计文件要求。

检验数量：施工单位全部检验；监理单位按施工单位检验数量的20%见证检验。

检验方法：观察，尺量。

4.10.26 孔窗式护坡（墙）基础的布置形式、埋置深度应符合设计文件要求。
检验数量：施工单位全部检验；监理单位按施工单位检验数量的20%见证检验。
检验方法：观察，尺量。

4.10.27 沉降缝和伸缩缝的位置、缝宽与缝的塞封应符合设计文件要求。
检验数量：施工单位全部检验；监理单位按施工单位检验数量的10%平行检验。
检验方法：观察，尺量。

4.10.28 孔窗内按设计要求种植植物时，植物的种类和数量应符合设计文件要求，其质量验收应符合本标准第4.10.2条的规定。

4.10.29 捶面护坡所用混合料的填筑厚度及质量应符合设计文件要求。
检验数量：施工单位沿线路每侧边坡每500m抽样检验3个断面，每个断面上、中、下检验共3点；监理单位沿线路每侧边坡连续每500m见证检验1个断面。
检验方法：观察，尺量。

4.10.30 孔窗内干砌片石、预制砌块应纵横搭叠、压缝，砌筑紧密，护坡平顺、整齐，符合设计文件要求。
检验数量：施工单位全部检验；监理单位按施工单位检验数量的20%见证检验。
检验方法：观察。

一 般 项 目

4.10.31 孔窗式护坡（墙）施工各部允许偏差、检验数量及检验方法应符合表4.10.31的规定。

表4.10.31 孔窗式护坡（墙）施工各部允许偏差、检验数量及检验方法

序号	检验项目	允许偏差	施工单位检验数量	检验方法
1	平面位置	+50mm	每段护坡每500m长抽样检验4点	仪器测量
2	基底高程	+50mm	每段护坡每500m长抽样检验3点	仪器测量
3	坡顶高程	0 / −20 mm	每段护坡每500m长抽样检验3点	仪器测量
4	孔窗半径	+50mm	每段护坡每500m长各抽样检验6处，其中上、中、下部各2处	尺量
5	孔窗宽度及高度	不小于设计值		尺量
6	孔窗厚度及嵌置深度	不小于设计值		尺量
7	护肩、镶边及基础厚度、宽度	不小于设计值	每段护坡每500m长抽样检验3组	尺量
8	踏步宽度、厚度	不小于设计值	每段护坡抽样检验1处	尺量
9	坡面平整度	不大于40mm	每段护坡每500m长抽样检验3处	3.0m长直尺测量

注：每500m护坡作为一段，每段护坡长不足500m亦按500m计。

4.10.32 孔窗内植物防护覆盖率、成活率的检验数量及检验方法应符合本标准第4.10.14条的规定。

Ⅳ 锚杆框架梁防护

主 控 项 目

4.10.33 锚杆所用钢筋的品种、规格、质量应符合设计文件要求，其质量验收应符合现行行业标准《铁路混凝土工程施工质量验收标准》（TB 10424）的有关规定。

4.10.34 混凝土强度等级应符合设计文件要求，其质量验收应符合现行行业标准《铁路混凝土工程施工质量验收标准》（TB 10424）的有关规定。

4.10.35 锚杆孔的布置形式、间距、孔径、孔深及倾角应符合设计文件要求。
检验数量：施工单位全部检验；监理单位按施工单位检验数量的20%见证检验。
检验方法：观察，尺量。

4.10.36 注浆体强度等级应符合设计文件要求，其质量验收应符合现行行业标准《铁路混凝土工程施工质量验收标准》（TB 10424）的有关规定。

4.10.37 锚杆布置形式、锚杆长度应符合设计文件要求。
检验数量：施工单位全部检验；监理单位全部平行检验锚杆布置形式，按锚杆数量的10%平行检验锚杆长度。
检验方法：观察，尺量。

4.10.38 锚头及锚杆未锚入土层部分，应做好防锈蚀处理。
检验数量：施工单位全部检验；监理单位全部见证检验。
检验方法：观察。

4.10.39 锚杆锚固力应符合设计文件要求。
检验数量：施工单位以每分项工程为验收单位，按工作锚杆总数的5%且不少于3根进行抽样试验；监理单位按施工单位检验数量的20%见证试验。
检验方法：锚杆抗拔力试验按照现行行业标准《铁路路基支挡结构设计规范》（TB 10025）附录Ⅰ规定的试验方法进行。

4.10.40 框架梁应与坡面密贴顺接。
检验数量：施工单位沿线路纵向每500m防护坡面，抽样检验3处，不足500m按500m计；监理单位全部见证检验。
检验方法：目测，观察。

4.10.41 框架间植草防护的种类和数量应符合设计文件要求,其质量验收应符合本标准第4.10.2条的规定。

一 般 项 目

4.10.42 框架梁施工各部允许偏差、检验数量及检验方法应符合表4.10.42的规定。

表4.10.42 框架梁施工各部允许偏差、检验数量及检验方法

序号	检验项目	允许偏差	施工单位检验数量	检验方法
1	平面位置	+50mm	每段护坡每500m长抽样检验4点	仪器测量
2	基底高程	+50mm	每段护坡每500m长抽样检验3点	
3	坡顶高程	−20mm	每段护坡每500m长抽样检验3点	
4	框架净距	+50mm	每段护坡每500m长各抽样检验6处,其中上、中、下部各2处	尺量
5	框架宽度及边槽高度	不小于设计值		尺量
6	框架梁厚度及嵌置深度	不小于设计值		尺量
7	护肩、镶边及基础厚度、宽度	不小于设计值	每段护坡每500m长抽样检验3组	尺量
8	踏步宽度、厚度	不小于设计值	每段护坡抽样检验1处	尺量
9	坡面平整度	不大于40mm	每段护坡每500m长抽样检验3处	3.0m长直尺测量

注:每500m护坡作为一段,每段护坡长不足500m亦按500m计。

4.10.43 框架梁间植物防护覆盖率、成活率应符合设计文件要求,其质量验收应符合本标准第4.10.14条的规定。

4.11 支挡工程

Ⅰ 重力式挡土墙

主 控 项 目

4.11.1 换填基础所用材料的类别、规格、质量应符合设计文件要求,应符合本标准第4.2.1条的有关规定。

4.11.2 挡土墙及桩身所用水泥、粗骨料、细骨料、矿物掺和料、外加剂、钢筋等材料的品种、规格、质量应符合设计文件要求,并应符合现行行业标准《铁路混凝土工程施工质量验收标准》(TB 10424)的有关规定。

4.11.3 换填基础的底面高程应符合设计文件要求。

检验数量:施工单位每段换填基础检验5点,四角各1点,中间1点;监理单位见证检验不少于1点。

检验方法:仪器测量。

4.11.4 换填基础的压实质量应符合设计文件要求。

　　检验数量：施工单位对每压实层检验3点；监理单位见证检验不少于1点。

　　检验方法：按现行行业标准《铁路工程土工试验规程》（TB 10102）规定的方法进行检验。

4.11.5 明挖基坑底面应完整无损伤，无浮渣。台阶的平、立面应平顺，斜面地基应平整，无贴补。基坑地基承载力应符合设计文件要求。

　　检验数量：施工单位每个基坑抽样检验地基承载力2点；监理单位见证检验1点。

　　检验方法：土质基坑采用动力触探（$N_{63.5}$）检测地基承载力，石质基坑采用现场目测鉴别方法。

　　注：$N_{63.5}$为质量63.5kg的重锤贯入土中10cm所用的锤击数。

4.11.6 基础混凝土强度应符合设计文件要求，其施工和检验应符合现行行业标准《铁路混凝土工程施工质量验收标准》（TB 10424）的有关规定。

4.11.7 桩基础桩孔尺寸应符合设计文件要求。

　　检验数量：施工单位全部检验；监理单位按施工单位检验数量的20%见证检验。

　　检验方法：尺量或检孔器检测。

4.11.8 桩基础桩身混凝土应连续、完整。

　　检验数量：施工单位全部检验；监理单位按施工单位检验数量的20%见证检验，且不少于1次。

　　检验方法：低应变检测、声波透射或其他无损检测方法。

条文说明

　　为保证桩身混凝土连续、完整，桩孔混凝土应一次性连续灌注完成；地下水发育地区则应按水下混凝土施工；钻孔桩混凝土应采用水下混凝土灌注方式施工。

4.11.9 挡土墙墙面应平顺整齐。墙顶、两端面与基础连接处应密贴封严。

　　检验数量：施工单位、监理单位全部检验。

　　检验方法：观察。

4.11.10 挡土墙墙身及基础沉降缝和伸缩缝的预留与塞封应符合设计文件要求，接缝平直、塞缝严密。沉降缝应为贯通缝，不得切割墙体设置假缝。

　　检验数量：施工单位、监理单位全部检验。

　　检验方法：观察。

4.11.11 墙后反滤层、黏土隔水层的材料应符合设计文件要求。

检验数量：同一产地、品种、规格且连续进场的砂卵砾石、黏土每1000m³为一个批次，不足1000m³也按一个批次计，施工单位每批检验1组；监理单位按施工单位检验数量的20%见证检验，且不少于1组。

检验方法：按现行行业标准《铁路工程土工试验规程》（TB 10102）规定的方法检验。

条文说明

支挡结构物背后反滤结构、防排水结构设计种类较多，因砂、碎石反滤层在施工中较难控制其厚度，有些支挡结构物背后采用了土工合成材料，本标准仅给出了一些常见的结构设计种类，还应结合工程实际情况，在保证工程质量的前提下具体确定反滤层材料。

4.11.12 墙后反滤层袋装砂卵砾石层、透水土工布、反滤层最低处隔水层的设置位置、构造尺寸及厚度应符合设计文件要求。

检验数量：沿线路挡土墙每连续100m长度、每1m高度，施工单位检验5处；监理单位全部见证检验。

检验方法：观察，尺量。

4.11.13 泄水孔孔径、位置、排水坡度应符合设计文件要求，保持排水通畅。

检验数量：施工单位全部检验；监理单位全部见证检验。

检验方法：观察，尺量，炮棍法测排水坡度。

4.11.14 墙背填筑应分层填筑压实，其压实质量应符合设计文件要求。

检验数量：施工单位每段每层检验3点；监理单位按施工单位检验数量的20%见证检验。

检验方法：按现行行业标准《铁路工程土工试验规程》（TB 10102）规定的方法检验。

一 般 项 目

4.11.15 明挖基坑各部尺寸允许偏差、检验数量及检验方法应符合表4.11.15的规定。

表4.11.15 明挖基坑各部尺寸允许偏差、检验数量及检验方法

序号	项 目	允许偏差	施工单位检验数量	检 验 方 法
1	台阶尺寸	±100mm	每个基坑4点	尺量
2	斜面基底坡度	±1%	每个基坑4点	水平尺与楔形尺测量计算
3	基底高程	$\begin{array}{c} 0 \\ -50 \end{array}$ mm	每个基坑5点	仪器测量

4.11.16 明挖基础顶面高程、前边缘距路基中线距离、基础宽度、基础襟边宽度和高度、起讫里程、沉降缝位置及宽度允许偏差、检验数量及检验方法应符合表 4.11.16 的规定。

表 4.11.16 明挖基础各部允许偏差、检验数量及检验方法

序号	项 目	允许偏差（mm）	施工单位检验数量	检 验 方 法
1	基础顶面高程	±20	每基坑 3 点	仪器测量
2	前边缘距路基中线距离	+50 0	每基坑 3 点	钢尺测量
3	基础宽度	±50	每基坑 3 点	尺量
4	基础襟边宽度（高度）	±20	每明挖基坑基础段 3 组	尺量
5	起讫里程（长度）	±100	每不同结构尺寸段 1 处	仪器测量，尺量
6	沉降缝（伸缩缝）位置	±50	每道	尺量
7	沉降缝（伸缩缝）宽度	±4	每基坑 6 处	尺量

注：非水平基础底面高程应检测墙趾、墙踵处高程。

4.11.17 换填基础的顶面高程、换填深度、边缘距路基中线的距离、起讫里程允许偏差、检验数量及检验方法应符合表 4.11.17 的规定。

表 4.11.17 换填基础各部尺寸允许偏差、检验数量及检验方法

序号	项 目	允许偏差（mm）	施工单位检验数量	检 验 方 法
1	高程	±20	3 点	仪器测量
2	换填深度	±5	3 点	仪器测量
3	边缘距路基中线距离	+50 0	3 处	钢尺测量
4	起讫里程	±100	1 组	仪器测量，尺量

4.11.18 桩的平面位置、桩底高程允许偏差、检验数量及检验方法应符合表 4.11.18 的规定。

表 4.11.18 桩的平面位置、桩底高程、允许偏差、检验数量及检验方法

序号	项 目	允许偏差（mm）	施工单位检验数量	检 验 方 法
1	桩的平面位置	±50	全部检验	尺量
2	桩底高程	±100	全部检验	尺量

4.11.19 墙面垂直度、斜度、平整度允许偏差、检验数量及检验方法应符合表 4.11.19 的规定。

表 4.11.19　挡土墙墙面的允许偏差、检验数量及检验方法

序号	项　目		允许偏差	施工单位检查数量	检验方法
1	垂直度	$h \leq 6m$	10mm	3 处	吊线尺测量
2		$h > 6m$	15mm	3 处	吊线尺测量
3	斜度		±3%设计值	3 处	坡度尺或吊线尺测量
4	平整度		20mm	3 处	3.0m 直尺，尺量

注：h 为挡土墙高度。

Ⅱ　悬臂式和扶壁式挡土墙

主　控　项　目

4.11.20　挡土墙所用水泥、粗骨料、细骨料、矿物掺和料、外加剂、钢筋等材料的品种、规格、质量应符合设计文件要求，并应符合现行行业标准《铁路混凝土工程施工质量验收标准》（TB 10424）的有关规定。

4.11.21　墙趾板、墙踵板、墙面板、扶壁钢筋的规格、数量及钢筋的加工、连接、安装应符合设计文件要求，其检验应符合现行行业标准《铁路混凝土工程施工质量验收标准》（TB 10424）的有关规定。

4.11.22　墙趾板、墙踵板、墙面板、扶壁的混凝土强度应符合设计文件要求，其检验应符合现行行业标准《铁路混凝土工程施工质量验收标准》（TB 10424）的有关规定。

4.11.23　墙身沉降缝的检验应符合本标准第 4.11.10 条的规定。

4.11.24　墙后泄水孔及反滤层的检验应符合本标准第 4.11.11 条～第 4.11.13 条的规定。

4.11.25　墙背填料及填筑压实的检验应符合本标准第 4.11.14 条的规定。

一　般　项　目

4.11.26　明挖基坑各部尺寸允许偏差、检验数量及检验方法应符合本标准第 4.11.15 条的规定。

4.11.27　墙趾板、墙踵板顶面高程、前边缘距路基中线距离、宽度、起讫里程、沉降缝位置及宽度允许偏差、检验数量及检验方法应符合本标准第 4.11.16 条的有关规定。

4.11.28 换填基础的顶面高程、换填深度、边缘距路基中线的距离、起讫里程允许偏差、检验数量及检验方法应符合本标准第 4.11.17 的规定。

4.11.29 扶壁、墙身的垂直度、斜度、平整度允许偏差、检验数量及检验方法应符合本标准第 4.11.19 条的规定。

4.12 路基相关工程及设施

Ⅰ 防护栅栏

主 控 项 目

4.12.1 防护栅栏用各类材料、构配件的品种、规格、质量应符合设计文件要求。
检验数量：施工单位、监理单位全部检验。
检验方法：观察，检查每批产品质量证明文件和性能报告单。

4.12.2 防护栅栏所用混凝土、砂浆的强度等级应符合设计文件要求，其检验应符合现行行业标准《铁路混凝土工程施工质量验收标准》（TB 10424）的有关规定。

4.12.3 防护栅栏立柱基坑尺寸应符合设计文件要求。
检验数量：施工单位全部检验；监理单位按施工单位检验数量的 20% 见证检验。
检验方法：观察，尺量。

4.12.4 防护栅栏设置位置、高度、栅栏下槛底面距地面距离应符合设计文件要求。
检验数量：施工单位每 100m 抽样检验 5 处；监理单位平行检验 2 处。
检验方法：观察，尺量。

Ⅱ 检查井、检查道

主 控 项 目

4.12.5 检查井栏杆杆件及零配件的品种、规格及质量应符合设计文件要求。
检验数量：施工单位全部检验；监理单位按施工单位检验数量的 20% 见证检验。
检验方法：观察，检查质量证明文件。

4.12.6 检查井井身、井盖混凝土强度等级应符合设计文件要求，其检验应符合现行行业标准《铁路混凝土工程施工质量验收标准》（TB 10424）的有关规定。

4.12.7 检查井位置、断面尺寸应符合设计文件要求。
检验数量：施工单位全部检验；监理单位按施工单位检验数量的 10% 平行检验。
检验方法：尺量。

4.12.8 栏杆及检查井台阶的位置、范围、构造应符合设计文件要求。

检验数量：施工单位每处设施全部检验；监理单位按施工单位检验数量的10%平行检验。

检验方法：观察，尺量。

4.12.9 堑顶维修检查通道的设置类型、结构形式、布设位置、通道宽度应符合设计文件要求。

检验数量：施工单位每处设施全部检验；监理单位按施工单位检验数量的10%平行检验，且不少于1处。

检验方法：观察，尺量。

一 般 项 目

4.12.10 检查井的允许偏差、检验数量及检验方法应符合表4.12.10的规定。

表4.12.10 检查井的允许偏差、检验数量及检验方法

序号	检验项目		允许偏差	施工单位检验数量	检验方法
1	检查井位置	纵向	±50mm	每处检查井	仪器测量
		横向	+50/−20 mm		
2	井底高程		±30mm	每处检查井	仪器测量
3	净空尺寸（内径、深度）		±30mm	每处检查井	尺量
4	井盖直径		±10mm	每个井盖	尺量
5	井盖厚度		不小于设计值	每个井盖	尺量
6	井盖与相邻路基面高差		+10/0 mm	每处检查井	仪器测量

4.12.11 栏杆、检查梯平面位置、构件断面尺寸、安装尺寸、检查梯（台）尺寸、平台宽度的允许偏差、检验数量及检验方法应符合表4.12.11的规定。

表4.12.11 栏杆、检查梯平面位置、构件断面尺寸、安装尺寸、检查梯（台）尺寸、平台宽度允许偏差、检验数量及检验方法

序号	检验项目	允许偏差	施工单位检验数量	检验方法
1	平面位置	±100mm	3处	仪器测量
2	构件断面尺寸	±5%设计值	抽查10%构件，1组	尺量
3	安装尺寸	±20mm	抽查10%构件，1组	尺量
4	检查梯（台）尺寸	±30mm	抽查5级，2处	尺量
5	平台宽度	+20/−5 mm	抽查5级，2处	尺量

III 接触轨支架基础

4.12.12 接触轨支架、底座、胀锚螺栓等连接零配件，其品种、规格及质量应符合设计文件要求。

检验数量：施工单位全部检验；监理单位按施工单位检验数量的20%见证检验。

检验方法：观察，检查质量证明文件。

4.12.13 接触轨支架螺栓孔位置及间距应符合设计文件要求。

检验数量：施工单位全部检验；监理单位按施工单位检验数量的20%见证检验。

检验方法：尺量。

4.12.14 接触轨支架螺栓紧固力矩应符合设计文件要求和相关产品标准的规定。

检验数量：施工单位全部检验；监理单位按施工单位检验数量的20%见证检验。

检验方法：观察，记录力矩扳手显示值。

IV 四电接口

4.12.15 信号机基础、通信天线基础等接口工程，其所用材料品种、规格及质量应符合设计文件要求。

检验数量：施工单位全部检验；监理单位按施工单位检验数量的20%见证检验。

检验方法：观察，检查质量证明文件。

4.12.16 电缆槽所用混凝土和砂浆强度等级应符合设计文件要求，其检验应符现行行业标准《铁路混凝土工程施工质量验收标准》（TB 10424）的有关规定。

4.12.17 接口工程设置位置及数量应符合设计文件要求。

检验数量：施工单位全部检验；监理单位按施工单位检验数量的20%见证检验。

检验方法：测量，清点。

4.12.18 穿过路基的管、线、桩、柱等预埋构件，不得侵入设计规定的限界，且应保持路基的外观整齐。

检验数量：施工单位、监理单位全部检验。

检验方法：观察，尺量。

4.12.19 电缆槽开挖断面应符合设计文件要求，电缆槽的地基应稳固、密实，不得有杂物和积水。

检验数量：施工单位每200m电缆槽检验5处；监理单位见证检验2处。

检验方法：观察。

4.12.20 电缆井开挖断面应符合设计文件要求，电缆井的地基应稳固、密实，不得有杂物和积水。

检验数量：施工单位全部检验；监理单位见证检验1处。

检验方法：观察。

4.12.21 电缆槽及电缆井垫层和找平层的结构形式、位置、厚度应符合设计文件要求。

检验数量：施工单位每200m检验5个断面；监理单位见证检验2个断面。

检验方法：观察，尺量。

4.12.22 电缆槽及电缆井泄水孔的布置形式、位置、孔径、数量应符合设计文件要求。

检验数量：施工单位全部检验；监理单位按施工单位检验数量的20%见证检验。

检验方法：观察，尺量。

V 疏 散 通 道

主 控 项 目

4.12.23 疏散通道指示标志的材质、规格及图案字样应符合设计文件要求。

检验数量：施工单位和监理单位全部检验。

检验方法：观察。

4.12.24 疏散通道指示标志设置的位置应符合设计文件要求。

检验数量：施工单位和监理单位全部检验。

检验方法：尺量，仪器测量。

VI 过 轨 管 线

主 控 项 目

4.12.25 过轨管、综合接地贯通地线及分支引接线的型号、规格和质量应符合设计文件要求。

检验数量：施工单位、监理单位全部检验。

检验方法：观察，检查质量证明文件。

4.12.26 过轨管、综合接地贯通地线及分支引接线的设置位置应符合设计文件要求。

检验数量：施工单位、监理单位全部检验。

检验方法：观察，尺量。

4.12.27 过轨管采用镀锌钢管时，埋设前应将管口打磨光滑。

检验数量：施工单位、监理单位全部检验。

检验方法：观察。

4.13 变形观测

主 控 项 目

4.13.1 沉降观测装置和位移边桩的构造、结构尺寸和制作材料，其规格、材质等应符合设计文件要求。

检验数量：施工单位全部检验。

检验方法：观察，尺量。

4.13.2 观测断面设置位置、数量及每一断面观测点布设数量应符合设计文件要求。

检验数量：施工单位、监理单位全部检验。

检验方法：观察，尺量，清点数量。

4.13.3 路基沉降观测的频次不应低于表 4.13.3 的规定。当环境条件发生变化或数据异常时，应加密观测频次。沉降水准测量的重复精度不应低于 ±1mm，读数取位至 0.1mm；剖面沉降观测的重复精度不应低于 ±4mm/30m。

表 4.13.3 路基沉降观测频次

观测阶段		施工单位观测频次
填筑或堆载	一般	1次/d
	沉降量突变	2~3次/d
	两次填筑间隔时间较长	1次/3d
堆载预压或路基施工完毕	第1~3个月	1次/周
	第4~6个月	1次/2周
	6个月以后	1次/月
轨道铺设后	第1个月	1次/2周
	第2、3个月	1次/月
	3个月以后	1次/3月

检验数量：施工单位按表 4.13.3 规定的观测频次进行路基沉降观测。

检验方法：水准测量。

4.13.4 路桥过渡段的桥台与路基间脱空观测点的布置、控制标准等应符合设计文件要求。

检验数量：施工单位、监理单位全部检验。

检验方法：观察，检查施工记录。

5 桥涵

5.1 一般规定

5.1.1 基坑土方施工应对支护结构、周围环境进行观察和监测，当发现异常情况时应停止施工并及时处理，待恢复正常后方可施工。

5.1.2 墩身模板应与承台顶面密封，封闭材料不得侵入墩身。

5.1.3 桥台和墩台施工中应经常检查中线、高程，发现问题应及时处理。施工完毕，应对全桥中线、高程、跨度贯通测量。

5.1.4 施工前应核对排水系统设计文件，桥台和墩台处地表排水设施应与天然沟渠和相邻的路基、隧道、车站等排水设施衔接，组成完整的排水系统。

5.1.5 陡坡地段桥梁墩台的基坑回填和边坡防护应按设计要求进行统筹施工。边坡应按照设计要求进行防护。

5.1.6 梁底模及支架卸载顺序，应严格按照从梁体挠度最大处支架节点开始，逐步卸落相邻节点，当达到一定卸落量后，支架方可脱离梁体。

5.1.7 预应力混凝土连续梁悬臂浇筑施工前，应将墩顶梁段与桥墩临时固结牢固。

5.1.8 悬臂浇筑梁段施工过程中，应进行线形监测，发现超出允许偏差应及时调整。悬臂合龙时，两侧梁体的高差应在设计允许范围内。

5.1.9 挂篮前移时，纵向预应力筋应张拉完成。

5.1.10 支座安装前应检查桥梁跨度、支承垫石尺寸和高程、预留锚栓孔位置和尺寸等。

5.1.11 涵洞进出口与既有沟床或道路应连接顺畅，排水系统应完善通畅。

5.1.12 涵洞与路基过渡段填筑应在涵身结构达到设计强度后进行。

5.1.13 桥涵工程沉降变形测量应符合现行中国铁建企业技术标准《中低速磁浮交通工程测量规范》（Q/CRCC 32802）的有关规定。

5.1.14 桥涵工程施工质量验收除应符合本标准外，尚应符合现行行业标准《高速铁路桥涵工程施工质量验收标准》（TB 10752）的有关规定。

5.2 墩台基础

Ⅰ 明 挖 基 础

主 控 项 目

5.2.1 混凝土原材料、配合比设计和施工应符合现行行业标准《铁路混凝土工程施工质量验收标准》（TB 10424）的有关规定。

5.2.2 钢筋原材料、加工、连接和安装的检验应符合现行行业标准《铁路混凝土工程施工质量验收标准》（TB 10424）的有关规定。

5.2.3 模板及支架安装和拆除的检验应符合现行行业标准《铁路混凝土工程施工质量验收标准》（TB 10424）的有关规定。

5.2.4 基坑平面位置、坑底尺寸应符合设计文件要求。
　　检验数量：施工单位、监理单位全部检验。
　　检验方法：观察，尺量。

5.2.5 基坑开挖方法及支护形式应符合设计和施工技术方案的要求。
　　检验数量：施工单位、监理单位全部检验。
　　检验方法：检查设计文件和施工技术方案。

5.2.6 基底地质条件及承载力应符合设计文件要求。
　　检验数量：施工单位全部检查；监理单位见证检验；勘察设计单位对桥梁地基全部进行现场确认。
　　检验方法：观察，标准贯入试验，触探仪检测。

5.2.7 基坑回填填料类别和填筑质量应符合设计文件要求。

检验数量：施工单位全部检查、监理单位见证检验。

检验方法：按现行行业标准《铁路工程土工试验规程》(TB 10102)规定的试验方法进行检验。

5.2.8 基坑回填顶面高程应符合设计文件要求，表面应平整密实。

检验数量：施工单位全部检查、监理单位见证检验。

检验方法：观察，仪器测量。

一 般 项 目

5.2.9 基底高程的允许偏差和检验方法应符合表5.2.9的规定。

表5.2.9 基底高程的允许偏差和检验方法

序号	地质类别	允许偏差（mm）	施工单位检验数量	检验方法
1	土	±50	每个基坑不少于5处	仪器测量
2	石	+50 -200		

5.2.10 混凝土表面质量的检验应符合现行行业标准《铁路混凝土工程施工质量验收标准》(TB 10424)的有关规定。

5.2.11 基础施工的允许偏差和检验方法应符合表5.2.11的规定。

表5.2.11 基础施工的允许偏差及其检验方法

序号	项 目	允许偏差（mm）	施工单位检验数量	检验方法
1	基础前后、左右边缘距设计中心线	±50	每边不少于2处	仪器测量
2	基础顶面高程	±30	不少于5处	仪器测量

Ⅱ 钻孔桩基础

主 控 项 目

5.2.12 钢筋原材料、加工、连接和安装的检验应符合现行行业标准《铁路混凝土工程施工质量验收标准》(TB 10424)的有关规定。

5.2.13 钻孔达到设计深度后应核实地质情况。

检验数量：施工单位、监理单位全部检验；勘察设计单位对代表性的桩进行现场确认。

检验方法：观察，检查施工记录。

5.2.14 孔径、孔深及孔形应符合设计文件要求。
检验数量：施工单位、监理单位全部检验。
检验方法：尺量，用检孔器或成孔检测仪检查。

5.2.15 钻孔桩护筒应坚实不漏水，护筒埋深应符合设计要求。
检验数量：施工单位、监理单位全部检验。
检验方法：观察，仪器测量。

5.2.16 泥浆指标应根据钻孔机具、地质条件确定。对制备的泥浆应检验全部性能指标，钻进时应随时检查泥浆密度和含砂率。
检验数量：施工单位全部检验；监理单位见证检验。
检验方法：泥浆密度试验，含砂率试验。

5.2.17 浇筑水下混凝土前应清底，柱桩孔底沉渣厚度不应大于50mm，摩擦桩孔底沉渣厚度不应大于200mm。
检验数量：施工单位、监理单位全部检验。
检验方法：仪器测量。

5.2.18 桩的混凝土强度等级应符合设计文件要求。
检验数量：施工单位每根桩应在混凝土的浇筑点随机抽样制作混凝土试件不得少于2组；每根桩基础监理单位见证取样检测或平行检验数量为施工单位检验数量的20%、10%，且不少于2组。
检验方法：抗压强度试验。

5.2.19 桩身顶端浮浆清理后，桩顶高程和主筋伸入承台的长度应符合设计文件要求。
检验数量：施工单位、监理单位全部检验。
检验方法：观察，仪器测量。

5.2.20 钻孔桩桩身混凝土应匀质、完整。
检验数量：施工单位全部检验；监理单位平行检验10%。
检验方法：按现行行业标准《铁路工程基桩无损检测规程》（TB 10218）进行检验。

一 般 项 目

5.2.21 钻孔桩钻孔允许偏差和检验方法应符合表5.2.21的规定。

表 5.2.21　钻孔桩钻孔允许偏差和检验方法

序号	项　目		允许偏差	施工单位检验数量	检验方法
1	护筒	顶面位置	±50mm	全部检验	仪器测量
		倾斜度	1%		
2	孔位中心		≤50mm		
3	倾斜度		1%		仪器测量或超声波检查

5.2.22 钻孔桩钢筋骨架的允许偏差和检验方法应符合表 5.2.22 的规定。

表 5.2.22　钻孔桩钢筋骨架的允许偏差和检验方法

序号	项　目	允许偏差	施工单位检验数量	检验方法
1	钢筋骨架在承台底以下长度	±100mm	全部检验	尺量
2	钢筋骨架直径	±20mm		
3	主钢筋间距	±0.5D	不少于5处	尺量
4	加强筋间距	±20mm		
5	箍筋间距或螺旋筋间距	±20mm		
6	钢筋骨架垂直度	1%	全部检验	吊线尺测量

注：D 为钢筋直径（mm）。

Ⅲ　承　台

主控项目

5.2.23 模板及支架安装和拆除的检验应符合现行行业标准《铁路混凝土工程施工质量验收标准》（TB 10424）的有关规定。

5.2.24 钢筋原材料、加工、连接和安装的检验应符合现行行业标准《铁路混凝土工程施工质量验收标准》（TB 10424）的有关规定。

5.2.25 混凝土原材料、配合比设计和施工的检验应符合现行行业标准《铁路混凝土工程施工质量验收标准》（TB 10424）的有关规定。

5.2.26 钢围堰所用材料、围堰刚度、强度及结构稳定性应符合设计文件要求。
检验数量：施工单位、监理单位全部检验。
检验方法：观察，检验质量证明文件。

5.2.27 钢板桩围堰施工应符合下列规定：
1　桩尖高程应符合施工设计要求。
2　经过整修或焊接的钢板桩应做锁口通过试验。

3 钢板桩应采取等强度焊接接长，相邻钢板桩接头上下错开2m以上。
检验数量：施工单位、监理单位全部检验。
检验方法：观察，仪器测量，检查施工记录。

5.2.28 双壁、单壁钢围堰施工应符合下列规定：
1 围堰地面平均高程应符合设计文件要求。
2 内外壁板及隔舱板的焊缝应进行抗渗透试验。
3 上下隔舱板对齐，各相邻水平环形板对齐；上下竖向肋角应与水平环形板焊牢。
检验数量：施工单位、监理单位全部检验。
检验方法：观察，仪器测量，抗渗透试验。

5.2.29 吊箱围堰施工应符合下列规定：
1 箱体高程应符合设计文件要求。
2 围堰支撑体系应满足吊装整体钢围堰、浇筑和承台封底混凝土的整体受力要求。
3 吊箱围堰地板、边板和封板的接缝应有可靠的防漏水措施。
检验数量：施工单位、监理单位全部检验。
检验方法：观察，仪器测量，检查质量证明文件。

5.2.30 承台预埋墩身钢筋长度应符合设计文件要求。
检验数量：施工单位、监理单位全部检验。
检验方法：观察，尺量。

5.2.31 桩头与承台的连接应符合设计文件要求。
检验数量：施工单位、监理单位全部检验。
检验方法：观察，尺量，对照设计文件检验。

5.2.32 基坑回填填料类别和填筑质量应符合设计文件要求。
检验数量：施工单位、监理单位全部检验。
检验方法：按现行行业标准《铁路工程土工试验规程》（TB 10102）中规定的试验方法检验。

5.2.33 基坑回填表面应平整密实，其顶面高程应符合设计文件要求。
检验数量：施工单位、监理单位全部检验。
检验方法：观察，仪器测量。

一 般 项 目

5.2.34 钢板桩插打和就位应符合下列规定：
1 合龙时楔形桩上下口宽度差不应大于2%桩长。

2 到达设计高程后的倾斜度不应大于1％。

检验数量：施工单位全部检验。

检验方法：仪器测量。

5.2.35 双壁、单壁钢围堰和吊箱围堰拼装及就位允许偏差和检验方法应符合表5.2.35的规定。

表5.2.35 双壁、单壁钢围堰和吊箱围堰拼装及就位允许偏差和检验方法

序号	项　　　目		允许偏差	施工单位检验数量	检验方法
1	内测平面尺寸	长、宽或直径	1/700mm	检查不少于4处	尺量
2		对角线	1/500mm	上下口2处	尺量
3	顶平面相对高差	井箱相邻高差	10mm	全部检查	仪器测量
4		全节围堰高差	20mm		
5	围堰平面扭角		1°		
6	围堰倾斜度		箱体高的1/50		
7	围堰轴线偏位		50mm		

5.2.36 承台的允许偏差和检验方法应符合表5.2.36的规定。

表5.2.36 承台的允许偏差和检验方法

序号	项　　目	允许偏差（mm）	施工单位检验数量	检验方法
1	结构尺寸	+15 −10	长、宽、高各2点	尺量
2	顶面高程	±10	不少于5处	仪器测量
3	轴线偏位	10	纵横各2处	仪器测量
4	预埋件中心偏位	5	全部检查	尺量

5.3 墩台

主 控 项 目

5.3.1 模板及支架安装和拆除的检验，应符合现行行业标准《铁路混凝土工程施工质量验收标准》（TB 10424）的有关规定。

5.3.2 钢筋原材料、加工、连接和安装的检验应符合现行行业标准《铁路混凝土工程施工质量验收标准》（TB 10424）的有关规定。

5.3.3 混凝土原材料、配合比设计和施工的检验应符合现行行业标准《铁路混凝土工程施工质量验收标准》（TB 10424）的有关规定。

5.3.4 墩台混凝土宜连续浇筑。当分段浇筑时，混凝土施工接缝设置应符合设计文件要求；当设计无要求时应符合下列规定：

1 施工缝的平面应与结构的轴线相垂直，边缘应处理平整。

2 周边应设直径不小于16mm的钢筋，钢筋埋入深度和露出长度均不应小于钢筋直径的15倍，间距不应大于20cm。使用光圆钢筋时两端应设半圆形标准弯钩，使用带肋钢筋时可不设弯钩。

　　检验数量：施工单位、监理单位全部检验。
　　检验方法：观察，尺量。

5.3.5 墩台顶面排水坡坡度应符合设计文件要求。
　　检验数量：施工单位、监理单位全部检验。
　　检验方法：仪器测量。

5.3.6 防水层所用原材料的品种、规格、质量等应符合设计文件要求。
　　检验数量：施工单位、监理单位全部检验。
　　检验方法：观察，检查质量证明文件。

5.3.7 防水层的铺设范围、构造形式等应符合设计文件要求。
　　检验数量：施工单位、监理单位全部检验。
　　检验方法：观察，尺量。

5.3.8 防水层的搭接宽度、铺设工艺应符合设计文件要求和有关技术标准的规定。
　　检验数量：施工单位、监理单位全部检验。
　　检验方法：观察，尺量。

5.3.9 防水层应厚薄一致、粘贴牢固、搭接封口正确，不得有滑移、翘边、起泡、损伤、渗水等缺陷。
　　检验数量：施工单位、监理单位全部检验。
　　检验方法：观察。

一 般 项 目

5.3.10 墩台泄水管与防水层应衔接良好。
　　检验数量：施工单位全部检验。
　　检验方法：观察。

5.3.11 混凝土墩台允许偏差和检验方法应符合表5.3.11的规定。

表 5.3.11 混凝土墩台允许偏差和检验方法

序号	项 目	允许偏差	施工单位检验数量	检验方法
1	墩台前后、左右边缝距设计中心线尺寸	±20mm	不少于5处	仪器测量
2	空心墩壁厚	±5mm		
3	桥墩平面扭角	2°		
4	表面平整度	5mm	不少于5处	1m靠尺检查
5	支承垫石顶面高程	+10 mm / 0	全部检验	仪器测量
6	预埋件和预留孔位置	5mm		

5.3.12 模板及支座的允许偏差和检验方法应符合表5.3.12的规定。

表 5.3.12 模板及支座的允许偏差和检验方法

项 目	允许偏差（mm）	施工单位检验数量	检验方法
前后、左右距中心线尺寸	±10	每边不少于2处	仪器测量
表面平整度	3	不少于5处	1m靠尺检查
相邻模板墩台	1	不少于5处	尺量
空心墩壁厚	±3	不少于5处	尺量
同一梁端两端垫石高差	2	全部检验	仪器测量
墩台支撑垫石顶面高程	+5 / 0		
预埋件和预留孔位置	5		

5.4 桥位制梁

I 支架法制梁

主控项目

5.4.1 模板及支架的安装检验应符合现行行业标准《铁路混凝土工程施工质量验收标准》（TB 10424）的有关规定。

5.4.2 钢筋原材料、加工和连接的检验应符合现行行业标准《铁路混凝土工程施工质量验收标准》（TB 10424）的有关规定。

5.4.3 混凝土原材料、配合比设计和施工的检验应符合现行行业标准《铁路混凝土工程施工质量验收标准》（TB 10424）的有关规定。

5.4.4 预应力施工原材料、制作、安装、张拉、压浆和封锚（端）的检验应符合现行行业标准《铁路混凝土工程施工质量验收标准》（TB 10424）的有关规定。

5.4.5 预应力筋的张拉时间、张拉方法和张拉顺序，应符合设计文件要求和施工技术方案的规定。

检验数量：施工单位、监理单位全部检验。

检验方法：观察，抗压强度试验，弹性模量试验。

5.4.6 支架的地基和基础承载力、沉降值应符合施工设计要求。

检验数量：施工单位、监理单位全部检验。

检验方法：地基承载力试验，仪器测量。

5.4.7 支座的施工及检验应符合本标准第5.7节的有关规定。

5.4.8 防水层的施工及检验应符合本标准第5.8.1条～第5.8.5条的规定。

一 般 项 目

5.4.9 钢筋安装允许偏差和检验方法应符合表5.4.9的规定。

表5.4.9 钢筋安装允许偏差和检验方法

序号	项 目	允许偏差（mm）	施工单位检验数量	检验方法
1	桥面主筋间距及位置偏差（拼装后检查）	15	不少于5处	尺量
2	底板钢筋间距及位置偏差	8		
3	钢筋间距及位置偏差	15		
4	腹板箍筋的垂直度（偏离垂直位置）	15		
5	钢筋保护层厚度及设计偏差	+5 0		
6	其他钢筋偏移值	20		

注：表中钢筋保护层厚度的实测偏差不得超出允许偏差范围。

5.4.10 模板尺寸的允许偏差和检验方法应符合表5.4.10的规定。

表5.4.10 模板尺寸的允许偏差和检验方法

序号	项 目	允许偏差（mm）	施工单位检验数量	检验方法
1	梁段长度	±10	全部检验	尺量
2	梁高度	+10 0	不少于5处	
3	顶板厚度	+10 0		尺量

表 5.4.10（续）

序号	项目		允许偏差（mm）	施工单位检验数量	检验方法
4	底板厚度		+10 0	不少于5处	尺量
5	腹板厚度		+10 0		
6	横隔板厚度		+10 0		
7	腹板间距		±10		
8	腹板中心偏离设计位置		10		
9	梁体宽度		+10 0		
10	模板表面平整度		3		1m靠尺
11	模板接缝错台		2	全部检验	尺量
12	孔道位置		5	全部检验	尺量
13	梁段纵向旁弯		10	不少于5处	拉线测量
14	梁段高度变化段位置		±10	全部检验	仪器测量
15	底模拱度偏差		3	全部检验	
16	底模同一端两角高差		2	全部检验	
17	桥面预留钢筋位置		10	全部检验	尺量
18	支座板	四角高度差	1	全部检验	水平靠尺测量检查四角
		螺栓中心位置	2	全部检验	尺量
		平整度	2	全部检验	水平靠尺

5.4.11 预应力预留孔道位置允许偏差为4mm。

检验数量：施工单位每根管道检查不少于3处；监理单位见证检验。

检验方法：尺量。

5.4.12 梁体外形尺寸允许偏差和检验方法应符合表5.4.12的规定。

表 5.4.12 梁体外形尺寸允许偏差和检验方法

序号	项目	允许偏差	施工单位检验数量	检验方法
1	△梁全长	±20mm	全部检验	仪器测量或尺量检查桥面及底板两侧
2	△梁跨度	±20mm	全部检验	仪器测量或尺量检查相邻墩（台）支座中心至中心
3	桥面及防护墙内侧宽度	±10mm	全部检验	仪器测量或尺量检查1/4跨、跨中、3/4跨和梁两端
4	腹板厚度	+10 −5 mm	跨中、3/4跨各2处	仪器测量或尺量通风孔

表 5.4.12（续）

序号	项 目		允许偏差	施工单位检验数量	检 验 方 法
5	底板宽度		±5mm	全部检验	专用测量工具测量跨中、1/4跨、3/4跨和梁两端
6	桥面偏离设计位置		10mm	全部检验	仪器测量
7	梁高度		$^{+10}_{-5}$ mm	检查两端	尺量
8	梁上拱		L/3000	全部检验	仪器测量
9	顶板厚度		$^{+10}_{0}$ mm	1/4跨、跨中、3/4跨和梁两端各两处	专用工具测量
10	底板厚度		$^{+10}_{0}$ mm		
11	防护墙厚度		±5mm	不少于5处	尺量
12	表面垂直度		每米高度偏差3mm	不少于5处	仪器测量
13	表面平整度		5mm 底板顶面 10mm	不少于15处	1m靠尺检查
14	钢筋保护层厚度		90%测点实测值不小于设计值	跨中和梁端的顶板顶底面、底板顶底面、腹板内外侧、防护墙侧面和顶面以及梁端面各2处（每处不少于10点）	专用仪器测量
15	上支座板	每块边缘高差	1mm	全部检验	尺量
		支座中心线偏离设计位置	3mm		
		螺栓孔	垂直梁底板		
		△螺栓孔中心偏差	2mm		尺量每块板上四个螺栓中心距
		外露底面	平整无损、无飞边、防锈处理		观察
16	接触网支柱基础	预埋螺栓距桥面中心线偏差	$^{+10}_{0}$ mm	全部检验	观察，尺量
		钢筋	齐全位置，位置正确		
	电缆槽竖墙、伸缩装置钢筋		齐全位置，位置正确		
		泄水管，管盖	齐全完整，安装牢靠，位置正确		
		桥牌	标志正确，安装牢靠		

注：1. 表中标有"△"的3项为关键项，其实测偏差不应超出允许偏差范围。
2. 梁体顶面平整度应同时满足无砟轨道的技术要求。
3. L为梁的跨度。

5.4.13 梁体及封锚混凝土外观质量应平整密实、颜色均匀、整洁，无露筋、无空洞、无石子堆垒，桥面流水畅通。蜂窝深度不应大于5mm，长度不应大于10mm，数量不应多于5个/m²。

检查数量：施工单位、监理单位全部检验。

检查方法：观察，尺量。

Ⅱ 悬臂浇筑预应力混凝土连续梁、连续刚构梁

主 控 项 目

5.4.14 模板及支架、钢筋、预应力和混凝土的检验应符合设计文件要求和本标准第5.4.1条~第5.4.4条的规定。

5.4.15 梁体施工的挂篮、支架或托架的承载力应符合设计要求。

检查数量：施工单位、监理单位全部检验。

检查方法：静载试验，仪器测量。

5.4.16 合龙段采用补偿收缩混凝土时，其检验应符合现行行业标准《铁路混凝土工程施工质量验收标准》（TB 10424）的有关规定。

5.4.17 预应力筋终止张拉后应在24h内完成孔道压浆。

检查数量：施工单位、监理单位全部检验。

检查方法：观察，检查施工记录。

5.4.18 支座的施工及检验应符合本标准第5.7节的有关规定。

5.4.19 防水层的施工及检验应符合本标准第5.8.1条~第5.8.5条的规定。

一 般 项 目

5.4.20 预应力混凝土连续梁、连续刚构梁段的模板尺寸允许偏差和检验方法应符合表5.4.20的规定。

表5.4.20 预应力混凝土连续梁、连续刚构梁段的模板尺寸允许偏差和检验方法

序号	项 目	允许偏差（mm）	施工单位检验数量	检验方法
1	梁段长度	±10	全部检验	尺量
2	梁高度	+10 0	全部检验	
3	顶板厚度	+10 0	不少于5处	
4	底板厚度	+10 0		

表 5.4.20（续）

序号	项 目		允许偏差（mm）	施工单位检验数量	检 验 方 法
5	腹板厚度		+10 0	不少于 5 处	尺量
6	横隔板厚度		+10 0		
7	腹板间距		±10		
8	腹板中心偏离设计位置		10		
9	梁体宽度		+10 0		
10	模板表面平整度		3		1m 靠尺
11	模板接缝错台		2	全部检验	尺量
12	孔道位置		5	全部检验	尺量
13	梁段纵向旁弯		10	不少于 5 处	拉线测量
14	梁段高度变化段位置		±10	全部检验	仪器测量
15	底模拱度偏差		3	全部检验	仪器测量
16	底模同一端两角高差		2	全部检验	
17	桥面预留钢筋位置		10	全部检验	尺量
18	支座板	四角高度差	1	全部检验	水平尺靠量检查四角
		螺栓中心位置	2	全部检验	尺量（包括对角线）
		平整度	2	全部检验	尺量

5.4.21 预制梁段钢筋安装允许偏差及检验方法应符合表 5.4.21 的规定。

表 5.4.21 预制梁段钢筋安装允许偏差及检验方法

序号	项 目	允许偏差（mm）	施工单位检验数量	检 验 方 法
1	桥面主筋间距及位置偏差（拼装后检查）	15	不少于 5 处	尺量
2	底板钢筋间距及位置偏差	8		
3	钢筋间距及位置偏差	15		
4	腹板箍筋的垂直度（偏离垂直位置）	15		
5	钢筋保护层厚度及设计偏差	+5 0		
6	其他钢筋偏移值	20		

注：表中钢筋保护层厚度的实测偏差不得超出允许偏差范围。

5.4.22 连续梁、连续刚构梁体外观质量应平整密实、颜色均匀，无露筋、无空洞、无石子堆垒，桥面流水畅通。蜂窝深度不应大于 5mm，长度不应大于 10mm，数量不应多于 5 个/m²。

检查数量：施工单位、监理单位全部检验。

检查方法：观察，尺量。

5.4.23 连续梁、连续刚构悬臂浇筑梁段的允许偏差和检验方法应符合表 5.5.23 的规定。

表 5.4.23 连续梁、连续刚构悬臂浇筑梁段的允许偏差和检验方法

序号	项 目	允许偏差（mm）	施工单位检验数量	检验方法
1	悬臂梁段顶面高程	+15 / -5	全部检验	仪器测量
2	合龙段前两悬臂端相对高差	合龙段长的1/100，且不大于15		
3	梁段轴线偏差	15		
4	相邻梁段错台	5		

5.4.24 悬臂浇筑连续梁、连续刚构梁体外形尺寸允许偏差和检验方法应符合表 5.4.24 的规定。

表 5.4.24 悬臂浇筑连续梁、连续刚构梁体外形尺寸允许偏差和检验方法

序号	项 目	允许偏差（mm）	施工单位检验数量	检验方法
1	梁全长	±30	全部检验	尺量检查中心及两侧
2	边孔梁长度	±20		
3	各变高梁段长度及位置	±10		
4	边孔跨度	±20	全部检验	尺量检查桥台与相邻桥墩支座中心对中心
5	梁底宽度	+10 / -5	全部检验	尺量检查每个梁段及每孔1/4跨、跨中和3/4跨截面
6	桥面中心位置	10	全部检验	仪器测量检查1/4跨、跨中、和3/4跨截面及最大偏差处
7	梁高度	+15 / -5	全部检验	尺量检查梁端、跨中、及梁体变截面处
8	底板厚度	+10 / 0	全部检验	仪器测量或尺量检查跨中及梁端
9	腹板厚度	+10 / 0		
10	顶板厚度	+10 / -5		
11	桥面高程	±20		
12	板面宽度	±10		
13	表面平整度	5	每10m检查一处	1m靠尺

表5.4.24（续）

序号	项　　目	允许偏差（mm）	施工单位检验数量	检验方法
14	腹板间距	±10	全部检验	测量检查跨中及梁端
15	接触网支柱基础预埋螺栓距桥面中心线偏差	+10 0	全部检验	仪器测量

5.5 桥梁预制及架设

Ⅰ 桥梁预制

主 控 项 目

5.5.1 模板及支架、钢筋、预应力和混凝土的施工及检验应符合设计文件要求和本标准第5.4.1条~第5.4.4条的规定。

5.5.2 拆模时的梁体混凝土强度应符合设计文件要求；当设计无要求时，拆模时混凝土强度应达到设计强度的60%以上。

检验数量：施工单位、监理单位全部检验。

检验方法：检查试验报告。

5.5.3 支座的施工及检验应符合本标准第5.7节的有关规定。

5.5.4 防水层的施工及检验应符合本标准第5.8.1条~第5.8.5条的规定。

一 般 项 目

5.5.5 梁模板安装允许偏差和检验方法应符合表5.5.5的规定。

表5.5.5　梁模板安装允许偏差和检验方法

序号	项　　目		允许偏差（mm）	施工单位检验数量	检验方法
1	相邻模板表面高低差		2	全部检验	尺量
2	表面平整度		2	不少于5处	靠尺
3	模板内部尺寸	长度	±10	梁端、跨中、1/4跨、3/4跨各检查一处	尺量
		宽度	±5		
		高度	±5		
4	底板厚度		+5 0		
5	腹板厚度		+5 0		
6	预留孔洞位置	预应力筋孔道（梁端）	2	全部检验	尺量

5.5.6 钢筋安装允许偏差和检验方法应符合表5.5.6的规定。

表5.5.6 钢筋安装允许偏差和检验方法

序号	项 目	允许偏差（mm）	施工单位检验数量	检验方法
1	桥面主筋间距及位置偏差（拼装后检查）	±15	不少于5处	尺量
2	底板钢筋间距及位置偏差	±8		
3	钢筋间距及位置偏差	±15		
4	腹板箍筋的垂直度（偏离垂直位置）	±15		
5	钢筋保护层厚度及设计偏差	+5 0		
6	其他钢筋偏移值	20		

注：表中钢筋保护层厚度的实测偏差不得超出允许偏差范围。

5.5.7 梁体外形尺寸允许偏差和检验方法应符合表5.5.7的规定。

表5.5.7 梁体外形尺寸允许偏差和检验方法

项 目		允许偏差（mm）	施工单位检验数量	检查方法
断面尺寸	宽度	±5	1/4跨、跨中、3/4跨和梁两端，5处	尺量
	高度	±5		尺量
	腹板厚度	+5 0	不少于5处	尺量
	底板厚度	+5 0	不少于5处	尺量
长度		±10	桥面及底板两侧，4处	尺量
顶面高程		±5	1/4跨、跨中、3/4跨和梁两端，5处	仪器测量
侧向弯曲		±5	1/4跨、跨中、3/4跨和梁两端，5处	尺量
轴线位移		±5	1/4跨、跨中、3/4跨和梁两端，5处	尺量
钢筋保护层厚度		+5 0	1/4跨、跨中、3/4跨和梁两端，每处不少于10点	专用仪器测量
上支座板	每块边缘高差	1	全部检验	尺量
	支座中心偏离设计位置	3		
	螺栓孔中心偏差	2		
螺栓、锚筋	位置	5	不少于5处	尺量
	外露长度	±10	不少于5处	尺量

表 5.5.7（续）

项　　目		允许偏差（mm）	施工单位检验数量	检　查　方　法
套筒、槽道	位置	5	全部检验	尺量
	表面高差	2	全部检验	尺量
预留孔洞	位置	10	不少于5处	仪器测量
	孔径	+10	不少于5处	尺量
表面平整度		5	不少于5处	测量

5.5.8 梁体及封锚混凝土外观质量应平整密实、颜色均匀，无露筋、无空洞、无石子堆垒，桥面流水畅通。

检查数量：施工单位、监理单位全部检验。

检查方法：观察。

5.5.9 预应力预留孔道位置的允许偏差为4mm。

检验数量：施工单位检查预应力孔道总数的3%，且不少于5根。

检验方法：尺量。

Ⅱ 桥 梁 架 设

主 控 项 目

5.5.10 梁体规格和质量应符合设计文件要求。

检验数量：施工单位、监理单位全部检验。

检验方法：检查质量证明文件。

5.5.11 预制梁架设后的相邻梁跨梁端桥面之间、梁端桥面与相邻桥台胸墙顶面之间的相对高差不得大于5mm。预制承轨梁桥面高程与设计高程高差不得大于5mm。

检验数量：施工单位、监理单位全部检验。

检验方法：仪器测量。

5.5.12 预制梁支承垫石顶面与支座底面间的砂浆厚度应为20～30mm。

检验数量：施工单位、监理单位全部检验。

检验方法：仪器测量。

5.5.13 预制梁架设后，应梁体稳固、无损伤，梁缝均匀。

检验数量：施工单位、监理单位全部检验。

检验方法：观察，尺量。

一 般 项 目

5.5.14 梁体架设允许偏差和检验方法应符合表5.5.14的规定。

表 5.5.14 梁体架设允许偏差和检验方法

序号	项 目		允许偏差（mm）	检验频率		检验方法
				范围	点数	
1	平面位置	梁轴线（顺桥）	5	每孔检查25%	1	仪器测量
		梁轴线（横桥）	5		1	
2	相邻两构件支点处高差		5		2	尺量
	相邻构件接缝宽度		10		2	
3	支座板	每块位置	5		2	仪器测量测量，纵横各1点
		每块边缘高差	1		2	
		每跨梁同端两支座高差	2		2	尺量

5.6 承轨梁

5.6.1 承轨梁的检验应符合本标准第4.8.1条～第4.8.10条的规定。

5.7 支座安装

主控项目

5.7.1 支座砂浆的类别和质量应符合设计文件要求，其施工和检验应符合现行行业标准《铁路混凝土工程施工质量验收标准》（TB 10424）的有关规定。

5.7.2 支座及其附件的品种、规格、质量等应符合设计文件要求和相关标准的规定。
检验数量：施工单位、监理单位全部检验。
检验方法：观察，检查质量证明文件。

5.7.3 支座的安装位置及方向应符合设计文件要求。
检验数量：施工单位、监理单位全部检验。
检验方法：观察。

条文说明

同一座桥梁上固定支座和纵向活动支座应安装在梁的同一侧，横向活动支座与多向活动支座应安装在梁的另一侧。

5.7.4 固定支座上下座板应互相对正，纵向活动支座上下座板横向应对正，当体系转换全部完成时梁体支座中心位置应符合设计文件要求。
检验数量：施工单位、监理单位全部检验。
检验方法：观察，尺量。

5.7.5 支座锚栓应拧紧,其埋置深度和外露长度应符合设计文件要求。
检验数量:施工单位、监理单位全部检验。
检验方法:观察,尺量,扭矩扳手测量。

5.7.6 支座与梁底及垫石之间应密贴、无空隙。
检验数量:施工单位、监理单位全部检验。
检验方法:观察。

一 般 项 目

5.7.7 支座安装允许偏差和检验方法应符合表5.7.7的规定。

表5.7.7 支座安装允许偏差和检验方法

序号	项 目		允许偏差(mm)	施工单位检验数量	测量方法
1	支座中心线与墩台十字线的纵向错动量		15	全部检验	仪器测量或尺量
2	支座中心线与墩台十字线的横向错动量		10		
3	支座板每块板边缘高差		1		
4	支座螺栓中心位置偏差		2		
5	同一端两支座横向中心线间的相对错位		5		
6	4个支座顶面相对高差		2		
7	同一端两支座纵向中线间的距离	误差与桥梁设计中心线对称	+30 −10		
		误差与桥梁设计中心线不对称	+15 −10		

5.8 桥面及相关结构

I 防 水 层

5.8.1 防水层所用原材料的品种、规格、质量应符合设计文件要求和现行有关标准的规定。
检验数量:施工单位、监理单位全部检验。
检验方法:检查质量证明文件。

5.8.2 防水层的施工部位、构造形式、厚度、坡度和细部做法应符合设计文件要求。
检验数量:施工单位、监理单位全部检验。
检验方法:观察,尺量,检查隐蔽工程验收记录。

5.8.3 防水层的基面应平整、清洁、干燥，不得有浮渣、油污等杂物。
　　检验数量：施工单位、监理单位全部检验。
　　检验方法：观察。

5.8.4 防水层的搭接宽度、施工工艺和细部做法应符合设计文件要求和现行行业标准《高速铁路桥涵工程施工质量验收标准》（TB 10752）的有关规定。
　　检验数量：施工单位、监理单位全部检验。
　　检验方法：观察，尺量。

5.8.5 防水层应厚薄均匀、粘贴牢固、搭接缝口正确，不得有起泡、鼓包、损伤、渗水等缺陷。
　　检验数量：施工单位、监理单位全部检验。
　　检验方法：观察。

Ⅱ 保 护 层

主 控 项 目

5.8.6 保护层混凝土原材料，配合比设计应符合设计文件要求，其检验应符合现行行业标准《铁路混凝土工程施工质量验收标准》（TB 10424）的有关规定。

5.8.7 保护层施工部位、厚度、坡度和断缝处理应符合设计文件要求。
　　检验数量：施工单位、监理单位全部检验。
　　检验方法：观察，尺量。

5.8.8 保护层应与防水层粘结牢固、结合紧密，并与周边混凝土密贴。混凝土表面应平整密实，不得有疏松、起砂、脱皮、损伤等现象。表面裂缝宽度不得大于 0.2mm。
　　检验数量：施工单位、监理单位全部检验。
　　检验方法：观察，仪器检测。

一 般 项 目

5.8.9 保护层的允许偏差和检验方法应符合表 5.8.9 的规定。

表 5.8.9 保护层的允许偏差和检验方法

序号	项　目	允许偏差（mm）	施工单位检验数量	检验方法
1	表面平整度	3	全部检验，不少于 5 处	1m 直尺检查
2	厚度	±5		仪器测量
3	断缝深度	+10 0		

Ⅲ 桥梁伸缩装置、防落梁挡块

主 控 项 目

5.8.10 桥梁伸缩装置和防落梁挡块及其部件的品种、规格、质量应符合设计文件要求。

检验数量：施工单位、监理单位全部检验。

检验方法：观察，尺量，检查质量证明文件。

5.8.11 桥梁伸缩装置、防落梁挡块安装位置和范围应符合设计文件要求。

检验数量：施工单位、监理单位全部检验。

检验方法：观察，尺量。

5.8.12 桥梁伸缩装置和防落梁挡块的部件应齐全完整、连接可靠，安装质量符合设计文件要求。

检验数量：施工单位、监理单位全部检验。

检验方法：观察。

Ⅳ 桥上救援疏散设施

主 控 项 目

5.8.13 桥上救援疏散设施所用原材料的品种、规格、质量应符合设计文件要求。

检验数量：施工单位、监理单位全部检验。

检验方法：观察，检查质量证明文件。

5.8.14 基础和立柱的结构形式、位置、质量应符合设计文件要求。

检验数量：施工单位、监理单位全部检验。

检验方法：观察，仪器测量，检查施工记录。

5.8.15 疏散通道的梁、板、踏步和栏杆，其结构形式、位置、质量应符合设计文件要求。

检验数量：施工单位、监理单位全部检验。

检验方法：观察，仪器测量，检查施工记录。

5.8.16 防护罩的结构形式、设置范围、安装质量应符合设计文件要求。

检验数量：施工单位、监理单位全部检验。

检验方法：观察，仪器测量，检查施工记录。

5.8.17 安全门的结构形式，安装位置，开启方向及安装质量应符合设计文件要求。

检验数量：施工单位、监理单位全部检验。

检验方法：观察，仪器测量，检查施工记录。

5.8.18 钢构件的涂装质量应符合设计文件要求。
检验数量：施工单位、监理单位全部检验。
检验方法：观察。

5.8.19 指示标志的设置位置、规格、数量应符合设计文件要求。
检验数量：施工单位、监理单位全部检验。
检验方法：观察。

V 桥上相关工程及设施

主 控 项 目

5.8.20 附属工程所用混凝土的强度等级应符合设计文件要求，其检验应符合现行行业标准《铁路混凝土工程施工质量验收标准》（TB 10424）的有关规定。

5.8.21 余长电缆腔的位置、结构断面尺寸应符合设计文件要求。
检验数量：施工单位、监理单位全部检验。
检验方法：仪器测量，尺量。

5.8.22 接地体的位置、埋设深度、外露长度应符合设计文件要求。
检验数量：施工单位、监理单位全部检验。
检验方法：观察，尺量。

5.8.23 贯通地线的敷设位置、接续和防护方式应符合设计文件要求。
检验数量：施工单位、监理单位全部检验。
检验方法：观察，尺量。

5.8.24 各部引接端子之间、各部引接端子与贯通地线之间的连接应符合设计文件要求，并应连接可靠，接地电阻应符合设计文件要求。
检验数量：施工单位全部检查，监理单位见证检验。
检验方法：观察，测试。

5.9 涵洞

I 地基及基础

5.9.1 涵洞地基及基础的检验应符合本标准第5.2节的有关规定。

II 涵身及端翼墙

主 控 项 目

5.9.2 模板及支架、钢筋和混凝土的检验应符合设计文件要求和本标准第5.4.1条~第5.4.3条的规定。

5.9.3 沉降缝所用原材料的品种、规格及质量应符合设计文件要求。
　　检验数量：施工单位、监理单位全部检验。
　　检验方法：观察，检查质量证明文件。

5.9.4 沉降缝位置、尺寸、构造形式和止水带的安装应符合设计文件要求。
　　检验数量：施工单位、监理单位全部检验。
　　检验方法：观察，尺量。

5.9.5 沉降缝应竖直、宽度均匀，环向贯通，不得渗水。
　　检验数量：施工单位、监理单位全部检验。
　　检验方法：观察。

5.9.6 防水层的检验应符合本标准第5.8.1条~第5.8.5条的规定。

一 般 项 目

5.9.7 混凝土涵洞允许偏差和检验方法应符合表5.9.7的规定。

表5.9.7 混凝土涵洞允许偏差和检验方法

序号	项 目	允许偏差（mm）	施工单位检验数量	检 验 方 法
1	边翼墙、中墩距设计中心线的位置	20	不少于5处	仪器测量
2	墙顶、拱座顶面高程	±15		
3	孔径	±20		尺量
4	涵洞长度	+100 −50		尺量
5	厚度	+10 −5	顶板、底板、边墙、盖板各检查2处	尺量
6	涵身接头错台	10	不少于5处	尺量

5.10 变形观测

主 控 项 目

5.10.1 沉降变形观测装置的材料、规格及埋设深度，应符合设计文件要求和现行中国铁建企业技术标准《中低速磁浮交通工程测量规范》（Q/CRCC 32802）的有关规定。

检验数量：施工单位、监理单位全部检验。

检验方法：观察，尺量。

5.10.2 桥涵沉降变形观测标布设应符合设计文件要求和现行中国铁建企业技术标准《中低速磁浮交通工程测量规范》（Q/CRCC 32802）的有关规定。

检验数量：施工单位、监理单位全部检验。

检验方法：施工单位观察，尺量；监理单位见证检验。

6 地下工程

6.1 一般规定

6.1.1 隧道洞口、边坡和仰坡开挖前，应核查地形、地质情况，如与设计不符，需及时反馈。

6.1.2 隧道洞口边、仰坡周围的排水沟和截水沟，应在边、仰坡开挖前修建完成，隧道洞门的排、截水设施应与洞门工程同步施工，与路基排水系统合理连通。

6.1.3 隧道施工应进行超前地质预报和地质核对、记录，并作为一道工序纳入施工组织设计和施工管理中。

6.1.4 采用超前预注浆、水平旋喷桩等预加固时，施工前应进行工艺性试验，合理确定工艺参数。

6.1.5 隧道施工采用钻爆法开挖时，爆破前应根据地质情况、断面尺寸、开挖方法、循环进尺、钻眼机具和爆破材料等进行钻爆设计，施工中应对每次的爆破效果进行检查，根据爆破效果调整爆破参数。

条文说明

本条提到的隧道施工采用钻爆法开挖时应进行钻爆设计，目的是避免超欠挖、控制对围岩的扰动，以达到预期的循环进尺，尽可能地节省工料，提高经济技术指标。

6.1.6 洞身开挖应减少对围岩的扰动，严格控制超挖。

6.1.7 隧道支护应紧跟开挖及时施作，及早封闭成环。

条文说明

隧道开挖后及时进行支护是保证施工安全和提高支护效果的重要手段，支护及时与否直接影响隧道的稳定，也是隧道施工中关键的一个环节。

6.1.8 二次衬砌施工前应检查隧道初期支护质量，不符合设计文件要求时应及时采取措施进行加固处理。

6.1.9 采用盾构法施工的隧道应进行地质条件适应性评估，根据地质条件、施工环境、工期需求、经济性等因素确定盾构掘进机类型，合理确定技术参数，完善设备配套。

6.1.10 地下工程施工质量验收除应符合本标准外，尚应符合现行行业标准《高速铁路隧道工程施工质量验收标准》（TB 10753）的有关规定。

6.2 暗挖隧道洞口、明洞

Ⅰ 洞口开挖

主 控 项 目

6.2.1 洞口段边坡、仰坡开挖坡度和范围应符合设计文件要求。
检验数量：施工单位、监理单位全部检验。
检验方法：观察，仪器测量。

6.2.2 洞口和明洞开挖断面、中线、高程应符合设计文件要求。
检验数量：施工单位、监理单位全部检验。
检验方法：仪器测量。

6.2.3 边坡、仰坡开挖面应完整平顺，并无危石和坑穴。
检验数量：施工单位、监理单位全部检验。
检验方法：观察。

一 般 项 目

6.2.4 隧道洞门结构、挡墙和明洞基础基坑开挖尺寸允许偏差、检验数量及检验方法应符合表6.2.4的规定。

表6.2.4 洞门结构、挡墙和明洞基础基坑开挖尺寸允许偏差、检验数量及检验方法

序号	项 目	允许偏差（mm）	施工单位检验数量	检验方法
1	基坑边缘距线路中线距离	+50 0	每边不少于5处	尺量
2	基坑长度、宽度	+100 -10		
3	基底高程	0 -100		仪器测量

II 结构工程

主 控 项 目

6.2.5 隧道洞门结构、挡墙和明洞结构的混凝土工程检验应符合现行行业标准《铁路混凝土工程施工质量验收标准》(TB 10424)的有关规定。

条文说明

混凝土工程检验包括钢筋原材料、混凝土所用原材料、钢筋加工、钢筋连接、钢筋安装、模板安装、混凝土浇筑、混凝土强度等检验。

6.2.6 隧道洞门结构、挡墙和明洞基础的地质情况及地基承载力应符合设计文件要求。

检验数量：施工单位、监理单位全部检验。
检验方法：观察，标准贯入试验，触探仪检测。

6.2.7 隧道洞门结构、挡墙和明洞基础的基坑，其底面应无积水、虚渣和杂物。

检验数量：施工单位、监理单位全部检验。
检验方法：观察。

6.2.8 隧道洞门结构、挡墙和明洞结构的断面厚度及坡度应符合设计文件要求。

检验数量：施工单位、监理单位全部检验。
检验方法：尺量，仪器测量。

6.2.9 隧道洞门结构、挡墙和明洞结构的变形缝检验应符合本标准第5.9.3条～第5.9.5条的规定。

一 般 项 目

6.2.10 隧道洞门结构、挡墙的几何尺寸的允许偏差、检验数量及检验方法应符合表6.2.10的规定。

表6.2.10 隧道洞门结构、挡墙的几何尺寸的允许偏差、检验数量及检验方法

序号	项 目	允许偏差(mm)	施工单位检验数量	检验方法
1	基础中线平面位置	±10	每一浇筑段检查一个断面，每边不少于4处	仪器测量
2	基础长度、宽度	+100 -10		
3	基础顶面高程	±20		
4	结构边缘平面位置	+10 0		

表 6.2.10（续）

序号	项 目	允许偏差（mm）	施工单位检验数量	检验方法
5	结构边缘顶面高程	±20	每一浇筑段检查一个断面，每边不少于4处	仪器测量
6	斜切段拱部高程	+30 0		
7	表面平整度	15	拱部不少于2处，墙身不少于4处	2m靠尺测量

注：平面位置以隧道设计中线为基准进行测量。

6.2.11 明洞结构外形尺寸的允许偏差、检验数量及检验方法应符合表 6.2.11 的规定。

表 6.2.11 明洞结构外形尺寸的允许偏差、检验数量及检验方法

序号	项 目	允许偏差（mm）	施工单位检验数量	检验方法
1	边墙平面位置	±15	每一浇筑段检查一个断面	尺量
2	拱部高程	+60 0		仪器测量
3	边墙、拱部表面平整度	8		2m靠尺检查或自动断面仪测量

注：平面位置以隧道设计中线为基准进行测量。

6.2.12 隧道洞门结构、挡墙和明洞结构，其预留孔洞和预埋件的位置、数量应符合设计文件要求，其允许偏差、检验数量及检验方法应符合表 6.2.12 的规定。

表 6.2.12 预留孔洞和预埋件的允许偏差、检验数量及检验方法

序号	项 目		允许偏差（mm）	施工单位检验数量	检验方法
1	预留孔洞	中心位置	15	每一浇筑段检验一次	尺量
		尺寸	+15 0		
2	预埋件	中心位置	5		尺量
		外露长度	+10 0		

6.2.13 泄水孔和泄水槽的位置、数量、排水坡度应符合设计文件要求。
　　检验数量：施工单位全部检验。
　　检验方法：观察，炮棍法测排水坡度，尺量。

Ⅲ 明 洞 回 填

主 控 项 目

6.2.14 明洞回填填料的种类、质量应符合设计文件要求。
　　检验数量：施工单位、监理单位全部检验。

检验方法：观察，检查质量证明文件。

6.2.15 明洞回填压实系数不应低于0.8，洞顶回填高度、坡度应符合设计文件要求。

检验数量：施工单位、监理单位全部检验。

检验方法：压实系数按现行行业标准《铁路工程土工试验规程》（TB 10102）的规定方法进行检验，仪器测量高度和坡度。

一 般 项 目

6.2.16 明洞回填每层厚度应符合设计文件要求，两侧应对称分层夯实，回填土面高差不应大于500mm。

检验数量：施工单位全部检验。

检验方法：仪器测量，尺量，检查施工记录。

Ⅳ 防 护 工 程

6.2.17 植物种类、骨架护坡、混凝土预制件、锚杆或锚索框架梁等防护工程检验应符合本标准第4.10.1条~第4.10.43条的规定。

6.3 暗挖隧道地层预加固

Ⅰ 地表注浆加固

主 控 项 目

6.3.1 注浆孔孔径和数量应符合设计文件要求。

检验数量：施工单位、监理单位全部检验。

检验方法：计数，尺量。

6.3.2 注浆加固的范围和效果应符合设计文件要求。

检验数量：施工单位不大于200m²检验一次，且不少于2个；监理单位见证检验。

检查方法：钻孔检查，取芯，无侧限抗压强度试验。

一 般 项 目

6.3.3 孔间距、孔深的允许偏差、检验数量及检验方法应符合表6.3.3的规定。

表6.3.3 孔间距、孔深的允许偏差、检验数量及检验方法

序号	项 目	允许偏差	检验数量	检验方法
1	孔间距	±100mm	施工单位按总数的2%检查，且不少于3根；监理单位按施工单位检验数量的10%平行检验，且不少于3根	仪器测量
2	孔深	不小于设计值		尺量

Ⅱ 洞内预注浆

主 控 项 目

6.3.4 注浆孔孔径和数量应符合设计文件要求。

检验数量：施工单位、监理单位全部检验。

检验方法：计数，尺量。

6.3.5 预注浆加固范围和效果应符合设计文件要求。

检验数量：施工单位、监理单位每循环检验一次。

检验方法：钻孔取芯检验，不少于3个孔，强度检验，检查出水量。

6.3.6 止浆墙厚度不应小于设计值。

检验数量：施工单位全部检验；监理单位见证检验。

检验方法：钻孔取芯检验。

一 般 项 目

6.3.7 注浆孔间距、孔深、钻孔偏斜率的允许偏差、检验数量及检验方法应符合表6.3.7的规定。

表6.3.7 注浆孔间距、孔深、钻孔偏斜率的允许偏差、检验数量及检验方法

序号	项 目	允许偏差	施工单位检验数量	检验方法
1	孔间距	±100mm	总数的20%	尺量
2	孔深	不小于设计值		尺量
3	钻孔偏斜率	±0.5%		测量钻杆偏斜率

6.4 暗挖隧道洞身开挖

主 控 项 目

6.4.1 隧道开挖断面尺寸、中线、高程应符合设计文件要求。

检验数量：施工单位每一开挖循环检验一次；监理单位见证检验。

检验方法：仪器测量，检查施工记录。

6.4.2 边墙基础及隧底的地基承载力应符合设计文件要求，隧底内应无积水、杂物和虚渣。

检验数量：施工单位每一开挖循环检查一次；监理单位按按施工单位检验数量的20%见证检验。

检查方法：观察，标准贯入试验，触探仪检测。

6.5 暗挖隧道支护

条文说明

本节中"支护"包括了两个含义，即临时支护和初期支护。虽然两者在设计理念中是不同的概念，但对于施工而言，其施工方法是相同的，所以在进行质量验收时，统一称为支护。

喷锚支护包括锚杆支护、喷射混凝土支护、喷射混凝土锚杆联合支护、喷射混凝土钢筋网联合支护、喷射混凝土与锚杆及钢筋网联合支护、喷钢纤维混凝土支护、喷钢纤维混凝土锚杆联合支护，以及上述几种类型加设钢架而成的联合支护。超前支护包括超前锚杆支护、超前管棚支护、超前小导管支护。

Ⅰ 喷锚支护

主控项目

6.5.1 钢筋网、锚杆、钢架等规格、型号和质量应符合设计文件要求。
检验数量：施工单位、监理单位全部检验。
检验方法：观察，尺量，检查质量证明文件。

6.5.2 喷射混凝土所用原材料检验和配合比的选定应符合现行行业标准《铁路混凝土工程施工质量验收标准》（TB 10424）的有关规定。

6.5.3 喷射混凝土的24h强度不应小于10MPa。
检验数量：施工单位每级连续围岩进行一次强度试验；监理单位见证检验。
检验方法：拔出法，射钉法，无底试模检测。

条文说明

根据铁路、轨道交通施工经验，隧道初期支护的喷射混凝土强度不应低于C25，24h强度不应低于10MPa。

6.5.4 喷射混凝土的强度、抗渗性能应符合设计文件要求。
检验数量：施工单位对同条件养护试件每10m检验一次；监理单位见证检验。
检验方法：28d抗压强度试验，抗渗试验。

6.5.5 喷射混凝土厚度应符合设计文件要求，厚度的不合格点数不应超过总检查点数的10%。
检验数量：施工单位每一作业循环检查一个断面，每个断面应从拱顶起，每间隔

2m 布设一个检查点检查喷射混凝土的厚度；监理单位按施工单位检验数量的 10% 平行检验，且不少于 1 次。

检验方法：埋钉法，凿孔法，断面测量。

6.5.6 锚杆锚固长度不应小于设计长度的 95%，锚固密实度合格。

检验数量：施工单位应沿隧道全长均匀抽样检验，抽检比率不应低于设计总数的 10%，且每批不宜少于 20 根，每批抽检锚杆的不合格率大于 10% 时，应对未检测的锚杆进行加倍抽检；监理单位按施工单位检验次数的 20% 见证检验。

检验方法：检查施工记录，冲击弹性波法检测，必要时钻孔检验。

检验方法：观察，尺量，检查质量证明文件。

6.5.7 钢筋网的安装应与锚杆或其他固定装置联结牢固。

检验数量：施工单位、监理单位每循环检查 5 处。

检验方法：观察，手动检验。

6.5.8 钢架的锁脚锚管、相邻钢架及各节钢架间的连接应符合设计文件要求，钢架安装不应侵入二次衬砌结构。

检验数量：施工单位、监理单位全部检验。

检验方法：观察，仪器测量。

6.5.9 钢架底脚应符合设计文件要求，并应置于牢固的基础上。

检验数量：施工单位、监理单位全部检验。

检验方法：观察。

一 般 项 目

6.5.10 喷射混凝土应密实、平整，无脱落、漏喷、漏筋、空鼓、渗漏水等现象。

检验数量：施工单位全部检验。

检验方法：观察，敲击，钻孔，雷达检测。

6.5.11 喷射混凝土表面平整度应符合两突出物之间的深长比 $D/L \leqslant 1/20$ 的规定。

检验数量：施工单位沿隧道长度每 10m 检查 10 处。

检验方法：尺量，断面仪测量，绘制断面与设计断面比较。

注：D 为初期支护基面相邻两凸面之间凹进去的深度；L 为初期支护基面相邻两凸面之间的距离，L 不大于 1m。

6.5.12 钢筋网的网格间距应符合设计文件要求，网格尺寸允许偏差为 ±10mm。

检验数量：施工单位每循环检验一次，抽样检验 5 片。

检验方法：尺量。

6.5.13 钢筋网片搭接长度不应小于 1 个网格。

检验数量：施工单位每循环检验一次，抽样检验 5 片。

检验方法：尺量。

6.5.14 钢架安装的允许偏差、检验数量及检验方法应符合表 6.5.14 的规定。

表 6.5.14　钢架安装的允许偏差、检验数量及检验方法

序号	项　目	允许偏差	施工单位检验数量	检验方法
1	间距	±100mm	每榀检查一次	尺量
2	横向位置	±20mm		尺量
3	高程	±50mm		尺量
4	垂直度	1‰		仪器测量
5	保护层和表面覆盖层厚度	$^{+10}_{0}$ mm		尺量

Ⅱ　超前支护

主控项目

6.5.15 管棚所用钢管的种类、规格和质量应符合设计文件要求。

检验数量：施工单位、监理单位全部检验。

检验方法：观察，尺量，检查质量证明文件。

6.5.16 管棚施作位置、长度、角度、间距、数量应符合设计文件要求。

检验数量：施工单位、监理单位全部检验。

检验方法：测量，尺量，计数。

6.5.17 管棚钢管接头应采用丝扣连接，三个开挖循环长度范围内钢管接头数不大于 50%。

检验数量：施工单位、监理单位全部检验。

检验方法：观察，尺量。

条文说明

同一断面是指与管棚钢管垂直的任意一个平面内。钢管接头纵向上的位置应该错开三个开挖循环长度，在同一个断面内接头出现比例过高，会影响该断面结构受力能力，使之成为薄弱环节，影响整体安全。

6.5.18 超前小导管的规格、尺寸、数量和质量应符合设计文件要求。

检验数量：施工单位、监理单位全部检验。

检验方法：观察，尺量，检查质量证明文件。

6.5.19 超前小导管与支撑结构的连接应符合设计文件要求。

检验数量：施工单位、监理单位全部检验。

检验方法：观察。

6.5.20 超前小导管的纵向搭接长度应符合设计文件要求。

检验数量：施工单位、监理单位全部检验。

检验方法：尺量。

6.5.21 注浆浆液的配合比应符合工艺试验确定的配合比。

检验数量：施工单位对同性能的浆液进行一次配合比选定试验；监理单位检查确认配合比选定单。

检验方法：配合比试验。

条文说明

当原材料、施工工艺发生变化时，应重新进行配合比选定。

6.5.22 注浆压力、注浆量应符合设计文件要求。

检验数量：施工单位、监理单位全部检验。

检验方法：观察，检查施工记录。

一 般 项 目

6.5.23 管棚钻孔的允许偏差、检验数量及检验方法应符合表6.5.23的规定。

表6.5.23 管棚钻孔的允许偏差、检验数量及检验方法

序号	项 目	允许偏差	施工单位检验数量	检验方法
1	方向角	1°	全部检验	仪器测量
2	孔口角	±30mm		仪器测量
3	孔深	±50mm		尺量

6.5.24 超前小导管施工的允许偏差、检验数量及检验方法应符合表6.5.24的规定。

表 6.5.24 超前小导管施工的允许偏差、检验数量及检验方法

序号	项目	允许偏差	施工单位检验数量	检验方法
1	方向角	2°	每环抽样检验3根	仪器测量
2	孔口角	±50mm		仪器测量
3	孔深	$^{+50}_{\ \ 0}$ mm		尺量

6.6 暗挖隧道衬砌

主 控 项 目

6.6.1 衬砌模板台车、移动台架、模板安装的检验应符合现行行业标准《铁路混凝土工程施工质量验收标准》（TB 10424）的有关规定。

6.6.2 钢筋原材料、加工、连接和安装的检验应符合现行行业标准《铁路混凝土工程施工质量验收标准》（TB 10424）的有关规定。

6.6.3 混凝土原材料、配合比检验应符合现行行业标准《铁路混凝土工程施工质量验收标准》（TB 10424）的有关规定。

6.6.4 注浆浆液原材料、配合比检验应符合现行行业标准《铁路混凝土工程施工质量验收标准》（TB 10424）的有关规定。

6.6.5 混凝土强度、抗渗等级应符合设计文件要求，其检验应符合现行行业标准《铁路混凝土工程施工质量验收标准》（TB 10424）的有关规定。

6.6.6 施作仰拱混凝土前隧底应无积水、杂物和虚渣，超挖部分按设计要求及时回填。

检验数量：施工单位、监理单位全部检验。

检验方法：观察。

条文说明

隧道的边墙、仰拱和拱部是一个整体受力结构。拱部和仰拱是质量通病的高发区，也是受力结构的重要一环，边墙是高而薄的结构，超挖部分的回填密实情况直接关系到隧道衬砌的整体质量。按规定墙脚以上1m范围、整个拱部和仰拱的超挖部分应按设计要求进行回填。

6.6.7 仰拱、仰拱填充厚度及各部尺寸应符合设计文件要求。
　　检验数量：施工单位每一浇筑段检验一个断面；监理单位见证检验。
　　检验方法：观察，尺量。

6.6.8 仰拱填充混凝土表面高程应符合设计文件要求。
　　检验数量：施工单位每一浇筑段检验一个断面；监理单位见证检验。
　　检验方法：观察，尺量。

6.6.9 隧道衬砌的厚度应符合设计文件要求。
　　检验数量：施工单位每一浇筑段模板架立前每 3m 检验一个断面，架立后检查模板两端端头断面；监理单位按施工单位检验数量的 20% 见证检验。
　　检验方法：激光断面仪测量，无损检测法检测。

条文说明

　　模板架立前，采用激光断面仪测量断面；模板架立后，测量开挖轮廓与模板间的净距，无损检测法检测。

6.6.10 混凝土表面允许的裂缝最大宽度应符合设计文件要求。
　　检验数量：施工单位全部检验；监理单位见证检验 20%，且不少于一次。
　　检验方法：观察，仪器测量，仪器检测。

6.6.11 回填注浆强度应符合设计文件要求。
　　检验数量：施工单位不大于 3 个衬砌浇筑段检验一次；监理单位见证检验。
　　检验方法：抗压强度试验。

6.6.12 拱部衬砌与初期支护之间应密实，无空洞。
　　检验数量：施工单位全部检验；监理单位见证检验。
　　检验方法：地质雷达检测，辅以锤击和钻孔检查。

条文说明

　　地质雷达检测测线布置应包括拱顶、拱腰、边墙。

一 般 项 目

6.6.13 模板安装的允许偏差、检验数量及检验方法应符合表 6.6.13 的规定。

表 6.6.13 模板安装的允许偏差、检验数量及检验方法

序号	项 目	允许偏差（mm）	施工单位检验数量	检 验 方 法
1	边墙脚平面位置及高程	±15	每一个浇筑段检验 3～5 个断面	尺量
2	起拱线高程	±10		水准测量
3	拱顶高程	+10 0		水准测量
4	模板表面平整度	5		2m 靠尺和塞尺
5	相邻浇筑段表面高低差	10		尺量

6.6.14 模板预留孔洞和预埋件的允许偏差、检验数量及检验方法应符合本标准第 6.2.12 条的规定。

6.6.15 钢筋安装和保护层厚度的允许偏差、检验数量及检验方法应符合表 6.6.15 的规定。

表 6.6.15 钢筋安装和保护层厚度的允许偏差、检验数量及检验方法

序号	名 称	允许偏差（mm）	施工单位检验数量	检 验 方 法
1	钢筋骨架高度	±5	两端、中间各 1 处	尺量
2	钢筋骨架宽度	±10		尺量
3	主筋间距	±10		尺量
4	箍筋间距	±10	连续 3 处	尺量
5	钢筋保护层厚度	+10 −5	两端、中间各 2 处	尺量

6.6.16 混凝土的结构外形尺寸允许偏差、检验数量及检验方法应符合表 6.6.16 的规定。

表 6.6.16 混凝土的结构外形尺寸允许偏差、检验数量及检验方法

序号	项 目	允许偏差（mm）	施工单位检验数量	检 验 方 法
1	边墙平面位置	±10	每一浇筑段检验一个断面	尺量
2	拱部高程	+30 0		水准测量
3	边墙、拱部表面平整度	8		2m 靠尺检查或自动断面仪检测

6.7 暗挖隧道防排水

Ⅰ 防 水

主控项目

6.7.1 主体结构防水和细部结构防水采用的原材料、制品和配件，其品种、规格、

性能和质量应符合设计文件要求，其检验应符合现行行业标准《铁路混凝土工程施工质量验收标准》（TB 10424）的有关规定。

6.7.2 防水板、防水卷材、涂料防水、注浆防水等材料的铺设应符合设计文件要求，其检验应符合现行行业标准《铁路混凝土工程施工质量验收标准》（TB 10424）的有关规定。

6.7.3 涂料防水层的平均厚度应符合设计文件要求，最小厚度不应小于设计厚度的80%。

检验数量：施工单位每100m²抽查1处，且不少于3处；监理单位见证检验。

检验方法：针测法，割取20mm×20mm实样用卡尺测量。

条文说明

涂料防水层的施工只是施工过程中的一道工序，其后续工序都有可能损伤已做好的涂料防水层，特别是有机涂料防水层，所以应按照设计要求做好保护层。

6.7.4 涂料防水层及其转角处、变形缝等细部做法应符合设计文件要求。

检验数量：施工单位、监理单位全部检验。

检验方法：观察。

条文说明

沉降缝和伸缩缝统称变形缝，由于防水做法有很多相同之处，故一般不加细分。但实际上两者是有一定区别的，沉降缝主要用于在上部建筑明显变化的部位及地基差异较大的部位；而伸缩缝是为了解决因干缩变形和温度变化所引起的变形时避免产生裂缝而设置的。沉降缝渗漏水目前在工程上比较多，除了选材、施工等诸多因素外，沉降量过大也是一个重要原因。沉降量过大会造成止水带和混凝土脱开，使工程渗漏。因此施工过程中应按设计要求，埋设沉降观测标志，并按设计规定的频率进行沉降观测，年沉降速率不能超过设计的允许值。

6.7.5 注浆浆液配合比设计应符合本标准第6.5.21条的规定。

6.7.6 注浆范围、注浆效果应符合设计文件要求。

检验数量：施工单位每一注浆段检查一次每延米每昼夜出水量；监理单位全部见证检验。

检验方法：观察，集水称量。

一般项目

6.7.7 铺设防水板的基面阴阳角处应做成半径$R \geq 100$mm的圆弧面，转角1m范围内宜布设双层防水板。

检验数量：施工单位全部检验。
检验方法：观察，尺量。

6.7.8 卷材防水层的基层应牢固，表面应清洁、平整，不应有空鼓、松动、起砂和脱皮现象，基层阴阳角处应做成圆弧形。

检验数量：施工单位全部检验。
检验方法：观察。

6.7.9 注浆孔的数量、布置、间距、孔深及角度应符合设计文件要求。

检验数量：施工单位全部检验。
检验方法：观察，仪器测量。

6.7.10 注浆压力、注浆量、进浆速度等应符合工艺试验确定的注浆参数。

检验数量：施工单位全部检验。
检验方法：观察，检查施工记录。

Ⅱ 排 水

主控项目

6.7.11 洞口边坡排水沟、仰坡坡顶截水沟结构形式和位置，隧道、明洞、辅助坑道等洞内排水系统与洞外排水系统的连接应符合设计文件要求。

检验数量：施工单位、监理单位全部检验。
检验方法：观察。

条文说明

隧道排水是一项系统工程，施工单位应按照设计的排水系统进行施工，洞内排水系统应与洞外排水系统合理连接。

隧道施工时，无论是顺坡排水还是反坡排水都要求隧底无水漫流，工作面不积水，以避免侵蚀和软化隧底，影响铺底或整体道床的质量。

辅助坑道是排泄正洞水流的一项措施，隧道完工后，可利用辅助坑道设置永久工程，以保证正洞排水顺畅。隧道洞口的排水应注意对环境的影响，防止水流冲刷边坡造成水土流失。

6.7.12 隧道内水沟布置、结构形式、沟底高程、纵向坡度，进水孔、泄水孔、泄水槽的位置、间距和尺寸应符合设计文件要求。

检验数量：施工单位、监理单位全部检验。
检验方法：观察，仪器测量，尺量。

6.7.13 盲管的铺设与盲管接头的连接应符合设计文件要求。

　　检验数量：施工单位、监理单位全部检验。

　　检验方法：观察，检查。

6.7.14 结构下纵向保温排水盲沟及背部回填所采用材料的质量应符合设计文件要求。

　　检验数量：施工单位每进场批次抽样检验一次；监理单位按施工单位检验数量的10%平行检验。

　　检验方法：按现行行业标准《铁路工程土工试验规程》(TB 10102)的有关规定检验，检查质量证明文件。

6.7.15 结构下纵向保温排水盲沟的构造及拼装形式应符合设计文件要求。

　　检验数量：施工单位、监理单位全部检验。

　　检验方法：观察，检查。

6.7.16 反滤层的砂和石料的粒径、级配、含泥量应符合设计文件要求。

　　检验数量：施工单位每进场批次抽样检验一次；监理单位按施工单位抽检次数的20%见证检验，且不少于一次。

　　检验方法：按现行行业标准《铁路工程土工试验规程》(TB 10102)的有关规定检验，检查质量证明文件。

6.7.17 检查井的数量、位置和结构形式应符合设计文件要求。检查井的设置纵向间距不应大于30m，并距变形缝及不同结构衔接处不应小于2m。

　　检验数量：施工单位、监理单位全部检验。

　　检验方法：观察，尺量。

一 般 项 目

6.7.18 洞口排水沟、截水沟混凝土尺寸的允许偏差、检验数量及检验方法应符合表6.7.18的规定。

表6.7.18　洞口排水沟、截水沟混凝土尺寸的允许偏差、检验数量及检验方法

序号	项　目	允许偏差	施工单位检验数量	检验方法
1	设置范围	±200mm	每条水沟不少于2处	仪器测量
2	沟底高程	±20mm		
3	水沟纵坡坡度	设计坡度的0.5%，且无积水		

表 6.7.18（续）

序号	项　目	允许偏差	施工单位检验数量	检验方法
4	水沟宽度	+30 / 0 mm	每条水沟不少于4处	尺量
5	水沟高度	−10mm		
6	水沟厚度	−10mm		

6.7.19 水沟断面尺寸的允许偏差、检验数量及检验方法应符合表 6.7.19 的规定。

表 6.7.19　水沟断面尺寸的允许偏差、检验数量及检验方法

序号	项　目	允许偏差（mm）	施工单位检验数量	检验方法
1	断面尺寸	±10	每100m检验3处	尺量
2	厚度	±5		尺量
3	高度	0 / −20		尺量
4	沟底高程	±20		仪器测量

6.7.20 检查井的尺寸、高程、平面位置的允许偏差、检验数量及检验方法应符合表 6.7.20 的规定。

表 6.7.20　检查井的尺寸、高程、平面位置的允许偏差、检验数量及检验方法

序号	项　目	允许偏差（mm）	施工单位检验数量	检验方法
1	断面尺寸	±20	全部检验	尺量
2	高程	±20		仪器测量
3	平面位置（纵、横向）	±50		

6.7.21 排水盲沟平面位置允许偏差为 ±20mm，底面高程允许偏差为 ±10mm。
　　检验数量：施工单位每 100m 检验 3 点。
　　检验方法：仪器测量。

6.8　明挖工程

Ⅰ　地下连续墙

主　控　项　目

6.8.1 地下连续墙钢筋原材料及施工、混凝土原材料及施工、混凝土强度、抗渗性能应符合设计文件要求，其检验应符合现行行业标准《铁路混凝土工程施工质量验收标准》（TB 10424）的有关规定。

6.8.2 地下连续墙位置、宽度、深度应符合设计文件要求。

检验数量：施工单位、监理单位全部检验。

检验方法：尺量，仪器测量。

6.8.3 地下连续墙墙身应完整、无夹层。

检验数量：施工单位全部检验；监理单位按施工单位检验数量的20%见证检验。

检验方法：超声波，低应变检测。

6.8.4 地下连续墙接头处理应符合设计文件要求，接头处不应渗漏。

检验数量：施工单位、监理单位全部检验。

检验方法：观察。

一 般 项 目

6.8.5 地下连续墙施工的允许偏差、检验数量及检验方法应符合表6.8.5的规定。

表6.8.5 地下连续墙施工的允许偏差、检验数量及检验方法

序号	检查项目		允许偏差	施工单位检验数量	检验方法
1	导墙	导墙内净距	设计厚度+40mm	每施工段抽查2处	尺量
		导墙内侧垂直度	5mm		吊垂线尺测量
2	成槽	接头处两槽段中心线偏差	≤1/4墙厚，且不侵占内衬墙边界	每两幅槽段之间	相邻两槽超声波资料对比
		槽底沉渣厚度	+100mm	每幅槽段抽查2处	重锤探测或沉积物测量仪器测定
3	钢筋笼	主筋间距	±10mm	每幅钢筋笼抽查4处	在任何一个断面连续量取钢筋间距、取其平均值作为一点
		分布筋间距	±20mm		
		预埋连接钢筋或预埋件中心位置	±10mm	每幅钢筋笼抽查20%	尺量
4	成墙	整修后墙面平整度	±50mm	每幅槽段抽查3处	吊垂线尺测量，拉直线尺测量
		预埋件位置	±30mm	全部	观察，尺量
		墙面露筋面积	无		

II 基坑支护混凝土灌注桩

主 控 项 目

6.8.6 基坑支护混凝土灌注桩的原材料和混凝土强度应符合设计文件要求，其检验应符合现行行业标准《铁路混凝土工程施工质量验收标准》（TB 10424）的有关规定。

6.8.7 基坑支护混凝土灌注桩的桩位应符合设计文件要求。
检验数量：施工单位、监理单位全部检验。
检验方法：经纬仪或全站仪测量，钢尺检查。

6.8.8 孔径、孔深、孔型应符合设计文件要求，并应符合本标准第5.2.14条的规定。

6.8.9 泥浆指标应符合本标准第5.2.16条的规定。

6.8.10 清孔及孔底沉渣厚度应符合本标准第5.2.17条的规定。

一 般 项 目

6.8.11 基坑支护混凝土灌注桩钻孔允许偏差、检验数量及检验方法应符合本标准第5.2.21条的规定。

Ⅲ 钢筋混凝土支撑

主 控 项 目

6.8.12 钢筋混凝土支撑的原材料和混凝土强度应符合现行行业标准《铁路混凝土工程施工质量验收标准》（TB 10424）的有关规定。

6.8.13 钢筋混凝土支撑的断面尺寸应符合设计文件要求。
检验数量：施工单位、监理单位全部检验。
检验方法：尺量。

条文说明

钢筋混凝土支撑应按设计要求分段、限时施工；钢筋混凝土支撑宜采用早强混凝土；支撑达到设计要求的强度并拆除混凝土垫层或底模后，方可进行下一步开挖。

一 般 项 目

6.8.14 支撑系统结构尺寸允许偏差、检验数量及检验方法应符合表6.8.14的规定。

表6.8.14 支撑系统结构尺寸允许偏差、检验数量及检验方法

检查项目		允许偏差	施工单位检验数量		检验方法
			范围	点数	
立柱	桩位偏差	50mm	每根	1	仪器测量
	顶面高程	±30mm	每根	1	仪器测量及钢尺测量
	垂直度	1/300	每根	1	仪器测量或尺量

表 6.8.14（续）

检查项目		允许偏差	施工单位检验数量		检验方法
			范围	点数	
开挖超深		<200mm	每根	1	仪器测量或尺量
冠梁	顶面高程	±50mm	每20m	1	仪器测量
	平面位置	±100mm	每20m	1	仪器测量

Ⅳ 钢 支 撑

主 控 项 目

6.8.15 钢支撑构件的规格、材质、截面尺寸和质量应符合设计文件要求。

　　检验数量：施工单位、监理单位全部检验。

　　检验方法：检查质量证明文件，尺量。

条文说明

　　钢支撑体系的安装、拆除顺序和时限应符合设计文件要求，并与工况一致；钢支撑节点的焊接质量应实施专项验收；钢支撑安装完毕后，应按设计施加轴向预应力。

6.8.16 钢支撑体系平面位置、高程应符合设计文件要求。

　　检验数量：施工单位、监理单位全部检验。

　　检验方法：仪器测量，尺量。

6.8.17 钢支撑预加轴向力应符合设计文件要求。

　　检验数量：施工单位、监理单位全部检验。

　　检验方法：油压表测量，仪器测量。

一 般 项 目

6.8.18 钢支撑施工允许偏差、检验数量及检验方法应符合表 6.8.18 的规定。

表 6.8.18　钢支撑施工允许偏差、检验数量及检测方法

检查项目		允许偏差	施工单位检验数量		检验方法
			范围	点数	
立柱	平面位置偏差	30mm	每根	1	仪器测量
	顶面高程	±30mm	每根	1	仪器测量或尺量
	垂直度	1/300	每根	1	仪器测量或尺量
钢支撑围檩高程		$^{+30}_{\ \ 0}$ mm	每根	2	仪器测量
开挖超深		+200mm	每根	1	仪器测量或尺量

V 基坑开挖

主控项目

6.8.19 基底承载力和基底处理应符合设计文件要求。

检验数量：施工单位全部检验；监理单位按照施工单位检验数量的20%见证检验。

检验方法：观察，标准贯入试验，触探仪检测。

条文说明

基坑开挖应根据地质、环境条件和支护类型等确定开挖方法，自上而下、分段分层依次进行，并应限时完成支撑和支护，避免基坑坑壁或边坡坍塌；放坡开挖应随基坑开挖及时刷坡，边坡应平顺并符合设计文件要求，不得掏底施工；基坑开挖不得扰动地基原状土；基坑开挖应根据周围环境条件，对于地表沉降及边坡位移监测应有专项设计，确保基坑、邻近建（构）筑物和地下管线的安全。

一般项目

6.8.20 基坑开挖的允许偏差、检验数量及检验方法应符合表6.8.20的规定。

表6.8.20 基坑开挖允许偏差、检验数量及检验方法

序号	项目	允许偏差	施工单位检验数量		检验方法
			范围	点数	
1	轴线位置	±5mm	纵横轴线	4	仪器测量
2	长度、宽度	不小于设计值	整个基坑	8	仪器测量
3	基底高程	$^{+10}_{-20}$ mm	每个基底分段，每5m长为一分段	5	仪器测量
4	边坡坡率	不大于设计值	每一边坡断面	1	观察，仪器测量

VI 钢筋、模板、混凝土、防排水

主控项目

6.8.21 钢筋原材料、加工及安装的检验应符合现行行业标准《铁路混凝土工程施工质量验收标准》（TB 10424）的有关规定。

6.8.22 模板安装的检验应符合现行行业标准《铁路混凝土工程施工质量验收标准》（TB 10424）的有关规定。

6.8.23 主体结构所用混凝土原材料、混凝土施工、混凝土强度和抗渗性能等应符合设计文件要求及现行行业标准《铁路混凝土工程施工质量验收标准》（TB 10424）的有关规定。

检验数量：施工单位、监理单位全部检验。
检查方法：检查产品质量证明文件。

6.8.24 结构防排水水所用原材料和施工应符合设计文件要求及现行行业标准《铁路混凝土工程施工质量验收标准》（TB 10424）的有关规定。
检验数量：施工单位、监理单位全部检验。
检验方法：检查产品质量证明文件。

6.9 盾构工程

主 控 项 目

6.9.1 钢筋、模板、混凝土的规格、型号和质量应符合设计文件要求，其检验应符合现行国家标准《地下铁道工程施工质量验收标准》（GB/T 50299）的有关规定。

6.9.2 管片混凝土防水性能应符合设计文件要求和现行国家标准《预制混凝土衬砌管片》（GB/T 22082）的有关规定。
检验数量：施工单位、监理单位全部检验。
检验方法：检查产品质量证明文件。

6.9.3 防水密封条、螺栓孔密封圈、嵌缝材料，其品种、规格、性能应符合设计文件要求。
检验数量：施工单位按批次进场检验；监理单位见证检验。
检验方法：检查产品质量证明文件。

6.9.4 钢筋、模板、混凝土施工质量应符合设计文件要求，其检验应符合现行国家标准《盾构法隧道施工及验收规范》（GB 50446）和《预制混凝土衬砌管片》（GB/T 22082）的有关规定。

6.9.5 管片安装应按设计要求进行，管片不应有内外贯穿裂缝，裂缝宽度不应大于0.1mm，且不应有混凝土剥落现象。
检验数量：施工单位、监理单位全部检验。
检验方法：观察，仪器测量。

条文说明

本条文是参考现行行业标准《盾构隧道管片质量检测技术标准》（CJJ 164T）中第4.1.2条的规定，其规定非贯穿性裂缝宽度允许范围为0~0.1mm。

6.9.6 管片防水密封条安装应符合设计文件要求，且不应有缺损、粘结牢固、平整、防水垫圈无遗漏。

检验数量：施工单位、监理单位全部检验。

检验方法：观察，检查施工记录。

6.9.7 螺栓种类、等级、拧紧力矩应符合设计文件要求。

检验数量：施工单位、监理单位全部检验。

检验方法：扭矩扳手测量，检查质量证明文件。

6.9.8 隧道轴线平面位置及高程允许偏差、检验数量及检验方法应符合表 6.9.8 的规定。

表 6.9.8 成型隧道轴线平面位置及高程允许偏差、检验数量及检验方法

项 目	允许偏差（mm）	施工单位检验数量	检 验 方 法
隧道轴线平面位置	±100	10 环	仪器测量
隧道轴线高程	±100	10 环	仪器测量

6.9.9 同步注浆、二次注浆浆液性能指标及施工配合比应符合设计和工艺试验要求。

检验数量：施工单位每 100m³ 检验一次配合比；监理单位见证检验。

检验方法：配合比试验。

6.9.10 注浆体固结强度应符合设计文件要求。

检验数量：施工单位全部检验；监理单位按照施工单位检验数量的 20% 见证检验。

检验方法：试件抗压试验。

6.9.11 管片混凝土防水性能应符合设计文件要求和现行国家标准《预制混凝土衬砌管片》（GB/T 22082）的有关规定。

检验数量：施工单位、监理单位全部检验。

检验方法：观察，检查产品质量证明文件。

6.9.12 防水密封条、螺栓孔密封圈、嵌缝材料，其品种、规格、性能应符合设计文件要求。

检验数量：施工单位按批次进场检验；监理单位见证检验。

检验方法：检查产品质量证明文件。

一 般 项 目

6.9.13 成型隧道允许偏差、检验数量及检验方法应符合表 6.9.13 的规定。

表6.9.13 成型隧道允许偏差、检验数量及检验方法

项目	允许偏差	施工单位检验数量		检验方法
衬砌环直径椭圆度	±6‰	10环	—	仪器测量
衬砌环内错台	10mm	10环	4点/环	尺量
衬砌环间错台	15mm	10环	4点/环	尺量

6.10 承轨梁

6.10.1 承轨梁的检验应符合本标准第4.8.1条~第4.8.10条的规定。

6.11 附属设施

主 控 项 目

6.11.1 疏散平台、接地体等所用材料的品种、规格和质量应符合设计要求。
　　检验数量：施工单位、监理单位全部检验。
　　检验方法：检查产品质量证明文件。

6.11.2 存放维修、防灾工具、泵站和其他用途的专用洞室的设置位置和尺寸应符合设计文件要求。
　　检验数量：施工单位、监理单位全部检验。
　　检验方法：仪器测量。

6.11.3 疏散平台设置的位置、宽度及高度应符合设计文件要求。
　　检验数量：施工单位、监理单位全部检验。
　　检验方法：尺量，仪器测量。

6.11.4 疏散通道指示标识的材质、规格及图案字样应符合设计文件要求。
　　检验数量：施工单位、监理单位全部检验。
　　检验方法：观察。

6.11.5 接地体的位置、埋设深度、外露长度应符合设计文件要求。
　　检验数量：施工单位、监理单位全部检验。
　　检验方法：观察，尺量。

6.11.6 贯通地线的敷设位置、接续和防护方式应符合设计文件要求。
　　检验数量：施工单位、监理单位全部检验。

检验方法：观察，尺量。

6.11.7 各部引接端子之间、各部引接端子与贯通地线之间的连接应符合设计文件要求，并应连接可靠，接地电阻应符合设计文件要求。

检验数量：施工单位全部检验；监理单位见证检验。

检验方法：观察，测试。

6.12 变形观测

主 控 项 目

6.12.1 沉降变形观测装置的材料、规格及埋设深度，应符合设计文件要求和现行中国铁建企业技术标准《中低速磁浮交通工程测量规范》（Q/CRCC 32802）的有关规定。

检验数量：施工单位、监理单位全部检验。

检验方法：观察，尺量。

6.12.2 变形观测标识布设应符合设计文件要求和现行中国铁建企业技术标准《中低速磁浮交通工程测量规范》（Q/CRCC 32802）的有关规定。

检验数量：施工单位、监理单位全部检验。

检验方法：观察，尺量。

7 轨道

7.1 一般规定

7.1.1 轨道应以轨排为单元进行铺装，铺装前应具备下列条件：
1 设计文件齐全，图纸经过会审。
2 轨道运输和安装、轨排控制网（CFⅢ）测量、轨道工程安全施工等专项方案已审批，并完成技术交底。
3 线下结构验收合格并完成交接。
4 轨排控制网已测设完成或铺轨基标敷设完毕。
5 施工区段内供电、供水、照明和场地条件满足要求。
6 施工机具齐备并已完成检查调试。

7.1.2 轨道施工完成后，应进行线路贯通复测，并按里程敷设线路标志。

7.1.3 轨道备品备件材料应按设计备存。备件材料应保持完整，并存放在规定位置，在工程验收时一并移交。

7.1.4 轨道外购件应有产品质量合格证，涉及运行安全的重要组件按有关标准进行检验和试验。

7.2 轨排控制网

Ⅰ CF0、CFⅠ、CFⅡ和线路水准基点控制网复测

主 控 项 目

7.2.1 控制桩的规格、标识、埋设深度应符合设计文件要求和现行中国铁建企业技术标准《中低速磁浮交通工程测量规范》（Q/CRCC 32802）的有关规定。
检验数量：施工单位、监理单位全部检验。
检验方法：观察，仪器测量。

7.2.2 控制桩布设应符合设计文件要求和现行中国铁建企业技术标准《中低速磁浮交通工程测量规范》（Q/CRCC 32802）的有关规定。

检验数量：施工单位、监理单位全部检验。
检验方法：观察，尺量。

Ⅱ CFⅢ 测 设

主 控 项 目

7.2.3 CF Ⅲ点预埋件应埋设稳固，埋设位置应符合设计文件要求和现行中国铁建企业技术标准《中低速磁浮交通工程测量规范》（Q/CRCC 32802）的有关规定。

检验数量：施工单位、监理单位全部检验。
检验方法：观察，尺量。

7.2.4 轨排控制网测量标志的加工和安装精度，应符合设计文件要求和现行中国铁建企业技术标准《中低速磁浮交通工程测量规范》（Q/CRCC 32802）的有关规定。

7.3 轨排

Ⅰ 轨 排 安 装

主 控 项 目

7.3.1 轨排的规格、型号、外观、质量应符合设计文件要求及产品标准规定，轨排运输至轨排基地后，应通过检测平台对轨排进行抽检。

检验数量：施工单位直轨每10根抽检1根，不足10根检验1根，曲轨按生产数量连续累计10根抽检2根，不足10根检验1根；监理单位见证检验。
检验方法：观察，尺量，检查质量证明文件，仪器检验。

7.3.2 轨排安装的静态平顺度允许偏差应符合表7.3.2中的规定。

表7.3.2 轨道安装静态平顺度允许偏差、检验数量和检验方法

项 目	允许偏差	检验数量	检测方法
轨距	±1mm	施工单位全部检验，监理单位平行检验10%	专用工具测量
水平	±3mm		专用工具或弦线
磁极面共面度	±1mm		靠尺和塞尺检查
高低	±1.5mm/4m		弦线/全站仪测量
	±3mm/10m		弦线/全站仪测量
轨排里程	±5mm		全站仪检查
轨向	±1.5mm/4m		弦线/全站仪测量
	±3mm/10m		弦线/全站仪测量
轨缝错位（竖向、横向）	±1mm		卡尺检查

7.3.3 轨排连接件结构尺寸、质量和安装位置应符合设计文件要求。

　　检验数量：施工单位、监理单位全部检验。

　　检验方法：观察，尺量。

7.3.4 轨排的组装质量应符合设计文件要求。

　　检验数量：施工单位、监理单位全部检验。

　　检验方法：检查质量证明文件，使用全站仪和钢尺进行测量。

7.3.5 轨排轨枕、F型钢、连接件等涂装质量应符合设计文件要求。

　　检验数量：施工单位、监理单位全部检验。

　　检验方法：观察，检查质量证明文件。

一 般 项 目

7.3.6 轨缝的允许偏差为±2mm。

　　检验数量：施工单位全部检验。

　　检验方法：卡尺检查。

Ⅱ 扣　　件

主 控 项 目

7.3.7 扣件及其连接配件的类型、规格、质量应符合设计文件要求和产品标准规定。

　　检验数量：施工单位、监理单位全部检验。

　　检验方法：观察，检查质量证明文件。

7.3.8 扣件的安装位置应符合设计文件要求。

　　检验数量：施工单位、监理单位全部检验。

　　检验方法：观察，尺量。

7.3.9 扣件的涂装质量应符合设计文件要求。

　　检验数量：施工单位、监理单位全部检验。

　　检验方法：观察。

7.3.10 扣件锚固螺栓扭矩应符合设计文件要求。

　　检验数量：施工单位全部检验，监理单位按施工单位检验数量的20%见证检验。

　　检验方法：扭矩扳手测量。

一 般 项 目

7.3.11 扣件安装的允许偏差、检验数量和检验方法应符合表7.3.11的规定。

表 7.3.11 扣件安装允许偏差、检验数量和检验方法

项目		允许偏差	检验数量	检验方法
锚固螺栓	偏离预留孔中心	2mm	施工单位全部检验；监理单位按施工单位检验数量的10%抽样检验	尺量
	与钢枕垂直度	2°		尺量
锚固螺栓底高出承轨台底面距离		≥10mm		尺量
扣件调整方向	垂向	±1mm		尺量
	横向	±3mm		尺量

Ⅲ 轨道整理与复测

主 控 项 目

7.3.12 精调整理后，轨道静态铺设精度标准应符合本标准表 7.3.2 的规定。

检验数量：施工单位连续检测；监理单位全部见证检验。

检验方法：全站仪及轨道几何状态测量仪检测。

7.3.13 线间距允许偏差为 0～+10mm。

检验数量：施工单位每 1km 抽检 2 处，每处各抽检 10 个测点；监理单位按施工单位检验数量的 20％见证检验。

检验方法：尺量，仪器检测。

一 般 项 目

7.3.14 轨排编号及标记应正确齐全、字体端正、字迹清晰。

检验数量：施工单位每 1km 抽检 100m。

检验方法：观察。

7.4 承轨台

Ⅰ 钢 筋

主 控 项 目

7.4.1 钢筋的规格、型号及质量应符合设计文件要求，其检验应符合现行行业标准《铁路混凝土工程施工质量验收标准》（TB 10424）的有关规定。

7.4.2 钢筋加工质量检验应符合现行行业标准《铁路混凝土工程施工质量验收标准》（TB 10424）的有关规定。

7.4.3 钢筋的连接方式、接头质量应符合设计文件要求，其检验应符合现行行业标准《铁路混凝土工程施工质量验收标准》（TB 10424）的有关规定。

7.4.4 钢筋的安装质量应符合设计文件要求，其检验应符合现行行业标准《铁路混

凝土工程施工质量验收标准》（TB 10424）中有关规定。

一 般 项 目

7.4.5 钢筋骨架的绑扎应稳固，缺扣、松动的数量不应超过绑扎扣数的5％。

检验数量：施工单位、监理单位全部检验。

检验方法：观察，手扳检验。

7.4.6 钢筋加工允许偏差和检验方法应符合表7.4.6的规定。

表7.4.6 钢筋加工的允许偏差和检验方法

项 目	允许偏差（mm）	施工单位检验数量	检验方法
受力钢筋全长	±10	按钢筋编号各抽检10％，且各不少于3件	尺量
弯起钢筋的弯折位置	≤20		
箍筋内净尺寸	±3		

7.4.7 钢筋安装允许偏差和检验方法应符合表7.4.7的规定。

表7.4.7 钢筋安装位置允许偏差和检验方法

项 目	允许偏差（mm）	施工单位检查数量	检验方法
分布筋间距	±20	连续3处	尺量
钢筋保护层厚度	+5 −2	两端中间各2处	尺量
箍筋间距	±10	连续3处	尺量

Ⅱ 模 板

主 控 项 目

7.4.8 模板安装的检验应符合现行行业标准《铁路混凝土工程施工质量验收标准》（TB 10424）中的有关规定。

Ⅲ 混 凝 土

主 控 项 目

7.4.9 混凝土原材料、配合比、强度等级应符合设计文件要求，其检验应符合现行行业标准《铁路混凝土工程施工质量验收标准》（TB 10424）的有关规定。

一 般 项 目

7.4.10 承轨台外形尺寸允许偏差和检验方法应符合表7.4.10的规定。

表 7.4.10　承轨台外形尺寸的允许偏差和检验方法

项　目	允许偏差（mm）	施工单位检验数量	检　验　方　法
轴线	≤5	全部检验	尺量，每边不少于2处
平整度	≤5		2m靠尺和塞尺不少于3处
高度	±5		尺量，不少于3处
宽度	±10		尺量，不少于3处

7.4.11 混凝土结构表面应密实、平整、颜色均匀，不得有漏筋、蜂窝、空洞、疏松、麻面和缺棱掉角等缺陷。

检验数量：施工单位全部检验。

检验方法：观察。

7.5 轨排接头

主 控 项 目

7.5.1 轨排接头安装的静态平顺度应符合本标准表 7.3.2 的规定。

7.5.2 轨排接头各零部件结构尺寸和安装位置应符合设计文件要求。

检验数量：施工单位、监理单位全部检验。

检验方法：观察，尺量。

7.5.3 F型钢、支撑板、盖板、外侧销键等轨排接头零部件的涂装质量应符合设计文件要求。

检验数量：施工单位、监理单位全部检验。

检验方法：观察，查验资料。

7.5.4 轨缝的允许偏差为±2mm。

检验数量：施工单位、监理单位全部检验。

检验方法：观察，尺量。

7.5.5 轨排接头连接螺栓扭矩应符合设计文件要求。

检验数量：施工单位全部检验，监理单位见证检验20%。

检验方法：扭力扳手测量。

7.6 轨道附属设施与标志

主 控 项 目

7.6.1 线路和信号标志的材质、规格、图案字样应符合设计文件要求。

检验数量：施工单位、监理单位全部检验。
检验方法：观察，尺量。

7.6.2 线路和信号标志的数量、位置、高度及标志方向应符合设计文件要求。
检验数量：施工单位全部检验，监理单位平行检验10%。
检验方法：观察，尺量。

7.6.3 车挡的类型、规格、质量应符合设计文件要求。
检验数量：施工单位、监理单位全部检验。
检验方法：观察，检查产品质量证明文件。

7.6.4 车挡安装位置、数量符合设计文件要求。
检验数量：施工单位、监理单位全部检验。
检验方法：观察，尺量。

7.6.5 轨排接地材料、位置、安装方式应符合设计文件要求。
检验数量：施工单位、监理单位全部检验。
检验方法：观察，尺量。

一 般 项 目

7.6.6 线路和信号标志应设置端正，涂料色泽鲜明，图像字迹清晰、完整。
检验数量：施工单位全部检验。
检验方法：观察。

8 道岔系统

8.1 一般规定

8.1.1 道岔设备应在工厂调试试验并经过检验合格后，方可进入安装现场。安装所采用的材料、半成品、建筑构配件、器具应进行进场验收。

8.1.2 道岔设备安装前应对道岔基础平台进行质量检查和验收，土建施工质量应满足道岔设备安装要求。

8.1.3 道岔与其他分部工程之间的接口，应在系统联调之前由监理工程师和施工单位检查确认。

8.1.4 设备的验收，应按安装顺序进行。采用计数验收的项目，应按进场先后顺序进行。

8.2 道岔基础和道岔基础平台

主控项目

8.2.1 基础施工原材料的规格、型号、质量应符合设计文件要求，其检验应符合现行行业标准《铁路混凝土工程施工质量验收标准》（TB 10424）的有关规定。

8.2.2 道岔基础平台基底地质情况和承载力应符合设计文件要求。
检验数量：施工单位、监理单位全部检验。
检验方法：标准贯入试验，触探仪检测。

8.2.3 桩身混凝土应均质、完整。
检验数量：施工单位按总桩数的10%进行检验；监理单位全部见证检验。
检验方法：按现行行业标准《铁路工程桩基无损检测规程》（TB 10218）和《铁路工程结构混凝土强度检测规程》（TB 10426）的有关规定检验。

8.2.4 单桩承载力应符合设计文件要求。

检验数量：检测机构抽样检验桩总数的2‰，且不少于3根；监理单位全部见证检验。

检验方法：平板载荷试验。

一 般 项 目

8.2.5 台车基础板、驱动基础板、铰轴连杆回转中心与第一固定端回转中心纵向距离偏差应符合表8.2.5的规定。

表8.2.5 与第一固定端回转中心纵向距离允许偏差、检验数量和检验方法

部位	台车基础板	驱动基础板	铰轴连杆回转中心	检验数量	检验方法
允许偏差	±3mm	±3mm	±1mm	施工单位全部检验	尺量或仪器测量

8.2.6 各基础板基准线与道岔纵向中心线距离允许偏差为±1mm。

检验数量：施工单位全部检验。

检测方法：尺量，仪器测量。

8.2.7 基础板高程允许偏差为-3~0mm，平面度允许偏差为±3mm。

检验数量：施工单位全部检验。

检测方法：仪器测量。

Ⅱ 道岔基础平台

主 控 项 目

8.2.8 钢筋原材料、加工、连接和安装的检验应符合现行行业标准《铁路混凝土工程施工质量验收标准》（TB 10424）的有关规定。

8.2.9 混凝土原材料、配合比设计、强度等级应符合设计文件要求，其检验应符合现行行业标准《铁路混凝土工程施工质量验收标准》（TB 10424）的有关规定。

8.2.10 道岔基础平台结构的模板及支架安装和拆除的检验应符合现行行业标准《铁路混凝土工程施工质量验收标准》（TB 10424）的有关规定。

8.2.11 道岔基础平台平面位置、尺寸、预埋件安装情况应符合设计文件要求，其允许偏差应符合表8.2.11的规定。

表8.2.11 道岔基础平台施工允许偏差、检验数量和检验方法

项次	项 目	允许偏差（mm）	检验数量	检验方法
1	基础边缘至线路中心线的距离	±50	每处至少检查4点	尺量
2	基础顶面高程	±30	每处至少检查4点	仪器测量

8.2.12 台车走行轨高度应符合设计文件要求。
检验数量：施工单位、监理单位全部检验。
检验方法：仪器测量。

8.2.13 道岔回转中心坐标应符合设计文件要求。
检验数量：施工单位、监理单位全部检验。
检验方法：仪器测量。

8.3 道岔结构件

Ⅰ 道岔梁、活动端垛梁

主 控 项 目

8.3.1 道岔梁和垛梁等的规格、型号和质量应符合设计要求。
检验数量：施工单位、监理单位全部检验。
检验方法：检查产品质量证明文件。

8.3.2 道岔梁高程应符合设计文件要求。
检验数量：施工单位、监理单位全部检验。
检验方法：仪器测量。

8.3.3 道岔岔心点、岔前点、岔后点等主要控制点位置应符合设计文件要求。
检验数量：施工单位、监理单位全部检验。
检验方法：仪器测量。

8.3.4 F型钢磁极面平面度应符合设计文件要求。
检验数量：施工单位、监理单位全部检验。
检验方法：仪器测量。

8.3.5 F型钢磁极面侧面直线度应符合设计文件要求。
检验数量：施工单位、监理单位全部检验。
检验方法：仪器测量。

8.3.6 F型钢连接板与两边F型钢轨缝应均匀分布，轨缝测量值之差应符合设计文件要求。
检验数量：施工单位、监理单位全部检验。
检验方法：钢板尺测量。

8.3.7 F型钢磁极面接头处高低差应符合设计文件要求。

检验数量：施工单位、监理单位全部检验。

检验方法：用刀口尺搭在F型钢磁极面的接头处，用塞尺检测缝隙的大小。

8.3.8 F型钢接头处的外侧线错位值应符合设计文件要求。

检验数量：施工单位、监理单位全部检验。

检验方法：用刀口尺搭在F型钢磁极面的接头处，用塞尺检测缝隙的大小。

8.3.9 F型导轨中心距应符合设计文件要求。

检验数量：施工单位、监理单位全部检验。

检验方法：量具测量。

8.3.10 转辙距离应符合设计文件要求。

检验数量：施工单位、监理单位全部检验。

检验方法：仪器测量。

一 般 项 目

8.3.11 道岔总长允许偏差为±5mm。

检验数量：施工单位全部检验。

检验方法：尺量。

8.3.12 台车车轮走行面到F型导轨安装面高度允许偏差为-1.5～+0.5mm。

检验数量：施工单位全部检验。

检验方法：尺量，仪器测量。

Ⅱ 驱 动 装 置

主 控 项 目

8.3.13 驱动装置的规格、型号、外观、质量应符合设计文件的规定。

检验数量：施工单位、监理单位全部检验。

检验方法：观察，检查质量证明文件。

8.3.14 驱动装置驱动电机手动释放装置、手动操作装置应能正常使用。

检验数量：施工单位、监理单位全部检验。

检验方法：试验测试，观察。

8.3.15 传动机构应无异响、无动作失灵、无卡滞。

检验数量：施工单位、监理单位全部检验。

检验方法：观察。

8.3.16 驱动装置旋转臂滚轮与导槽侧面板间的总间隙应符合设计文件要求。
检验数量：施工单位、监理单位全部检验。
检验方法：尺量。

8.3.17 联轴器、传动轴圆跳动量应符合设计文件要求。
检验数量：施工单位、监理单位全部检验。
检验方法：百分表测量。

8.3.18 减速器安装后的基准线应符合设计文件要求。
检验数量：施工单位、监理单位全部检验。
检验方法：尺量，仪器测量。

8.3.19 减速器主轴和传动轴相对角位移应符合设计文件要求。
检验数量：施工单位、监理单位全部检验。
检验方法：角度尺测量。

8.3.20 驱动导槽位置应符合设计文件要求。
检验数量：施工单位、监理单位全部检验。
检验方法：尺量。

8.3.21 高强螺栓扭矩应符合设计文件要求。
检验数量：施工单位、监理单位全部检验。
检验方法：扭矩扳手测量。

Ⅲ 锁 定 装 置

主 控 项 目

8.3.22 锁定装置的规格、型号、外观、质量应符合设计文件的规定。
检验数量：施工单位、监理单位全部检验。
检验方法：观察，检查质量证明文件。

8.3.23 锁定电机手动释放装置及手动操作装置应能正常使用。
检验数量：施工单位、监理单位全部检验。
检验方法：试验测试。

8.3.24 滚轮与锁销间隙应符合设计文件要求。
检验数量：施工单位、监理单位全部检验。

检验方法：塞尺测量。

8.3.25 锁销运动应灵活，无动作失灵、无卡滞。
检验数量：施工单位、监理单位全部检验。
检验方法：观察。

8.3.26 锁定装置的锁销箱安装位置应符合设计文件要求。
检验数量：施工单位、监理单位全部检验。
检验方法：尺量，仪器测量。

一 般 项 目

8.3.27 锁定装置电动推杆伸缩允许偏差为±4mm。
检验数量：施工单位全部检验。
检验方法：尺量。

Ⅳ 台 车

主 控 项 目

8.3.28 台车型号、规格和性能应符合设计要求。
检验数量：施工单位、监理单位全部检验。
检验方法：检查质量证明文件。

8.3.29 同一台车架下的车轮位置的允许偏差为1mm，在同一横梁下不同台车组的车轮位置的允许偏差不应大于3mm。
检验数量：施工单位全部检验；监理单位按施工单位检验数量的20%见证检验。
检验方法：尺量，仪器测量。

Ⅴ 铰 轴 连 杆

主 控 项 目

8.3.30 铰轴连杆的型号、规格和性能应符合设计要求。
检验数量：施工单位、监理单位全部检验。
检验方法：检查质量证明文件。

8.3.31 铰轴连杆转动中心的距离允许偏差为±1mm。
检验数量：施工单位全部检验；监理单位按施工单位检验数量的10%平行检验。
检验方法：尺量，仪器测量。

8.3.32 铰轴连杆转动中心到台车中心的距离允许偏差为±3mm。

检验数量：施工单位全部检验；监理单位按施工单位检验数量的10%平行检验。

检验方法：尺量，仪器测量。

Ⅵ 道 岔 安 装

主 控 项 目

8.3.33 道岔、减速器、制动器、缓冲等装置及配件，其规格、型号、质量应符合设计文件要求和产品标准规定。

检验数量：施工单位、监理单位全部检验。

检验方法：观察，检查产品质量证明文件。

8.3.34 道岔、减速器、制动器、缓冲等装置的安装位置和安装方式应符合设计文件要求。

检验数量：施工单位、监理单位全部检验。

检验方法：观察，尺量。

8.3.35 道岔、减速器、制动器、缓冲等装置的安装质量应符合设计文件要求，并应符合下列规定：

1 减速器应无渗油、无异常振动。
2 电气设备、制动器及限位开关，应动作准确、灵活。
3 缓冲器应安装牢固可靠。
4 锁定装置锁紧时应无松动，松开时应无卡阻、无碰撞。
5 焊缝和油漆表面应平整、均匀。

检验数量：施工单位、监理单位全部检验。

检验方法：观察，手动检查，操作调试。

8.4 电控设备

Ⅰ 电气柜、接线箱

主 控 项 目

8.4.1 电气柜的规格、型号、外观、质量应符合设计文件的规定。

检验数量：施工单位、监理单位全部检验。

检验方法：观察，检查质量证明文件。

8.4.2 电气柜、接线箱安装位置、排列顺序、安装方式应符合设计文件要求。

检验数量：施工单位、监理单位全部检验。

检验方法：观察，尺量。

8.4.3 电气柜内部电气元件应无损伤，安装整齐、牢固且美观。标示应清晰、整齐、统一。

检验数量：施工单位、监理单位全部检验。

检验方法：观察。

8.4.4 电气柜、接线箱的外壳应接地或接零。

检验数量：施工单位、监理单位全部检验。

检验方法：观察，仪表测量。

一 般 项 目

8.4.5 电气柜安装垂直允许偏差不应大于1.5‰，水平允许偏差不应大于5mm。

检验数量：施工单位全部检查。

检验方法：仪器测量。

Ⅱ 布线槽、电缆管

主 控 项 目

8.4.6 布线槽和电缆管的规格尺寸、安装位置、走向应符合设计文件要求。

检验数量：施工单位、监理单位全部检验。

检验方法：观察，尺量。

8.4.7 金属电缆桥架及其支架和电缆导管应接地或接零。

检验数量：施工单位、监理单位全部检验。

检验方法：观察，仪表测量。

Ⅲ 配 线

主 控 项 目

8.4.8 电线的型号、规格、材质、性能应符合设计文件要求。

检验数量：施工单位、监理单位全部检验。

检验方法：观察，检查质量证明文件。

Ⅳ 限 位 开 关

主 控 项 目

8.4.9 限位开关的规格、型号、外观和质量应符合设计文件要求。

检验数量：施工单位、监理单位全部检验。

检验方法：观察，检查质量证明文件。

8.4.10 限位开关安装位置应符合设计文件要求。

检验数量：施工单位、监理单位全部检验。

检验方法：观察，尺量。

V 电动执行机构

主 控 项 目

8.4.11 电动执行机构的绝缘电阻值应符合设计文件要求。
　　检验数量：施工单位、监理单位全部检验。
　　检验方法：仪表测量。

8.4.12 防护装置的安装位置应符合设计文件要求。
　　检验数量：施工单位、监理单位全部检验。
　　检验方法：观察，尺量。

VI 接地、防雷

主 控 项 目

8.4.13 防雷设备的规格、型号和质量应符合设计要求。
　　检验数量：施工单位、监理单位全部检验。
　　检验方法：检查质量证明文件。

8.4.14 道岔梁之间应连接可靠，并在固定端引入接地网，接地电阻不应大于4Ω；道岔电气柜内弱电接地应单独引出接地，接地电阻不应大于1Ω。
　　检验数量：施工单位、监理单位全部检验。
　　检验方法：观察，仪表测量。

8.4.15 防雷设备的安装位置、安装方式应符合设计文件要求。
　　检验数量：施工单位、监理单位全部检验。
　　检验方法：观察，尺量。

VII 接 口

主 控 项 目

8.4.16 道岔电控设备与信号系统接口应符合设计文件要求。
　　检验数量：施工单位、监理单位全部检验。
　　检验方法：观察。

8.4.17 道岔电控设备应在电气柜内设置独立的接口端子，端子标识清晰。
　　检验数量：施工单位、监理单位全部检验。
　　检验方法：观察。

8.5 道岔调试

Ⅰ 单机调试

主控项目

8.5.1 位置转换完成后，F 型钢接头处的外侧面与活动端垛梁 F 型钢接头处的外侧面的错位允许偏差应符合设计文件要求。

检验数量：施工单位、监理单位全部检验。

检验方法：用刀口尺搭在 F 型钢外侧线的接头处，用塞尺检测缝隙的大小。

8.5.2 驱动导槽两侧间隙差应符合设计文件要求。

检验数量：施工单位、监理单位全部检验。

检验方法：尺量。

8.5.3 道岔就地联动控制、就地单动控制、道岔表示功能、故障检测功能测试结果应符合表 8.5.3 的规定。

表 8.5.3 道岔功能调试

检测项目	检测内容	技术要求
就地联动控制	控制柜定位命令	接收命令、解锁、转辙、锁定、位置表示功能正常
	控制柜反位命令	接收命令、解锁、转辙、锁定、位置表示功能正常
就地单动控制	转定位分解动作操作	按钮操作完成解锁、转辙、锁定等操作
	转反位分解动作操作	按钮操作完成解锁、转辙、锁定等操作
表示功能	集中控制命令	在执行道岔转辙过程中无定位或反位表示信号。转辙到位并锁定后，表示信号正常
	就地联动命令	在执行道岔转辙过程中无定位或反位表示信号。转辙到位并锁定后，表示信号正常
	就地单动命令	在执行道岔转辙过程中无定位或反位表示信号。转辙到位并锁定后，表示信号正常
模拟故障	现场联动控制方式下，模拟故障检测	模拟两种故障，控制装置监测系统发出故障信号并终止道岔当前动作
道岔转换时间检测	单开道岔	15s 以内
	三开道岔	相邻岔位 15s 以内；极端岔位 25s 以内
	单渡线道岔	15s 以内
	交叉渡线道岔	15s 以内

检验数量：施工单位、监理单位全部检验。

检验方法：观察，操作调试。

8.5.4 转辙电机、锁定电机等在道岔运行过程中的起动峰值电流不应大于额定电流 10 倍，最大工作电流不应超过电机的额定工作电流。

　　检验数量：施工单位、监理单位全部检验。

　　检验方法：仪表测量。

8.5.5 道岔各机构的电动机运转方向应正确，动作无卡阻，无异常声响；制动器和限位开关动作应及时、可靠。

　　检验数量：施工单位、监理单位全部检验。

　　检验方法：操作道岔进行转辙，观察。

8.5.6 电气柜柜内各器件动作反应应正常。

　　检验数量：施工单位、监理单位全部检验。

　　检验方法：观察。

Ⅱ 系统调试

主控项目

8.5.7 道岔集中控制、就地联动控制、单动控制、应急控制、道岔表示功能、故障检测、授受权、转辙时间检测等测试结果应符合表 8.5.7 的规定。

表 8.5.7 道岔系统调试

检测项目	检测内容	技术要求	检验数量	检验方法
集中控制	运行控制系统定位命令	接收命令、解锁、转辙、锁定、位置表示功能正常	施工单位、监理单位全部检验	道岔原在反位，通过运行控制系统给定命令，试验后道岔转辙到定位并锁定，送出表示信号
	运行控制系统反位命令	接收命令、解锁、转辙、锁定、位置表示功能正常		道岔原在定位，通过运行控制系统给定命令，试验后道岔转辙到定反位并锁定，送出表示信号
就地联动控制	控制柜定位命令	接收命令、解锁、转辙、锁定、位置表示功能正常		道岔原在反位，通过控制柜操作面板选择开关和给定按钮给定命令，试验后道岔转辙到定位并锁定，送出表示信号
	控制柜反位命令	接收命令、解锁、转辙、锁定、位置表示功能正常		道岔原在定位，通过控制柜操作面板选择开关和给定按钮给定命令，试验后道岔转辙到反位并锁定，送出表示信号
就地单动控制	转定位分解动作操作	按钮操作完成解锁、转辙、锁定等操作		道岔原在反位，通过控制柜操作面板按钮完成分解动作操作，试验后道岔转辙到定位并锁定，送出表示信号

表 8.5.7（续）

检测项目	检测内容	技术要求	检验数量	检验方法
就地单动控制	转反位分解动作操作	按钮操作完成解锁、转辙、锁定等操作	施工单位、监理单位全部检验	道岔原在定位，通过控制柜操作面板按钮完成分解动作操作，试验后道岔转辙到反定位并锁定，送出表示信号
表示功能	集中控制命令	在执行道岔转辙过程中位置表示信号正常、转辙到位并锁定后表示信号正常		与本表技术要求一致
	就地联动命令	在执行道岔转辙过程中位置表示信号正常、转辙到位并锁定后表示信号正常		与本表技术要求一致
	就地单动控制	在执行道岔转辙过程中位置表示信号正常、转辙到位并锁定后表示信号正常		与本表技术要求一致
授权	就地工作方式下不授权道岔不能工作	控制装置不能对道岔进行转换		现场给定定位，反位命令道岔不动作
模拟故障	集中控制、现场联动控制方式下，模拟故障检测	模拟两种故障，控制装置监测系统发出故障信号并终止道岔当前动作		模拟限位开关故障、断路故障等，检查故障信号及道岔动作情况
控制装置失电	对道岔位置的检测	道岔定位或反位并锁闭好后，信号连锁装置能检测到道岔位置表示信号		关闭控制装置配电的开关，信号联锁装置能检测到与道岔位置一致的定位或反位信号
道岔转换时间检测	单开道岔	15s 以内		秒表
	三开道岔	相邻岔位 15s 以内；极端岔位 25s 以内		秒表
	单渡线道岔	15s 以内		秒表
	交叉渡线道岔	15s 以内		秒表

9 车站建筑

9.1 一般规定

9.1.1 站台的填筑应分层进行，并采用机械压实，靠近站台墙的填筑应采用小型设备进行夯实。

9.1.2 装饰装修工程应在主体结构验收合格，并对基层的质量进行验收后施工。对既有建筑进行装饰装修前，应对基层进行处理以达到设计及装饰装修作业的要求。

9.1.3 装饰装修工程施工中，不应擅自改动建筑主体、承重结构或主要使用功能；未经设计确认和有关部门批准，不应擅自拆改水、暖通、电、燃气、通信等配套设施。

9.1.4 装饰装修工程施工前应完成管道、设备等的安装及调试。

9.1.5 装饰装修工程施工过程中应做好半成品、成品的保护，采取有效措施防止污染和损坏。

9.1.6 车站建筑工程地基与基础以及主体工程，应符合现行国家标准《建筑工程施工质量验收统一标准》（GB 50300）的有关规定。

9.1.7 车站建筑工程施工质量验收除应符合本标准外，尚应符合现行国家标准《建筑装饰装修工程质量验收标准》（GB 50210）的有关规定。

9.2 站台

主控项目

9.2.1 站台墙所用混凝土原材料、强度等级应符合设计文件要求，检验应符合现行行业标准《铁路混凝土工程施工质量验收标准》（TB 10424）的有关规定。

9.2.2 块材铺面站台面所用砂、水泥等原材料的规格和质量应符合设计文件要求，其检验应符合现行行业标准《铁路混凝土工程施工质量验收标准》（TB 10424）的有关规定。

9.2.3 块材的规格、材质、图案和质量应符合设计文件要求。

检验数量：施工单位和监理单位对每一批购进的相同规格、品种、颜色、图案的块材检查 5 块。

检验方法：观察，检查质量证明文件。

9.2.4 铺贴站台面所用的砂浆强度等级应符合设计文件要求。

检验数量：每 100m³ 砌体制作试件 1 组，不足 100m³ 取 1 组；监理单位按施工单位检验数量的 20% 见证检验。

检验方法：抗压强度试验。

9.2.5 站台墙的设置位置应符合设计文件要求。

检验数量：施工单位每 10m 抽查 1 处；监理单位全部见证检验。

检验方法：尺量或经纬仪检验。

9.2.6 站台墙基底地质条件应符合设计文件要求。

检验数量：施工单位全部检验；监理单位见证检验。

检验方法：静力触探试验。

9.2.7 站台路基填料的种类和质量应符合设计文件要求。

检验数量：施工单位每 5000m³ 检查一组；监理单位按施工单位检验数量的 10% 进行平行检验，整个站台至少一组。

检验方法：按现行行业标准《铁路工程土工试验规程》（TB 10102）的有关规定进行检验。

9.2.8 站台填筑的压实系数应符合设计文件要求。

检验数量：施工单位每 100m³ 每层测 1 处；监理单位按施工单位检验数量的 20% 见证检验，但不得少于一处。

检验方法：按现行行业标准《铁路工程土工试验规程》（TB 10102）的有关规定进行检验。

9.2.9 车站铭牌的规格、质量和设置位置应符合设计文件要求，并应安装牢固。

检验数量：施工单位、监理单位全部检验。

检验方法：观察，尺量，检查质量证明文件。

9.2.10 站台上安全防护设施的材料质量、结构形式、设置位置、安装方法应符合设计文件要求。

检验数量：施工单位、监理单位全部检验。

检验方法：观察，尺量，检查质量证明文件。

9.2.11 站台填筑顶面高程应符合设计文件要求。

检验数量：施工单位每100m检查3处。

检验方法：仪器测量。

9.2.12 站台填筑顶面横向排水坡度应符合设计文件要求。

检验数量：施工单位每20m检验一处。

检验方法：仪器测量。

9.2.13 站台盲道位置、规格应符合设计文件要求。

检验数量：施工单位、监理单位全部检验。

检验方法：观察，尺量。

一 般 项 目

9.2.14 站台墙基底高程的允许偏差、施工单位检查数量和检查方法应符合表9.2.14的规定。

表9.2.14 站台墙基底高程的允许偏差的检验数量和检验方法

地 质 类 别	允许偏差（mm）	施工单位检验数量	检 验 方 法
土质	±50	每10m检查一处	仪器测量
石质	+50 −200	每10m检查一处	仪器测量

9.2.15 站台墙变形缝的设置位置、宽度应符合设计文件要求。

检查数量：施工单位全部检验。

检验方法：观察，尺量。

9.2.16 变形缝的填缝材料及防水材料应符合设计文件要求。填缝密实饱满，防水材料搭接整齐、表面平整，施工完毕后无渗漏。

检查数量：施工单位全部检验。

检验方法：观察，尺量，检查质量证明文件。

9.2.17 站台墙顶面及墙面应平顺、前缘顺直；顶面无棱角缺损，防滑花纹清晰。

检验数量：施工单位全部检验。

检验方法：观察，靠尺检查。

9.2.18 站台墙施工允许偏差、施工单位检验数量和检验方法应符合表 9.2.18 的规定。

表 9.2.18 站台墙施工允许偏差、检验数量和检验方法

序号	项目	允许偏差	施工单位检验数量	检验方法
1	站台墙厚度	+20 mm / 0	每 10m 抽查一处	尺量
2	站台墙顶面平整度	2mm/2m		2m 靠尺和塞尺
3	站台墙端位置	+100 mm / 0	每道墙 1 次	尺量

9.2.19 站台面块材的细部处理应光滑、平顺，接缝均匀，面砖铺贴牢固、无空鼓。
检验数量：施工单位、监理单位全部检验。
检验方法：观察，尺量。

9.2.20 块材铺面站台面块材铺贴允许偏差、检验数量和检验方法应符合表 9.2.20 的规定。

表 9.2.20 站台面面砖铺贴允许偏差、检验数量和检验方法

序号	项目	允许偏差（mm）	施工单位检验数量	检验方法
1	高程	+10 / 0	每 100m 查 5 处	水准测量
2	平整度	5		2m 靠尺和塞尺
3	接缝直线度	3		拉 5m 通线检查
4	接缝高低差	1		靠尺和塞尺
5	接缝宽度	±1		塞尺

9.2.21 站台附属设施外观质量应符合设计文件要求，并应符合下列规定：
1 安全线应涂刷醒目，顺直。瓷砖安全线应镶嵌平整、稳固、顺直，间距均匀。
2 站名牌应字迹清晰，牌面洁净，油漆色泽鲜明。
检验数量：施工单位全部检验。
检验方法：观察。

9.3 站厅

Ⅰ 石材面层

主控项目

9.3.1 石材面层所用材料的品种、规格、花色、质量应符合设计文件要求和现行国

家标准《天然大理石建筑板材》（GB/T 19766）和现行行业标准《天然花岗石建筑板材》（JC/T 205）的有关规定；天然石材有害物质含量应符合现行行业标准《天然石材产品放射防护分类控制标准》（JC 518）的有关规定。

  检验数量：施工单位和监理单位每批检验一次。
  检验方法：观察，检查质量证明文件。

9.3.2 面层的铺设范围应符合设计要求。
  检验数量：施工单位、监理单位全部检验。
  检验方法：观察，尺量。

9.3.3 面层与基层应结合牢固、无空鼓。
  检验数量：施工单位、监理单位全部检验。
  检验方法：观察，用小锤轻击检查。

一 般 项 目

9.3.4 板块接缝应严密、通顺无错缝，表面应平整洁净，无磨痕、划痕。
  检验数量：施工单位全部检验。
  检验方法：观察。

9.3.5 板块地面面层的允许偏差应符合表9.3.5的规定。

表9.3.5 大理石地面铺设允许偏差和检验方法

序号	项 目	允许偏差（mm）	施工单位检验数量	检 验 方 法
1	表面平整度	1.0	每100m查5处	用2m靠尺和楔形塞尺检查
2	缝格平直	1.0		拉5m线和用钢尺检查
3	接缝高低差	0.5		用钢尺和楔形塞尺检查
4	踢脚线上口平直	1.0		拉5m线和用钢尺检查
5	板块间隙宽度	1.0		用钢尺检查

Ⅱ 瓷 板 安 装

主 控 项 目

9.3.6 饰面板及其嵌缝材料的品种、规格、性能、颜色、质量应符合设计文件要求。
  检验数量：施工单位、监理单位全部检验。
  检验方法：观察，检查质量证明文件，进场验收记录。

9.3.7 饰面板安装工程的预埋件、后置件和连接件，其数量、规格、位置、连接方法和防腐、防锈、防火处理应符合设计文件要求。后置件的现场拉拔强度应符合设计文件要求，饰面板安装应牢固。

检验数量：施工单位、监理单位全部检验。

检验方法：观察，尺量和手扳检查；检查进场验收记录、现场拉拔性能检测报告、隐蔽工程检查记录。

一 般 项 目

9.3.8 饰面板表面应平整、洁净、色泽均匀，无划痕、磨痕、翘曲、裂缝和缺损。

检验数量：施工单位全部检验。

检验方法：观察。

9.3.9 饰面板上的孔洞套割应尺寸正确，边缘整齐、方正，与电器口盖交接严密、吻合。

检验数量：施工单位全部检验。

检验方法：观察。

9.3.10 金饰面板接头接缝应符合以下规定：

1 条形板应接头平整，接头位置相互错开，接缝平直、宽窄一致，无错台错位，板与收口条搭接严密。

2 方形板接缝应平整无错台错位，横竖向顺直，接缝宽窄一致，板与收口条搭接严密。

3 柱面、外墙面、窗台、窗套金属板剪裁尺寸准确，边角、线角、套口等突出件接缝应平直，宽窄一致，宽度和深度应符合设计文件要求，嵌缝胶应密实、光滑美观，直线内无接头，防水无渗漏。

检验数量：施工单位全部检验。

检验方法：观察，尺量。

9.3.11 饰面板安装的允许偏差和检验方法应符合表9.3.11的规定。

表9.3.11 饰面板安装的允许偏差和检验方法

序号	项 目	允许偏差（mm）	施工单位检验数量	检验方法
1	立面垂直度	2	每100m查5处	用2m垂直检测尺检查
2	表面平整度	2		用2m靠尺和塞尺检查
3	阴阳角方正	3		用直角检测尺检查
4	接缝直线度	1		拉5m线，不足5m拉通线，用钢直尺检查
5	墙裙、勒脚上口直线度	2		
6	接缝高低差	1		用钢直尺和塞尺检查
7	接缝宽度	1		用钢直尺检查

Ⅲ 金属板吊顶

主 控 项 目

9.3.12 金属吊板的材质、品种、规格、图案及颜色，应符合设计文件要求和国家标准的规定。

检验数量：施工单位、监理单位全部检验。

检验方法：观察，尺量，检查质量证明文件。

9.3.13 金属板吊顶的高程、尺寸应符合设计文件要求。

检验数量：施工单位、监理单位全部检验。

检验方法：观察，尺量。

9.3.14 金属板吊顶应安装应牢固。

检验数量：施工单位、监理单位全部检验。

检验方法：观察，手扳检查。

一 般 项 目

9.3.15 金属板吊顶工程安装的允许偏差和检验方法应符合表9.3.15的规定。

表9.3.15 金属板吊顶工程安装的允许偏差和检验方法

序号	项 目	允许偏差（mm）	施工单位检验数量	检验方法
1	表面平整度	1.5	每100m查5处	用2m靠尺和塞尺检查
2	接缝平直度	1.5		拉5m线，尺量
3	分格线平直度	1.0		
4	接缝高低差	0.3		用直尺、塞尺检查
5	压条间距	2.0		尺量
6	收口线高低差	2.0		用水准仪或尺量

9.4 栏杆、扶手

主 控 项 目

9.4.1 栏杆和扶手制作与安装所使用材料，其品种、材质、规格、数量应符合设计文件要求。

检验数量：施工单位、监理单位全部检验。

检验方法：观察，检查质量证明文件。

9.4.2 栏杆和扶手的造型、尺寸及安装位置应符合设计文件要求。

检验数量：施工单位、监理单位全部检验。
检验方法：观察，尺量。

9.4.3 栏杆和扶手预埋件的规格、位置及连接节点应符合设计文件要求。
检验数量：施工单位、监理单位全部检验。
检验方法：观察，尺量。

9.4.4 栏杆高度、栏杆间距应符合设计文件要求，并应安装牢固。
检验数量：施工单位、监理单位全部检验。
检验方法：观察，尺量，手扳检查。

9.4.5 栏杆玻璃类型、厚度应符合设计文件要求。
检验数量：施工单位、监理单位全部检验。
检验方法：观察，尺量，检查质量证明文件。

9.4.6 玻璃安装位置及安装方法应符合设计文件要求及现行行业标准《建筑玻璃应用技术规程》（JGJ 113）的有关规定，玻璃安装应安全、无松动。
检验数量：施工单位、监理单位全部检验。
检验方法：观察，尺量，手推检查。

一 般 项 目

9.4.7 木制扶手表面应光滑平直、拐角方正、色泽一致、无刨痕和锤印、无裂缝、翘曲及损坏现象。
检验数量：施工单位全部检验。
检验方法：观察。

9.4.8 栏杆安装应排列均匀、整齐，与楼梯坡度一致；栏杆与扶手的金属连接无外露现象；花饰尺寸、位置应一致，纹饰线条应清晰美观，无粗糙现象。
检验数量：施工单位全部检验。
检验方法：观察。

9.4.9 栏杆的法兰设置应符合设计要求，并应安装牢固，无松动。
检验数量：施工单位全部检验。
检验方法：观察。

9.4.10 玻璃栏板应与边框吻合、平行；接缝严密，表面平顺、洁净、美观。
检验数量：施工单位全部检验。
检验方法：观察。

9.4.11 栏杆、扶手安装的允许偏差和检验方法应符合表9.4.11的规定。

表9.4.11 栏杆、扶手安装的允许偏差和检验方法

项 目	允许偏差（mm）	施工单位检验数量	检验方法
栏杆垂直度	2	每100m查5处	吊线，尺量
栏杆间距	2		尺量
扶手直顺度	3		拉通线，尺量
扶手高度差	2		尺量

9.5 出入口

主 控 项 目

9.5.1 出入口砌筑砂浆所使用原材料的规格、配合比、质量应符合设计文件要求，其检验应符合现行国家标准《砌体结构工程施工质量验收规范》（GB 50203）的有关规定。

9.5.2 饰面板和饰面砖的品种、规格、性能、颜色和图案应符合设计文件要求。
检验数量：施工单位、监理单位每一批购进的相同规格、品种、颜色、图案的板材和砖检查1次。
检验方法：观察，检查质量证明文件。

9.5.3 抹灰层与基层及各灰层之间应粘接牢固，抹灰层应无脱层、空鼓，面层应无爆灰和裂缝。
检验数量：施工单位每100m^{2}至少抽查1处，每处10m^2；监理单位按施工单位的10%进行平行检验。
检验方法：观察，用小锤轻击。

9.5.4 抹面砖粘贴不应出现空鼓、歪斜、棱角缺损和裂缝。
检验数量：施工单位、监理单位每100m^{2}抽抽查1处，每处不少于10m^2。
检验方法：观察，用小锤轻击。

9.5.5 饰面板（砖）安装工程的预埋件、后置埋件及连接件，其数量、规格、位置、连接方法应符合设计文件要求，且安装牢固。
检验数量：施工单位、监理单位每100m^{2}抽查1处，每处不少于10m^2。
检验方法：观察，测量，手扳检查，检查质量证明文件。

9.5.6 顶棚装饰材料的品种、规格、质量、图案和颜色应符合设计文件要求。

检验数量：施工单位、监理单位全部检验。

检验方法：观察，检查质量证明文件。

9.5.7 吊顶高程、尺寸和造型应符合设计文件要求。

检验数量：施工单位、监理单位每100m²检验1处。

检验方法：观察，尺量。

9.5.8 主梁、格栅安装位置应符合设计文件要求，并应连接牢固，无松动。

检验数量：施工单位、监理单位每100m²检查1处。

检验方法：观察，尺量，手扳检查。

9.5.9 灯具、消防等设备的位置应符合设计文件要求，与饰面板的交接吻合、严密。

检验数量：施工单位全部检验。

检验方法：观察。

9.5.10 出入口台阶楼梯踏步宽度、踏步高度、楼梯及斜坡走道坡度应符合设计文件要求，允许偏差分别为±5mm、±5mm、±2%设计坡度。

检验数量：施工单位对踏步宽度、高度抽查10%，对每段楼梯坡度抽查至少一次；监理单位按施工单位抽检数量的10%进行见证检验，但不得少于一次。

检验方法：踏步宽度、高度采用尺量；坡度采用坡度尺检查。

9.5.11 地面排水坡度应符合设计要求，集水井、暗沟盖板铺设整齐、平稳。

检验数量：施工单位全部检验。

检验方法：观察或灌水试验。

9.5.12 排水暗沟和集水井盖板的规格、质量应符合设计文件要求。

检验数量：施工单位、监理单位全部检验。

检验方法：观察，尺量，检查质量证明文件。

9.5.13 排水暗沟的断面大小和坡度应符合设计文件要求，并与车站排水系统连接顺畅。

检验数量：施工单位、监理单位每10m检验一处。

检验方法：观察，尺量，灌水试验。

条文说明

出入口集水井和排水暗沟是出入口的特有项目，有的车站因地形原因允许出入口道内偶尔的存水通过暗沟排出，有的车站是先把水集中起来，再通过抽水机或排水暗沟排除。集水井和排水暗沟均属于出入口主体工程的一部分，应在主体工程施工时一并施作并检验。

9.5.14 集水井的位置和尺寸应符合设计文件要求。
   检验数量：施工单位、监理单位每口井检验。
   检验方法：尺量。

一 般 项 目

9.5.15 出入口抹灰施工允许偏差、施工单位检验数量和检验方法应符合表9.5.15的规定。

表 9.5.15 出入口抹灰施工允许偏差、检验数量和检验方法

项目	允许偏差（mm）					检验数量	检验方法
	一般抹灰	装饰抹灰					
		水刷石	斩假石	干粘石	假面砖		
表面平整度	3	3	3	5	4	每50m²抽查1处	用2m靠尺检查
阴阳角方正	3	3	3	4	4		用直角检测尺检查
立面垂直度	3	5	4	5	5		拉5m线，不足5m拉通线，用钢直尺检查
分隔条（缝）直线度	3	3	3	3	3		
墙裙、勒脚上口直线度	3	3	3	—	—		

9.5.16 饰面板（砖）安装的允许偏差、施工单位检验数量和检验方法应符合表9.5.16的规定。

表 9.5.16 饰面板（砖）安装允许偏差、检验量和检验方法

项目	允许偏差（mm）			检验数量	检验方法
	光面	剁斧石	面砖		
立面垂直度	2	3	2	每50m²抽查1处	用2m垂直检测尺检查
表面平整度	2	3	3		用2m垂直检测尺检查
阴阳角方正	2	4	3		用方尺和楔形塞尺检查
接缝平直	2	4	2		拉5m线检查，不足5m拉通线和尺量
墙裙、勒脚上口直线度	2	3	—		
接缝高低差	0.5	3	0.5		用直尺和塞尺检查
接缝宽度	1	2	1		直尺检查

9.5.17 饰面板及钢木骨架安装允许偏差，施工单位检验数量和检验方法应符合

表9.5.17的规定。

表9.5.17 顶棚装饰工程安装允许偏差、检验数量和检验方法

项 目	允许偏差（mm）				检验数量	检验方法
	石膏板	金属板	矿棉板	木板、塑料板		
表面平整度	3	2	2	2	每50m²抽查1处	2m靠尺和塞尺检查
接缝直线度	3	1.5	3	3	每50m²抽查1处	拉5m线检查，不足5m拉通线，钢尺量
接缝高低差	1	1	1.5	1		钢直尺和塞尺检查

9.5.18 出入口台阶耐磨及防滑设施符合设计文件要求，斜坡走道铺筑平整，面层与底层应粘结牢固。

检验数量：施工单位检验台阶数的20%。

检验方法：观察，小锤敲击检查。

9.6 导向标志

主 控 项 目

9.6.1 导向标志的材料、规格及质量应符合设计文件要求。

检验数量：施工单位、监理单位全部检验。

检验方法：观察，检查质量证明文件。

条文说明

导向标志设施采用的材料不应有造成人体伤害的潜在危险，灯光型标志设施采用的材料应具有防火性能，电器材料的绝缘性能应符合现行国家标准的有关规定。

9.6.2 导向标志图形、文字、符号信息应符合设计文件要求。

检验数量：施工单位、监理单位全部检验。

检验方法：观察。

9.6.3 导向标志设置应符合设计文件要求及下列规定：

1 悬挂式和悬挑式标志设施的下边缘与安装处地面的垂直距离不应小于2.2m。

2 附着式导向标志设施的上边缘与安装处地面的垂直距离不应小于2.0m。

3 附着式位置标志设施上边缘与安装处地面的垂直距离宜为1.6m，当需要在较远的距离被识别时，标志设施的下边缘与安装处的地面的垂直距离不应小于2.0m。

检验数量：施工单位、监理单位全部检验。

检验方法：尺量。

9.6.4 墙体附着式导向标志设施预埋连接构件抗拔强度应符合设计文件要求。
　　检验数量：施工单位同类连接方式做一组抗拔力试验；监理单位见证检验。
　　检验方法：抗拔力试验。

9.6.5 普通螺栓作为悬挂式、悬挑式导向标志钢结构永久性连接螺栓时，螺栓最小拉力载荷应符合设计要求和现行国家标准《紧固件机械性能螺螺栓、螺钉和螺柱》（CB/T 3098.1）的有关规定。
　　检验数量：施工单位每一规格螺栓抽查8个；监理单位按照总数的10%进行见证检验。
　　检验方法：按照现行行业标准《钢结构工程施工质量验收规范》（CB 50205）的有关规定进行检验。

9.6.6 柱式、台式、框架式基础施工原材料的规格和质量应符合设计文件要求，其检验应符合现行行业标准《铁路混凝土工程施工质量验收标准》（TB 10424）的有关规定。

9.6.7 导向标志设置位置应符合设计文件要求。
　　检验数量：施工单位、监理单位全部检验。
　　检验方法：尺量。

9.6.8 地面导向标志采用材料的耐磨、耐候、防污和防滑性能应符合设计文件要求，其性能检验应符合现行国家标准《道路交通标线质量要求和检测方法》（GB/T 16311）的有关规定。
　　检验数量：施工单位、监理单位全部检验。
　　检验方法：检查质量证明文件。

9.6.9 导向标志固定方法应符合设计文件要求，安装应牢固可靠。
　　检验数量：施工单位、监理单位全部检验。
　　检验方法：观察。

条文说明

　　导向标志有墙体附着方式、悬挂式、悬挑式、摆放式、柱式、台式、框架式、地面式等设置方式，其安装处于结构主体的不同时期，要制定安装方案，并纳入总体施工组织中。

一 般 项 目

9.6.10 导向标志钢结构加工及构件零部件组装的顶紧接触面紧贴不少于75%，且边缘最大间隙不应大于0.8mm。

　　检验数量：施工单位按顶紧接触面的数量抽查10%，且不少于10个。

　　检验方法：构件组装时用0.3mm和0.8mm厚的塞尺检查。

9.6.11 导向标志表面应平整、清洁。

　　检查数量：施工单位全部检验。

　　检验方法：观察。

10 车辆基地

10.1 一般规定

10.1.1 房屋建筑工程验收标准应符合本标准第9章的有关规定。

10.1.2 道路路面底基层工程的施工应在车辆基地路基施工完成并验收合格后进行，并应具备工程施工设计图纸、设计要求及需达到的标准等技术资料和相应的试验检验手段。

10.1.3 道路路面底基层、面层施工前应进行工艺性试验，确定合适的工艺参数。

10.1.4 所用的管节、半成品、构（配）件等在运输、保管和施工过程中，应有防止其损坏、锈蚀和变质的有效措施。

10.1.5 当设备安装工序中有恒温、恒湿、防震、防尘或防辐射等要求时，应在安装地点采取相应的措施后，方可进行相应工序的施工。

10.1.6 设备基础的位置、几何尺寸和质量，应符合设备用户需求书、施工图设计文件有关规定，并应有验收资料或记录。设备安装前应按本标准的允许偏差对设备基础位置和几何尺寸进行复检。

10.1.7 设备基础表面和地脚螺栓预留孔中的油污、碎石、泥土、积水等均应清除干净；预埋地脚螺栓的螺纹和螺母应保护完好；放置垫铁部位的基础表面应凿平。

10.2 场内道路

Ⅰ 路 基

主 控 项 目

10.2.1 路基填料的种类和质量应符合设计文件要求。

检验数量：施工单位和监理单位每 $1 \times 10^4 m^3$ 或土性明显变化时检验1次填料的出场试验报告。

检验方法：检查填料出场试验报告，并在每层填筑过程中检查最大粒径和级配有无明显变化。

10.2.2 场内路基填筑压实质量及检验方法应符合表10.2.2的规定。

表10.2.2 路基压实质量及检验方法

序号	项 目				压实系数	检 验 方 法
1	路床以下深度（cm）	填方	0~80	主干路	≥95	按现行行业标准《铁路工程土工试验规程》（TB 10102）规定的方法进行检验
				次干路	≥93	
				支路	≥93	
2			80~150	主干路	≥93	
				次干路	≥93	
				支路	≥90	
3			>150	主干路	≥90	
				次干路	≥90	
				支路	≥90	
4		挖方	0~30	主干路	≥95	
				次干路	≥93	
				支路	≥90	

检验数量：施工单位每压实层1000m²抽样检验3点，其中距路基两侧边线1m处左、右各1点，路基中部1点；监理单位按施工单位检验数量的20%见证检验。

一 般 项 目

10.2.3 路基填筑允许偏差、检验数量及检验方法应符合表10.2.3的规定。

表10.2.3 路基填筑允许偏差表、检验数量及检验方法

序号	项 目	规定值或允许偏差（mm）	施工单位检验数量		检 验 方 法
			范围（m）	点数	
1	中线位移	30	200	4	经纬仪测量
2	宽度	不小于设计值	40	1	尺量

Ⅱ 碎 石 基 层

主 控 项 目

10.2.4 碎石基层填料种类应符合设计文件要求，主干路压实系数不应小于97%，次干路、支路压实系数不应小于95%。

检验数量：施工单位每压实层1000m²抽样检验3点；监理单位按施工单位抽检次数的20%见证检验。

检验方法：按现行行业标准《铁路工程土工试验规程》（TB 10102）的有关规定进

行检验。

10.2.5 碎石基层填筑厚度、宽度、中线及高程、平整度、横坡坡度应符合设计文件要求。

检验数量：施工单位每100m检测3点；监理单位按施工单位检验数量的20%见证检验。

检验方法：尺量，仪器测量。

Ⅲ 沥青混凝土面层

主 控 项 目

10.2.6 沥青混合料质量、配合比应符合设计文件要求。

检查数量：施工单位每100m³检验一次；监理单位见证检验。

检验方法：检查质量证明文件，进行配合比试验。

10.2.7 沥青混凝土面层厚度、宽度、中线及高程、平整度、横坡坡度应符合设计文件要求。

检验数量：施工单位每100m检测3点；监理单位按施工单位检验数量的20%见证检验。

检验方法：尺量，仪器测量。

一 般 项 目

10.2.8 表面应平整、坚实，不得有脱落、掉渣、裂缝、推挤、烂边、粗细料集中、油斑等现象。

检查数量：施工单位全部检验。

检验方法：观察。

Ⅳ 路缘石、平石

主 控 项 目

10.2.9 路缘石、平石的强度和外形尺寸应符合设计文件要求。

检查数量：施工单位每批抽查1组；监理单位见证检验。

检验方法：检查质量证明文件，尺量。

10.2.10 路缘石、平石的铺设位置、范围应符合设计要求。

检查数量：施工单位每100m检查一处；监理单位见证检验。

检验方法：尺量。

10.2.11 路缘石、平石应铺设稳固，直线段应平直，曲线段应圆滑，表面洁净，路缘石的勾缝应严密，平石不应阻水；路缘石背后回填应密实。

检查数量：施工单位全部检验；监理单位全部见证检验。
检验方法：观察。

一 般 项 目

10.2.12 路缘石和平石允许偏差、检验数量及检验方法应符合表10.2.12的规定。

表10.2.12 路缘石和平石允许偏差、检验数量及检验方法

序号	项 目	允许偏差（mm）	施工单位检验数量		检 验 方 法
			范围（m）	点数	
1	直顺度	10	100	1	拉20m小线量取最大值
2	相邻块高差	3	20	1	用塞尺量取最大值
3	缝宽	±3	20	1	用钢尺量取最大值
4	顶面高程	±10	20	1	用水准仪测量
5	外露尺寸	±10	20	1	用钢尺量取最大值

10.3 洗车机

Ⅰ 基 础 施 工

主 控 项 目

10.3.1 设备基础所用混凝土强度、钢筋型号等应符合设计要求，其检验应符合现行行业标准《铁路混凝土工程施工质量验收标准》（TB 10424）的有关规定。

10.3.2 设备混凝土基础位置、外形尺寸、垂直度、预埋地脚螺栓位置、预埋活动地脚螺栓锚板应符合设计文件要求。
检验数量：施工单位、监理单位全部检验。
检验方法：尺量，仪器测量。

Ⅱ 设 备 组 装

主 控 项 目

10.3.3 洗车机的型号、规格应符合设计要求。
检验数量：施工单位、监理单位全部检验。
检验方法：检查质量证明文件。

10.3.4 洗车机的安装位置、设备配置应符合设计文件要求。
检验数量：施工单位、监理单位全部检验。
检验方法：观察，尺量。

10.3.5 洗车机的压缩空气系统应功能完好；空压机、储气罐运行稳定，无异常；压缩空气管路安装牢固，无漏气现象。

  检验数量：施工单位、监理单位全部检验。
  检验方法：观察，手扳。

10.3.6 洗车机的供水系统和水处理系统管路应连接无误，启动水处理设备，均能正常工作，污水水样抽检检测合格。

  检验数量：施工单位、监理单位全部检验。
  检验方法：观察，水样检测。

10.3.7 洗车机的电气系统安装应符合设计要求，柜内布线整齐有序合理，分布清晰；各条线线标清楚，无遗漏；电缆走线布置合理，无裸露的接线端子；电气绝缘接地符合设计文件要求。

  检验数量：施工单位、监理单位全部检验。
  检验方法：观察，仪表测量。

10.3.8 洗车机的控制操作系统功能正常，各控制指示灯显示正常，控制软件功能运行正常；视频监控图像清晰，能够全方位监测洗车过程。

  检验数量：施工单位、监理单位全部检验。
  检验方法：观察。

一 般 项 目

10.3.9 洗车机洗刷立柱的垂直度允许偏差、横梁的水平允许偏差均为1/1000。

  检验数量：施工单位全部检验。
  检验方法：观察，尺量。

Ⅲ 上、下水设备

主 控 项 目

10.3.10 设备的型号、规格和性能应符合设计要求。

  检验数量：施工单位、监理单位全部检验。
  检验方法：观察，检查质量证明文件。

10.3.11 水泵试运转的轴承温升应符合设备说明书的规定。

  检验数量：施工单位、监理单位全部检验。
  检验方法：温度计测量。

10.3.12 敞口水箱的满水试验和密闭水箱、密闭水罐的水压试验应符合设计文件要求。

检验数量：施工单位、监理单位全部检验。

检验方法：满水试验，水压试验。

一 般 项 目

10.3.13 室内给水设备安装的允许偏差应符合表10.3.13的规定。

表10.3.13 室内给水设备安装允许偏差

序号	项 目		允许偏差（mm）	检验频率		检验方法	检验数量
				范围	点数		
1	静置设备	坐标	15.0	每台设备	2	经纬仪或拉线、尺量	施工单位全部检验
					1		
		高程	±5.0		2	用水准仪、拉线或尺量	
		垂直度（每米）	5.0		2	吊线或尺量	
2	离心式水泵	立式泵体垂直高度（每米）	0.1		3	水平尺和塞尺检查	
		卧式泵体垂直高度（每米）	0.1		4	水平尺和塞尺检查	
		联轴器同心度 轴向倾斜（每米）	0.8		4	在联轴器互相垂直的四个位置上用水准仪、百分表或测微螺钉和塞尺检查	
		联轴器同心度 径向位移	0.1				

Ⅳ 设 备 配 线

主 控 项 目

10.3.14 金属的导管和线槽的材料、规格、质量应符合设计文件要求。

检验数量：施工单位、监理单位全部检验。

检验方法：观察，检查质量证明文件。

10.3.15 导管、线槽及配线，其敷设位置、埋深、敷设方式和质量，应符合设计文件要求。

检验数量：施工单位、监理单位全部检验。

检验方法：观察，尺量。

一 般 项 目

10.3.16 电缆导管的弯曲半径不应小于电缆最小允许弯曲半径，电缆最小允许弯曲半径应符合表10.3.16的规定。

表 10.3.16 电缆最小允许弯曲半径

序号	电缆种类	最小允许弯曲半径	施工单位检验数量	检验方法
1	无铅包钢铠护套的橡皮绝缘电力电缆	10D	不同导管各类、敷设方式各抽查10%，少于5处时，全部检验	卷尺、卡尺或拉线测量
2	有钢铠护套的橡皮绝缘电力电缆	20D		
3	聚乙烯绝缘电力电缆	10D		
4	绞脸聚乙烯绝缘电力电缆	15D		
5	多芯控制电缆	10D		

注：D 为电缆外径。

10.3.17 暗配的导管，埋设深度与建筑物、构筑物表面的距离不应小于15mm；明配的导管应排列整齐，固定点间距均匀，安装牢固；在终端、弯头中点或柜、台、箱、盘等边缘的距离150～500mm范围内设有管卡，中间直线段管卡间的最大距离应符合表10.3.17的规定。

表 10.3.17 管卡间最大距离

敷设方式	导管种类	导管直径（mm）				
		15～20	25～32	32～40	50～65	65以上
		管卡间最大距离				
支架或沿墙明敷	壁厚＞2mm刚性钢导管	1.5	2.0	2.5	2.5	3.5
	壁厚≤2mm刚性钢导管	1.0	1.5	2.0	—	—
	刚性钢导管	1.0	1.5	1.5	2.0	2.0

检验数量：施工单位按不同导管各类、敷设方式各抽查10%，少于5处，全部检验。

检验方法：尺量。

Ⅴ 设备功能检验

主控项目

10.3.18 设备调试应按照空负荷、负荷试验顺序进行，下列调试项目中动作模式状态切换应正常，电气控制应灵敏可靠。冲洗管道严密无渗漏，排水畅通。喷嘴布水均匀，无堵塞现象。

1 清水泵、循环水泵、洗涤泵、空气泵起动、停止试验。
2 左右刷旋转、停止试验。
3 喷嘴的射水试验。
4 端刷的起升、下降、旋转、停止试验。

5 控制台手动、自动切换试验。

检验数量：施工单位、监理单位全部检验。

检验方法：操作，调试。

10.4 悬浮架更换设备

Ⅰ 基 础 施 工

10.4.1 悬浮架更换设备的基础施工验收应符合本标准第10.3.1条和第10.3.2条的规定。

Ⅱ 设 备 安 装

主 控 项 目

10.4.2 悬浮架更换设备的规格、型号、质量应符合设计文件要求。

检验数量：施工单位、监理单位全部检验。

检验方法：观察，检查质量证明文件。

10.4.3 悬浮架更换设备的安装位置、数量应符合设计文件要求，设备安装的精度应满足设备功能需求。

检验数量：施工单位、监理单位全部检验。

检验方法：观察，尺量。

10.4.4 电气控制箱及布线连接准确，线号清晰，电气绝缘和设备接地安全可靠。

检验数量：施工单位、监理单位全部检验。

检验方法：观察，尺量。

一 般 项 目

10.4.5 悬浮架更换设备定位精度要求F轨对位高低允许偏差为1mm，横向错位允许偏差为1mm。

检验数量：施工单位全部检验。

检验方法：观察，尺量。

10.4.6 悬浮架更换设备走行机构下部的地面轨道两轨允许偏差应为5mm。

检验数量：施工单位全部检验。

检验方法：观察，尺量。

10.4.7 设备紧固件应无松动、缺失；传动系统应安装牢固，运行无异常振动及噪声。

检验数量：施工单位全部检验。

检验方法：观察，手扳。

Ⅲ 设备配线

10.4.8 设备配线验收标准应符合本标准中第 10.3.14 条～第 10.3.17 条的规定。

Ⅳ 设备功能检验

主 控 项 目

10.4.9 悬浮架更换设备应进行空负荷试验，下列调试项目应动作模式状态切换正常，电气控制灵敏可靠。
1 升降机构举升、下降动作试验。
2 走行机构横向行走试验。
3 锁闭装置功能性试验。
检验数量：施工单位、监理单位全部检验。
检验方法：空负荷调试。

10.4.10 悬浮架更换设备空负荷试验合格后，应进行负荷功能调试，负荷功能调试应安全可靠、停止和启动工作灵敏、无异常振动；设备不工作时，可承载列车平稳通过。
检验数量：施工单位、监理单位全部检验。
检验方法：调试测试，观察记录。

10.5 车底大部件拆装设备

Ⅰ 基 础 施 工

10.5.1 车底大部件拆装设备基础施工验收应符合本标准第 10.3.1 条和第 10.3.2 条的规定。

Ⅱ 设 备 安 装

主 控 项 目

10.5.2 车底大部件拆装设备的规格、型号、质量应符合设计文件要求。
检验数量：施工单位、监理单位全部检验。
检验方法：观察，检查质量证明文件。

10.5.3 车底大部件拆装设备的安装位置、数量应符合设计文件要求，设备安装的精度应满足功能需求。
检验数量：施工单位、监理单位全部检验。
检验方法：观察，尺量。

一 般 项 目

10.5.4 车底大部件拆装设备定位精度要求 F 型导轨对位高低允许偏差不大于 1mm，

横向错位允许偏差不大于5mm。

  检验数量：施工单位、监理单位全部检验。
  检验方法：观察，尺量。

10.5.5 设备各装置齐全，紧固件无松动、缺失；传动系统安装牢固，运行无异常振动及噪声。

  检验数量：施工单位、监理单位全部检验。
  检验方法：观察，手扳。

Ⅲ 设 备 配 线

10.5.6 设备配线验收标准应符合本标准中第10.3.14条～第10.3.17条的规定。

Ⅳ 设备功能检验

主 控 项 目

10.5.7 车底大部件拆装设备调试，首先应进行空负荷试验，下列试验项目动作模式状态切换应正常，电气控制灵敏可靠。

 1 丝杠升降机构举升、下降动作试验。
 2 锁闭装置功能性试验。
  检验数量：施工单位、监理单位全部检验。
  检验方法：空负荷调试。

10.6 整车间隙检测系统

Ⅰ 基 础 施 工

10.6.1 整车间隙检测系统基础施工验收应符合本标准第10.3.1条和第10.3.2条的规定。

Ⅱ 设 备 安 装

主 控 项 目

10.6.2 整车间隙检测系统设备的规格、型号、质量应符合设计文件要求。
  检验数量：施工单位、监理单位全部检验。
  检验方法：观察，检查质量证明文件。

10.6.3 整车间隙检测系统设备的安装位置、数量应符合设计文件要求。
  检验数量：施工单位、监理单位全部检验。
  检验方法：尺量，观察。

一 般 项 目

10.6.4 整车间隙检测系统设备定位精度要求F轨对位高低允许偏差不大于1mm，横向错位允许偏差不大于1mm。

检验数量：施工单位、监理单位全部检验。
检验方法：尺量，观察。

10.6.5 设备各装置应齐全，紧固件无松动、缺失；传动系统应安装牢固，运行无异常振动及噪声。
检验数量：施工单位、监理单位全部检验。
检验方法：观察，手扳。

Ⅲ 设 备 配 线

10.6.6 设备配线验收标准应符合本标准中第10.3.14条~第10.3.17条的规定。

Ⅳ 设备功能检验

主 控 项 目

10.6.7 整车间隙检测系统设备应进行下列调试：

1 用专用校验工装模拟列车不大于3km/h通过本系统，系统测量悬浮间隙精度功能应符合设计要求。

2 在基准轨指定位置落车，用提供的数显楔尺测量落车电机间隙和电磁铁间隙后，系统应自动判定落车间隙标准。

检验数量：施工单位、监理单位全部检验。
检验方法：列车通过试验，模拟试验。

10.7 三层作业平台设备

Ⅰ 基 础 施 工

10.7.1 三层作业平台设备基础施工验收应符合本标准第10.3.1条和第10.3.2条的规定。

Ⅱ 设 备 安 装

主 控 项 目

10.7.2 三层作业平台设备的规格、型号、质量应符合设计文件要求。
检验数量：施工单位、监理单位全部检验。
检验方法：观察，检查质量证明文件。

10.7.3 三层作业平台设备的安装位置、数量应符合施工图及设备技术文件的要求，设备安装的精度应满足全部功能需求。
检验数量：施工单位、监理单位全部检验。
检验方法：观察，尺量。

10.7.4 三层作业平台设备的一层、二层和三层平台高程的尺寸应符合设计文件要求，其允许偏差为 –5 ~ +10mm。

　　检验数量：施工单位、监理单位全部检验。

　　检验方法：观察，尺量。

10.7.5 平台钢结构的接地电阻≤4Ω。

　　检验数量：施工单位、监理单位全部检验。

　　检验方法：仪器测量。

一 般 项 目

10.7.6 平台涂漆质量完好，漆面不应有气孔、裂纹、流挂和局部脱落等缺陷。

　　检验数量：施工单位全部检验。

　　检验方法：观察。

10.7.7 标识、安全操作铭牌、警示灯应清晰无破损。

　　检验数量：施工单位。

　　检验方法：观察。

Ⅲ 设 备 配 线

10.7.8 设备配线验收标准应符合本标准中第 10.3.14 条 ~ 第 10.3.17 条的规定。

10.8 蓄电池间设备

Ⅰ 基 础 施 工

10.8.1 蓄电池间相关设备的基础施工验收应符合本标准第 10.3.1 条和第 10.3.2 条的规定。

Ⅱ 设 备 安 装

主 控 项 目

10.8.2 酸性蓄电池间充电间的墙壁、门窗、顶部、金属管道及构架材料，其品种、规格、质量应符合设计文件要求。

　　检验数量：施工单位、监理单位全部检验。

　　检验方法：观察，检查质量证明文件。

10.8.3 酸性蓄电池间充电间地面坡度、排水设施位置，应符合设计文件要求。

　　检验数量：施工单位、监理单位全部检验。

　　检验方法：观察，尺量。

10.8.4 酸性、碱性蓄电池间，通风装置设置位置应符合设计文件要求。

　　检验数量：施工单位、监理单位全部检验。

检验方法：观察，尺量。

10.8.5 防爆型悬挂式起重机的安装及验收应按照现行国家标准《起重设备安装工程施工及验收规范》（GB 50278）执行。

10.8.6 蓄电池充放电机应集中安装在充电电源室，其安装数量、具体位置和间距应符合设计文件要求，配套的盘柜、二次回路接线安装应符合现行国家标准《电气装置安装工程盘、柜及二次回路接线施工及验收规范》（GB 50171）的有关规定。

10.9 起重机设备

10.9.1 车辆基地内各种起重机设备的施工质量验收标准应按照现行国家标准《起重设备安装工程施工及验收规范》（GB 50278）执行。

10.10 附属设施

I 栅 栏

主 控 项 目

10.10.1 栅栏所用原材料的规格、质量应符合设计文件要求，其检验应符合现行行业标准《铁路混凝土工程施工质量验收标准》（TB 10424）的有关规定。

10.10.2 栅栏基础位置、尺寸应符合设计文件要求。
　　检验数量：施工单位、监理单位全部检验。
　　检验方法：观察，尺量。

10.10.3 栅栏安装应牢固、稳定，花式图案应符合设计文件要求。
　　检验数量：施工单位、监理单位全部检验。
　　检验方法：观察，手摇。

10.10.4 栅栏警示标志位置、内容、方向应符合设计文件要求。
　　检验数量：施工单位、监理单位全部检验。
　　检验方法：观察，尺量。

一 般 项 目

10.10.5 栅栏安装位置和结构尺寸的允许偏差、检验数量和检验方法应符合表10.10.5的规定。

表10.10.5 栅栏安装位置和结构尺寸的允许偏差、检验数量和检验方法

序号	项目	允许偏差（mm）	施工单位检验数量	检验方法
1	轴线位置	10	每20m测1处	尺量
2	顶面高程	+10	每20m测1处	水准测量
3	立柱间距	±5	每20m测1处	尺量
4	立柱尺寸	±5	每20m测1处	尺量

Ⅱ 围 墙

主 控 项 目

10.10.6 墙身材料规格、质量应符合设计文件要求。

检验数量：施工单位、监理单位全部检验。

检验方法：观察，检查质量证明文件。

10.10.7 围墙砌筑位置应符合设计文件要求。

检验数量：施工、监理单位全部检验。

检验方法：尺量，对照设计文件进行检验。

10.10.8 围墙基底应平整密实，基础宽度及深度应符合设计文件要求。

检验数量：施工单位每20m测1处；监理单位见证检测。

检验方法：尺量。

10.10.9 围墙砌筑砂浆的强度等级应符合设计文件要求。

检验数量：每100m³砌体制作试件1组，不足100m³取一组；监理单位按施工单位检验数量的20%见证检验。

检验方法：抗压强度试验。

11 给水排水

11.1 一般规定

11.1.1 管沟开挖至设计高程后应对基底进行保护，并与勘测设计资料核对地质情况，验槽合格后应及时铺管施工。管沟人工开挖后无法及时铺管或采用机械开挖时，沟底应预留0.2m厚的原状土层，铺管前由人工清理至设计高程。

11.1.2 基坑开挖至设计高程后应对基底进行保护，并与设计文件提供的地质资料核对，经验槽合格后，方可进行垫层施工。

11.1.3 若构筑物基底在地下水位以下，开挖时应采取降水措施，地下水位应降至基底0.5m以下，雨期施工时应在基坑周围设置排水通道。构筑物底板位于地下水位以下时，施工前应验算施工阶段的抗浮性，当不能满足要求时，应采取抗浮措施。

11.1.4 构筑物池壁宜一次浇筑完毕，不宜留施工缝。中途需立模时，间歇时间不应超过2.5h，超过时应按施工缝处理。

11.1.5 冬期进行水压及闭水试验时，环境温度不应低于5℃，当环境温度低于5℃时，应采取防冻措施，试验完毕应及时排除管内积水。

11.1.6 设备安装前应核查设备基础、地基处理、桩基础等隐蔽工程检查结果，并核对基础坐标、高程、几何尺寸和地脚螺栓孔的位置，土建施工方和设备安装方应进行交接。

11.1.7 给水排水工程完工后，建设单位应对给水处理系统、污水处理系统进行调试，调试运行工况应符合设计文件要求，系统调试结束后应及时转入试运行。未经系统调试验收合格的单位工程不得投入使用。

11.1.8 仪表和自动控制系统应协同设备系统、通信系统进行调试，调试运行工况应符合设计文件要求。

11.1.9 给水排水工程施工质量验收除应符合本标准外，尚应符合现行行业标准《铁路给水排水工程施工质量验收标准》（TB 10422）的有关规定。

11.2 给水排水管道

主 控 项 目

11.2.1 管道及管件的品种、规格、性能和质量应符合设计文件要求和国家产品质量标准的规定。

检验数量：施工单位、监理单位全部检验。

检验方法：观察，尺量，检查质量证明文件。

11.2.2 管道及管件不应有裂纹、凹凸不平、斑疤、腐蚀、保护层脱落、破损、气孔、重皮等缺陷。

检验数量：施工单位全部检验，监理单位按施工单位检验数量的10%平行检验。

检验方法：观察。

11.2.3 沟槽开挖深度、范围及支护方式应符合设计文件要求。

检验数量：施工单位、监理单位全部检验。

检验方法：观察。

11.2.4 地基处理压实度、厚度应符合设计文件要求。

检验数量：施工单位每200m或转角点检查1处；监理单位见证检验。

检验方法：观察，测量。

11.2.5 管道基础材料的类型、质量及配合比应符合设计文件要求。

检验数量：施工单位、监理单位每批检查1次。

检验方法：观察，检查检验报告。

11.2.6 沟槽回填材料及压实度应符合设计文件要求。

检验数量：施工单位每200m检测2处；监理单位见证检验。

检验方法：观察，取样检测，压实度应符合现行行业标准《铁路工程土工试验规程》（TB 10102）的规定。

11.2.7 管道保温层材料品种、性能、质量，保温部位、结构形式应符合设计文件要求。

检验数量：施工单位全部检查，监理单位见证检验。

检验方法：观察，尺量。

11.2.8 压力管道应进行水压试验，无压管道应进行闭水试验，并符合现行国家标准《给水排水管道工程施工及验收规范》（GB 50268）的有关规定。

检验数量：施工单位、监理单位全部检验。

检验方法：观察，水压试验。

11.2.9 给水管道应进行消毒，并采用氯离子浓度不应小于20mg/L的清洁水浸泡24h以上，再用清洁水冲洗至水质合格。

检验数量：施工单位、监理单位全部检验。

检验方法：检查水质检验报告。

一 般 项 目

11.2.10 管沟开挖允许偏差和检验方法应符合表11.2.10的规定。

表11.2.10 管沟开挖允许偏差和检验方法

序号	项 目		允许偏差（mm）	检 验 方 法
1	沟底高程	土方	±20	用水准仪测量
2		石方	+20 −200	
3	沟底中线每侧宽度		不应小于设计规定值	挂中线用钢尺测量
4	管沟边坡坡率		不应小于设计规定值	用坡度尺测量

检验数量：施工单位每200m检查2处，监理单位见证检验20%。

11.3 构筑物

主 控 项 目

11.3.1 构筑物模板及支架安装和拆除应符合现行行业标准《铁路混凝土工程施工质量验收标准》（TB 10424）的有关规定。

11.3.2 钢筋原材料、加工、连接和安装应符合现行行业标准《铁路混凝土工程施工质量验收标准》（TB 10424）的有关规定。

11.3.3 混凝土原材料、配合比设计和施工应符合设计文件要求和现行行业标准《铁路混凝土工程施工质量验收标准》（TB 10424）的有关规定。

11.3.4 构筑物变形缝止水带、柔性密封材料及接头等产品的质量、规格应符合设计文件要求。变形缝设置位置、构造应符合设计文件要求。

11.3.5 构筑物位置应符合设计文件要求。

检验数量：施工单位全部检验，监理单位见证检验20%。

检验方法：仪器测量。

11.3.6 基坑不得超挖，地质条件应符合设计文件要求。

检验数量：施工单位全部检验，监理单位见证检验。

检验方法：水准仪检查，动力触探或平板载荷试验，按现行行业标准《铁路工程土工试验规程》（TB 10102）的有关规定执行。

11.3.7 基坑回填压实度应符合设计文件要求。

检验数量：施工单位全部检验，监理单位见证检验。

检验方法：按照现行行业标准《铁路工程土工试验规程》（TB 10102）密实度试验方法检查。

11.3.8 水泥砂浆防水层的基层表面应清洁、平整、坚实、粗糙及充分湿润，平面坡度均匀，不得有积水。

检验数量：施工单位、监理单位全部检验。

检验方法：观察。

11.3.9 构筑物满水试验和气密性试验应符合现行行业标准《铁路给水排水工程施工质量验收标准》（TB 10422）的有关规定。

检验数量：施工单位全部检验，监理单位见证检验。

检验方法：试验，观测。

一 般 项 目

11.3.10 构筑物基础尺寸的允许偏差和检验方法应符合表11.3.10的规定。

表11.3.10 基础尺寸允许偏差和检验方法

序号	项 目	允许偏差（mm）	检 验 方 法
1	基础杯口壁厚度	+10 / -3	尺量
2	基础杯口内径	杯口内径的1%且不应大于20	
3	基础杯口内外表面的局部凹凸不平（沿半径方向）	20	弧形靠尺、尺量
4	基础底板直径和厚度	±20	尺量、水准仪检查
5	轴线位置	15	尺量每边不少于2处
6	表面平整度	10	2m靠尺、塞尺检查
7	高程	±10	水准仪检查

检验数量：施工单位全部检查，每项不应少于5个点；监理单位见证检验。

11.3.11 构筑物变形缝施工允许偏差和检验方法应符合表11.3.11的规定。

表 11.3.11 构筑物变形缝施工允许偏差和检验方法

序号	项　　目		允许偏差（mm）	检 查 方 法
1	结构端面平整度		8	2m 直尺配合塞尺检查
2	结构端面垂直度		$2H/1000$，且不大于 8	线锤，尺量
3	变形缝宽度		±3	尺量
4	止水带长度		不小于设计要求	尺量
5	止水带位置	结构端面	±5	尺量
6		止水带中心	±5	
7	相邻错缝		±5	尺量

注：H 为结构全高（mm）。

检查数量：施工单位全部检查，监理单位见证检验 20%。

11.3.12 防水卷材粘贴前应将基底表面清理干净，并用水泥砂浆找平，找平层厚度和检验方法应符合表 11.3.12 的规定。

表 11.3.12 找平层厚度和检验方法

类　　别	基层种类	厚度（mm）	检 验 方 法
水泥砂浆找平层	整体混凝土	15~20	观察，尺量
	整体或板状材料保温层	20~25	
	装配混凝土板松散材料保温层	20~30	

检查数量：施工单位全部检查，不应少于 5 个点；监理单位见证检验。

11.4 水泵及附属设备

主控项目

11.4.1 水泵及其他设备的规格、型号、技术参数应符合设计文件要求。
检验数量：施工单位、监理单位全部检验。
检验方法：观察，检查质量证明文件。

11.4.2 水表、流量计、液位计、水锤消除器、多功能水泵控制阀、阀门、伸缩器和消火栓等仪表和配件，其外观、型号、规格、性能及公称压力应符合设计文件要求和国家产品质量标准的规定。
检验数量：施工单位、监理单位全部检验。
检验方法：观察，检查质量证明文件。

11.4.3 水表、流量计、液位计、水锤消除器、多功能水泵控制阀、阀门、伸缩器和消火栓等安装位置应符合设计文件要求。
检验数量：施工单位、监理单位全部检验。

检验方法：观察，检查质量证明文件。

11.4.4 设备及配套装置的安装位置、高程、方向应符合设计文件要求。
检验数量：施工单位、监理单位全部检查。
检验方法：观察，仪器测量。

11.4.5 水消毒处理设备安装应安全、可靠，管接头严密、操作灵活。消毒剂泄漏检测仪表、报警装置安装位置符合设计文件要求，检测仪表动作应灵敏。
检验数量：施工单位、监理单位全部检查。
检验方法：观察，尺量，测试。

一 般 项 目

11.4.6 设备基础、地脚螺栓安装允许偏差和检验方法应符合表11.4.6的规定。

表11.4.6 设备基础、地脚螺栓安装允许偏差和检验方法

序号	项 目		允许偏差（mm）	检 验 方 法
1	基础坐标		8	仪器测量、拉线和尺量
2	基础高程		0 −20	水准仪、拉线和尺量
3	基础平面外形尺寸		±10	尺量
4	预留地脚螺栓孔	中心位置	8	
5		深度	+20	
6		孔壁垂直度	10	吊线和尺量
7	预留地脚螺栓	外露长度	+20	拉线和尺量
8		中心距（根部）	±2	

检验数量：施工单位全部检查。

11.5 系统功能检验

主 控 项 目

11.5.1 给水处理系统调试后的测试参数和数据应符合设计文件要求。
检验数量：施工单位、监理单位全部检查。
检验方法：运行调试，检查各项测试记录。

11.5.2 污水处理系统调试后的测试参数和数据应符合设计文件要求。
检验数量：施工单位、监理单位全部检查。
检验方法：运行调试，检查各项测试记录。

11.5.3 附属设施调试应运行正常，技术参数应符合设计文件要求。

检验数量：施工单位全部检查，监理单位见证检验。
检验方法：运行调试，检查各项测试记录。

11.5.4 水处理设备在设计负荷下的试运行时间和各项指标应符合设计文件要求。
检验数量：施工单位、监理单位全部检查。
检验方法：运行调试，检查各项测试记录。

11.5.5 综合控制系统硬件、软件运行调试应符合设计和产品技术要求，并应操作控制准确，状态稳定。
检验数量：施工单位、监理单位逐项检查。
检验方法：联网测试调整，检查各项测试记录。

12 供电

12.1 一般规定

12.1.1 变电所受电启动方案及送电开通程序应经建设单位批准后，方可施工；受电前应对二次回路配线、数据传输电缆进行详细检查和相关绝缘测试并确认合格后，方可送电。

12.1.2 接触轨送电应分段进行，并在供电臂末端进行验电确认。

12.1.3 高压电气设备及其配电装置的验收除应符合本标准外，尚应符合现行国家标准《电气装置安装工程电气设备交接验收标准》（GB 50150）的有关规定。

12.2 变电所

主 控 项 目

12.2.1 变电所内电气直流开关柜、整流柜、接触轨隔离开关柜、制动能量吸收装置及附属设备，其规格、型号、质量应符合设计文件要求和产品技术标准规定，外观应完好。

　　检验数量：施工单位、监理单位全部检验。
　　检验方法：观察，检查质量证明文件。

12.2.2 变电所内电气设备间距离、带电体间距离和对地间距离应符合设计文件要求和相关标准的规定。

　　检验数量：施工单位、监理单位全部检验。
　　检验方法：观察，尺量。

12.2.3 变电所内直流开关柜、整流柜、接触轨隔离开关柜、制动能量吸收装置及附属设备等直流牵引设备，对地绝缘电阻应符合设计文件要求。

　　检验数量：施工单位、监理单位全部检验。
　　检验方法：兆欧表测量。

12.2.4 电力变压器安装位置应符合设计文件要求。
　　检验数量：施工单位、监理单位全部检验。
　　检验方法：观察，尺量。

12.2.5 油变压器整体密封应良好，变压器本体、附件、阀门及所有法兰连接处应无渗油现象，气体继电器安装位置应符合现行国家标准《电气装置安装工程　电力变压器、油浸电抗器、互感器施工及验收规范》（GB 50148）的规定。
　　检验数量：施工单位、监理单位全部检验。
　　检验方法：观察。

12.2.6 干式变压器风扇安装应牢固可靠、转动灵活，转向应与标识方向一致，运转时应无振动和过热现象。
　　检验数量：施工单位、监理单位全部检验。
　　检验方法：观察，操作。

12.2.7 直流开关柜内开关灭弧室上部的喷弧距离，应符合产品技术文件的规定。
　　检验数量：施工单位、监理单位全部检验。
　　检验方法：观察，尺量。

12.2.8 直流开关柜内开关主触头的压力、开距及部件间隙的调整，应符合产品技术文件的规定。
　　检验数量：施工单位、监理单位全部。
　　检验方法：观察，尺量。

12.2.9 变电所内高压开关柜、低压开关柜和直流开关柜等开关设备内各种闭锁装置动作应准确可靠。
　　检验数量：施工单位、监理单位全部检验。
　　检验方法：电气试验检查。

12.2.10 变电所内开关等机构应动作灵活、准确，主、辅助接点应接触良好，动作可靠。
　　检验数量：施工单位、监理单位全部检验。
　　检验方法：观察，操作检查。

一　般　项　目

12.2.11 二次线应排列整齐、接线正确，连接点安装牢固。
　　检验数量：施工单位、监理单位全部检验。
　　检验方法：观察。

12.3 接触轨

I 绝缘支撑装置

主 控 项 目

12.3.1 绝缘支撑装置及连接零配件规格、型号、外观、质量应符合设计文件要求和产品技术标准规定。

检验数量：施工单位、监理单位全部检验。

检验方法：观察，检查质量证明文件。

12.3.2 绝缘支撑装置的电气性能、机械性能应符合设计文件要求。

检验数量：施工单位、监理单位全部检验。

检验方法：检查质量证明文件。

12.3.3 接触轨支撑间距应符合设计文件要求。

检验数量：施工单位全部检查，监理单位按施工单位检验数量的10%平行检验。

检验方法：观察，专用测量尺测量。

12.3.4 绝缘支撑装置与预埋滑槽连接应牢固，螺栓紧固力矩应符合产品说明书要求。

检验数量：施工单位、监理单位全部检验。

检验方法：观察，专用测量尺，力矩扳手测量。

II 接触轨附件

主 控 项 目

12.3.5 接触轨及附件的规格、型号、质量应符合设计文件和产品技术标准规定。

检验数量：施工单位、监理单位全部检验。

检验方法：观察，检查产品质量证明文件。

12.3.6 端部弯头的安装位置和折弯坡度应符合设计文件要求。

检验数量：施工单位全部检验，监理单位按施工单位检验数量的10%平行检验。

检验方法：观察，尺量。

12.3.7 端部弯头在绝缘支架处应伸缩自由，预留伸缩范围符合设计文件要求。

检验数量：施工单位全部检验，监理单位按施工单位检验数量的10%平行检验。

检验方法：观察，尺量。

12.3.8 膨胀接头的安装位置应符合设计文件要求。

检验数量：施工单位全部检验，监理单位按施工单位检验数量的10%平行检验。
检验方法：观察，尺量。

12.3.9 接触轨中心锚结的安装位置应符合设计文件要求。
检验数量：施工单位全部检验，监理单位按施工单位检验数量的10%平行检验。
检验方法：观察，尺量。

12.3.10 接触轨接头的安装应符合下列规定：
1 中间接头与接触轨相连接的接触面均应清洁，并应涂抹导电油脂；中间接头与接触轨轨腹连接密贴，紧固件安装齐全，螺栓紧固力矩符合产品说明书要求。
2 接触轨接头处受流面连接应平顺。
3 中间接头端面距相邻绝缘支架的距离应符合设计文件要求。
检验数量：施工单位全部检验，监理单位按施工单位检验数量的10%平行检验。
检验方法：观察，尺量，力矩扳手测量检验。

12.3.11 锚段长度应符合设计文件要求。
检验数量：施工单位、监理单位全部检验。
检验方法：尺量。

12.3.12 车辆段内断口及检修库大断口尺寸均应符合设计文件要求。
检验数量：施工单位、监理单位全部检验。
检验方法：尺量。

一 般 项 目

12.3.13 接触轨敷设直线段应顺直，曲线段应圆顺，无硬弯。接触轨受流面中心距F轨轨顶连线平面的垂直距离的允许偏差、相邻两个支撑点受流面距F轨中心线的允许偏差应符合设计文件要求。
检验数量：施工单位全部检验。
检验方法：观察，尺量。

Ⅲ 电 连 接

主 控 项 目

12.3.14 电缆和线夹的规格、型号、电压等级、材质、质量应符合设计文件要求和产品技术标准要求，外观无破损。
检验数量：施工单位、监理单位全部检验。
检验方法：观察，检查产品质量证明文件。

12.3.15 电缆的敷设路径、连接接触轨的位置及连接方式应符合设计文件要求；在接触轨断口处应采用电缆连接，电缆连接处距端部弯头翘起端不应小于8m。

检验数量：施工单位、监理单位全部检验。

检验方法：观察，尺量。

一 般 项 目

12.3.16 电缆应布线美观，安装稳固，外观无损伤。

检验数量：施工单位全部检验。

检验方法：观察，手动检验。

12.3.17 电缆接线板的安装位置、与相邻绝缘支架的距离应符合设计文件要求。

检验数量：施工单位全部检验。

检验方法：观察，尺量。

12.4 环网电缆线路

主 控 项 目

12.4.1 电缆、电缆头、防护管槽及电缆支架，其型号、规格、质量、绝缘及防腐性能应符合设计文件要求，外观不应有损伤。

检验数量：施工单位全部检验，监理单位全部见证检验。

检验方法：观察，兆欧表测量。

12.4.2 电缆穿管敷设应符合下列规定：

1 穿入保护管中电缆数量应符合设计文件要求。

2 电缆管内径与电缆外径之比不应小于1.5倍。

3 引至设备的电缆管，其管口位置应便于设备连接及拆装；并列敷设的电缆管管口应排列整齐，露出地面的电缆管管口高度宜为100～300mm。

检验数量：施工单位全部检验；监理单位全部见证检验。

检验方法：观察，尺量。

12.4.3 桥梁上电缆敷设应符合设计文件要求，并应符合下列规定：

1 电缆槽道应平直，过渡组件应配合严密。

2 电缆槽槽口接缝应严密，槽道盖板应密封良好。

3 桥墩两端和接缝处的电缆应留有松弛度，松弛部分应有减振措施并固定良好。

4 桥梁两端的电缆应穿钢管保护，出入口及管口处应密封。

检验数量：施工单位全部检验；监理单位全部见证检验。

检验方法：观察。

12.4.4 电缆的固定应符合下列要求：

1 在下列地方应将电缆加以固定：垂直敷设或超过45°倾斜敷设的电缆在每个支

架上；桥架上每隔2m处；水平敷设的电缆，在电缆首末两端及转弯、电缆接头的两端处。

2 交流系统的单芯电缆或分相后的分相铅套电缆的固定夹具不应构成闭合磁路。

3 裸铅、裸铝套电缆的固定处，应加软衬垫保护。

4 护层有绝缘要求的电缆，在固定处应加绝缘衬垫。

检验数量：施工单位、监理单位全部见证检验。

检验方法：观察。

12.4.5 电缆头的制作安装应符合下列规定：

1 电缆终端头的安装固定方式、接地电阻及与相关设备的带电距离应符合设计文件要求。

2 电缆头接地引线应采用接地铜绞线或镀锡铜编织线，其截面面积应符合表12.4.5的规定。

表12.4.5 电缆头接地引线截面面积要求

电力电缆截面面积（mm^2）	接地线截面面积（mm^2）
150及以下	≥25
120及以下	≥16

检验数量：施工单位全部检验，监理单位全部见证检验。

检验方法：观察，测量。

条文说明

本条文电缆终端接地引线截面的标准是参考《电气装置安装工程 电缆线路施工及验收标准》（GB 50168—2018）第6.1.9条制定的。

12.5 动力与照明

主 控 项 目

12.5.1 动力及照明工程所用设备和材料的型号、规格、质量应符合设计文件要求和相关产品技术标准要求。

检验数量：施工单位全部检验，监理单位全部见证检验。

检验方法：观察，检查产品质量证明文件。

12.5.2 照明灯具及其配件应齐全，应无机械损伤、变形、油漆剥落和灯罩破裂等缺陷。

检验数量：施工单位全部检验，监理单位见证检验20%。

检验方法：观察。

12.5.3 照明灯具的安装位置应符合设计文件要求；变电所内，高压、低压配电设备及母线的正上方，不应安装照明灯具，且照明灯具不得直接安装在可燃构件上。

检验数量：施工单位、监理单位全部检验。

检验方法：观察。

12.5.4 动力及照明工程中金属附件的防腐措施应符合设计文件要求。

检验数量：施工单位全部检验，监理单位见证检验20%。

检验方法：观察，仪器检测。

12.5.5 导线之间连接、导线与端子连接采用套管焊接时，焊缝焊料应饱满，表面应光滑无凹陷、无漏焊、无裂缝等缺陷。

检验数量：施工单位全部检验，监理单位见证检验20%。

检验方法：观察。

12.5.6 导线与各气压管道间的最小距离应符合现行国家标准《建筑电气工程施工质量验收规范》（GB 50303）的有关规定。

检验数量：施工单位全部检验，监理单位见证检验20%。

检验方法：观察，测量。

12.5.7 电气及照明工程中，屏、柜及配电箱等设备线路的线对线间和线对地间电阻值应大于0.5MΩ。

检验数量：施工单位全部，监理单位全部见证检验。

检验方法：兆欧表测量检测。

12.5.8 照明配电箱安装位置应符合设计要求，并应安装牢固，面板四周边缘应紧贴墙面，垂直允许偏差不应大于3mm；箱体与建筑物、构筑物接触部分应涂防腐漆。

检验数量：施工单位全部检验，监理单位见证检验20%。

检验方法：观察，尺量。

12.5.9 单相三孔、三相四孔及三相五孔插座的上孔应与接地线连接，左孔应与零线连接，右孔应与火线连接；插座的直流、交流及电压等级的标识应符合设计文件要求；插座回路及插座箱的漏电保护装置应符合设计文件要求。

检验数量：施工单位全部检验，监理单位全部见证检验。

检验方法：观察，兆欧表测量。

12.5.10 导线走线槽固定点应符合设计文件要求，连接应无间断，槽盖应齐全；其水平和垂直允许偏差不应大于其长度的2‰，金属线槽应防腐良好，并应可靠接地或接零。

检验数量：施工单位全部检验，监理单位全部见证检验。

检验方法：观察，测量。

12.5.11 动力箱、电控箱、电控柜的安装应符合下列规定：

1 箱、柜位于行车路线的两侧时，应符合设备界限要求，箱、柜门应有锁闭装置。

2 箱、柜基础应高出地面150~250mm。

检验数量：施工单位全部检验，监理单位全部见证检验。

检验方法：对照设计文件进行检验。

12.5.12 动力箱、电控箱、电控柜的箱体的金属外壳接地方式和接地电阻值应符合设计要求。

检验数量：施工单位全部检验，监理单位全部见证检验。

检验方法：观察，兆欧表测量。

一般项目

12.5.13 导线在线槽内总截面不应大于线槽面积的60%，且应排列整齐。

检验数量：施工单位全部检验。

检验方法：观察，尺量。

12.6 防雷与接地

主控项目

12.6.1 防雷及接地设施的规格、型号、质量应符合设计文件要求。

检验数量：施工单位、监理单位全部检验。

检验方法：检查产品质量证明文件。

12.6.2 接地装置安装位置、数量及安装方式应符合设计文件要求。

检验数量：施工单位、监理单位全部检验。

检验方法：观察，尺量。

12.6.3 接地装置的接地电阻应符合设计文件要求。

检验数量：施工单位、监理单位全部检验。

检验方法：接地电阻测试仪测量。

12.6.4 接地体、接地线的焊接应采用搭接焊，其搭接长度应符合下列规定：

1 扁钢与扁钢焊接时，扁钢为其宽度的2倍，且至少3个棱边焊接。

2 扁钢与圆钢焊接时，圆钢为其直径的6倍。

3 圆钢与扁钢连接时，其长度为圆钢直径的6倍。
4 扁钢与钢管、扁钢与角钢焊接时，应将扁钢弯成弧形与钢管焊接。
    检验数量：施工单位、监理单位全部检验。
    检验方法：观察，尺量。

条文说明

本条文是参考现行国家标准《建筑电气工程施工质量验收规范》（GB 50303）接地装置安装要求制定的。

12.6.5 接地体顶面埋设深度不应小于600mm；垂直接地体的间距不宜小于其长度的2倍；水平接地体的间距应符合设计文件要求，不宜小于5000mm。
    检验数量：施工单位、监理单位全部检验。
    检验方法：观察，尺量，用接地电阻测试仪测量。

条文说明

本条文是参考现行国家标准《建筑电气工程施工质量验收规范》（GB 50303）接地装置安装要求制定的。

12.6.6 建筑物等电位接地干线的连接应符合设计文件要求。
    检查数量：施工单位、监理单位全部检验。
    检验方法：观察。

12.6.7 电线、电缆敷设应符合下列规定：
1 电线、电缆敷设的间距应符合设计文件要求。
2 电线、电缆穿越墙体及楼板的防护措施应符合设计文件要求。
3 电缆埋设标志应符合设计文件要求。
    检验数量：施工单位、监理单位全部检验。
    检验方法：观察，尺量。

一 般 项 目

12.6.8 接闪器和引下线的安装、焊接应牢固，接闪器、引下线的上下不应附有其他电气线路，引下线应平直、无急弯，与接地装置连接应可靠、无腐蚀。
    检验数量：施工单位全部检验。
    检验方法：观察。

12.6.9 配电室内明敷接地干线安装应符合下列规定：
1 接地线的安装位置应符合设计文件要求，无碍设备检修和运行巡视。

2 墙体表面接地线应水平或垂直敷设，不应有高低起伏及弯曲，不应妨碍设备的拆卸与检修。

3 接地线沿墙壁水平敷设时，距离地面高度宜为 250～300mm，与建筑物墙壁间的间隙宜为 10～15mm，支持件的间距宜为 500～1500mm，垂直敷设时支持件的间距宜为 1500～3000mm，转弯部分支持件的间距宜为 300～500mm。

4 设备检修需挂临时接地的位置，均应引入接地干线，并应设有不少于 2 个的临时接地端子，并标识接地符号。

5 接地干线表面沿长度方向，应涂以黄色和绿色相间的条纹，每段条纹宽度为 150～200mm，引向建筑物的入口处，并标识黑色接地符号，同一接地体不应出现两种不同的标识。

　　检验数量：施工单位全部检验。
　　检验方法：观察，尺量。

条文说明

　　本条文是参考现行国家标准《建筑电气工程施工质量验收规范》（GB 50303）接地装置安装要求制定的。

12.7 电力监控系统功能检验

主 控 项 目

12.7.1 电力监控系统设备的型号、系统容量、远动信息记录格式和人机界面形式应符合设计文件要求。

　　检验数量：施工单位、监理单位全部检验。
　　检验方法：检查设备质量证明文件。

12.7.2 计算机设备、人机接口设备、打印记录设备、屏幕拷贝设备、通信处理设备、模拟盘、不停电电源设备和调试终端设备等各项功能应符合设计文件要求。

　　检验数量：施工单位全部检验、监理单位见证检验。
　　检验方法：调试检验。

12.7.3 传输通道的接口形式和通道的性能应符合设计的要求。

　　检验数量：施工单位、监理单位全部检验。
　　检验方法：观察，调试检验。

12.7.4 电力监控系统的功能应符合设计文件要求，各种显示反应灵敏，数据记录应准确。

　　检验数量：施工单位、监理单位全部检验。
　　检验方法：调试检验。

13 通信

13.1 一般规定

13.1.1 通信系统的施工质量验收除应符合本标准外，尚应符合现行国家标准《城市轨道交通通信工程质量验收规范》(GB 50382)等有关技术标准的规定。

13.2 通信管线

主 控 项 目

13.2.1 支架、吊架、桥架、保护管等材料，其型号、规格和质量应符合设计文件要求。

检验数量：施工单位、监理单位全部检验。

检验方法：观察，检查质量证明文件。

条文说明

桥架是线槽和走线架的统称。

13.2.2 支架、吊架、桥架的安装应符合下列规定：

1 支架、吊架、桥架安装位置应符合设计文件要求。

2 水平敷设光、电缆时，支架、吊架间距宜为 0.8～1.5m；垂直敷设时间距宜为 1.0m。支架、吊架、桥架应固定牢固，横平竖直，整齐美观。

3 通信支架、吊架、桥架安装坡度和弧度，应与建筑物构架的坡度和弧度相同。桥架拐弯处的弯曲半径不应小于桥架内光、电缆最小允许弯曲半径。

4 桥架弯通弯曲半径不大于 300mm 时，应在弯曲区段与直线段接合处 300～600mm 的直线段设置一个支架、吊架；当弯曲半径大于 300mm 时，应在弯通中部增设一个支架、吊架。

5 桥架之间应按设计文件要求进行电气连接，电气连接的金属桥架及其支吊架不应少于 2 处接地。

6 金属桥架直线长度超过 30m 及经过建筑沉降缝、伸缩缝或抗震缝时应预留变形间距，并有跨接地线做电气连通。

7 通信支架、吊架、桥架、保护管等切口，应光滑、无锐边，内外壁应光洁、无毛刺。

检验数量：施工单位、监理单位全部检验。

检验方法：观察，测量。

13.2.3 保护管安装的弯曲半径、变形间距、电气连接方式应符合设计文件要求，并应符合下列规定：

1 镀锌钢导管、可挠性导管不得熔焊跨接接地线，以专用接地卡跨接的两卡间接线为铜芯软导线，截面面积不小于4mm^2。

2 预埋保护管埋入墙或混凝土内时，离表面的净距离不应小于15mm。

检验数量：施工单位全部检验；监理单位平行检验10%。

检验方法：观察，尺量。

13.2.4 通信管道安装应符合下列要求：

1 通信管道基础所用材料的型号、规格和质量，管道孔数，人手孔设置，应符合设计文件要求。

2 通信管道埋深应符合设计文件要求；当埋深达不到设计文件要求时，其包封和防护、管道倾斜度、管道弯度、段长，以及防水、防蚀、防强电干扰措施，应符合设计文件要求。

3 通信管道应进行试通，对不能通过标准拉棒，但能通过比标准拉棒直径小1mm的拉棒的孔段占试通孔段总数的比例不应大于10%。

检验数量：施工单位、监理单位全部检查，2孔及以下试通全部管孔，3孔至6孔抽试2孔，6孔以上每增加5孔多抽试1孔。

检验方法：对照设计文件检查出厂合格证及其他质量证明文件，并观察外观及形状，使用比管孔标称直径小5mm、长900mm的拉棒试通。

13.2.5 管路内的光、电缆，其总截面面积不宜超过管路内截面面积的40%，管路内不得设置接头。桥架内光、电缆总截面面积利用率不宜大于50%。

检验数量：施工单位全部检验；监理单位平行检验10%。

检验方法：观察，尺量。

条文说明

本条依据《城市轨道交通通信工程质量验收规范》（GB 50382—2016）第4.6.11条的规定提出桥架、保护管截面面积利用率，是保证施工质量及后期维护的需要。

一 般 项 目

13.2.6 通信支架、吊架安装位置左右允许偏差不应大于50mm，垂直允许偏差不应超过全长的1/1000，在同一直线段上的支架、吊架应间距均匀，同层托板应在同一水平面上。

检验数量：施工单位全部检验。

检验方法：尺量，观察。

13.3 通信线路

主 控 项 目

13.3.1 光、电缆的型号，规格和质量应符合设计文件要求。

检验数量：施工单位、监理单位全部检验。

检验方法：观察，检查质量证明文件。

13.3.2 漏缆的下列单盘电气特性应符合设计文件要求：

1 单盘漏缆的内外导体直流电阻、绝缘介电强度、绝缘电阻等直流电气特性。

2 单盘漏缆的特性阻抗、电压驻波比、标称耦合损耗、传输衰减等交流电气特性。

检验数量：施工单位、监理单位全部检验。

检验方法：直流电气特性测试检验、交流电气特性测试检验或检查出厂检验报告。

条文说明

漏缆单盘检测，内、外导体直流电阻、绝缘介电强度、绝缘电阻等直流电气特性用电桥、耐压测试仪、绝缘电阻测试仪等，现场有条件测试，而特性阻抗、电压驻波比、标称耦合损耗、传输衰减等交流电气特性均需要搭建一定的测试平台，一般现场不具备测试条件，故采用厂验、现场检查出厂测试记录的方式。

13.3.3 光、电缆在支架上敷设位置应符合设计要求，并应固定牢靠。

检验数量：施工单位全部检验，监理单位平行检验10%。

检验方法：观察，尺量，手动检查。

13.3.4 在人手孔内，光、电缆不应相互交越，不应阻碍剩余管孔的使用。

检验数量：施工单位全部检验、监理单位平行检验10%。

检验方法：观察。

13.3.5 光、电缆敷设弯曲半径及预留长度应符合设计文件要求。

检验数量：施工单位、监理单位全部检验。

检验方法：尺量。

13.3.6 光缆接续应符合下列要求：

1 光纤接续时应按光纤色谱、排列顺序，对应接续；光纤接续部位应进行热缩加强管保护，加强管收缩应均匀、无气泡；光纤收容时的弯曲半径不应小于40mm。

2 光缆的金属外护套和加强芯应紧固在接头盒内；同一侧的金属外护套与金属加强芯应电气连通；两侧的金属外护套、金属加强芯应电气绝缘断开，处于悬浮状态。

3 在ODF进行光纤终端接续时，光纤应绑扎松紧适度，排放整齐。

4 光、电缆接头盒，不应设置在门、洞、通道顶部。

检验数量：施工单位全部检验、监理单位平行检验10%。

检验方法：观察，尺量。

条文说明

本条是对采用接头盒方式的光缆接续的规定，基于城市轨道交通站与站之间的距离较短，为控制质量和维护方便，一般区间内不设置光缆接头点，只在长、大区间内会有光缆接头。

13.3.7 电缆接续应符合下列要求：

1 电缆芯线接续应线位准确、连接牢固、扭绞均匀，两侧芯线线序应对应，无错线、断线，绝缘应良好。

2 电缆接头两侧的金属护层及屏蔽钢带应有效连通。

3 人手孔内的电缆接头应固定在托板架上，相邻接头放置应错开。

4 电缆盒应安装牢固，密封良好。

检验数量：施工单位全部检验、监理单位见证检验20%。

检验方法：观察，万用表检查。

13.3.8 光、电缆引入应符合下列要求：

1 电缆引入成端时，应开剥整齐，绑扎美观，芯线卡接牢固，序号正确。

2 光、电缆引入室内和人手孔后应挂牌标识，标明光电缆的型号、规格、进出方向等，标识应齐全、清晰、耐久可靠。

3 光缆引入室内或引入井时，室内、室外金属护套及金属加强芯应断开，并相互绝缘。

检验数量：施工单位、监理单位全部检验。

检验方法：观察，兆欧表测试绝缘电阻。

条文说明

光缆引入时，其室内、室外金属护层及金属加强芯应断开，彼此绝缘并分别接地，这是为了防止金属护套及金属加强芯上的牵引电气化感应电流进入通信机房，影响设备及人身安全。根据城市轨道交通的现场情况，金属护层及金属加强芯在室外宜通过爬架的接地扁铁接入室外接地体。

13.3.9 光缆线路检测应符合下列要求：
1 一个光缆中继段内每根单模光纤1310nm、1550nm波长，双向续接损耗平均值不应大于0.08dB；多模光纤850nm波长，双向续接损耗平均值不应大于0.2dB。
2 光缆在收容盘留完毕并在盒体封装前，应复测接续损耗。
检验数量：施工单位、监理单位全部检验。
检验方法：用光源、光功率计、OTDR测试检验。

13.3.10 市话电缆直流特性应符合表13.3.10的要求。

表13.3.10 市话电缆直流特性标准

序号	项 目	单位	标 准	换 算 公 式
1	0.8mm线径单线环阻（20℃）	Ω/km	≤74	实测值/L
	0.6mm线径单线环阻（20℃）	Ω/km	≤132	
	0.5mm线径单线环阻（20℃）	Ω/km	≤190	
	0.4mm线径单线环阻（20℃）	Ω/km	≤296	
2	绝缘电阻	MΩ/km	≥3000（填充式电缆）；≥10000（非填充式电缆）	实测值×（$L+L'$）

注：L为音频段电缆长度（km）；L'为电缆线路各种附属设备的等效电阻折算的电缆长度（km）。

检验数量：施工单位、监理单位全部检验。
检验方法：用直流电桥、250V兆欧表测试。

13.3.11 漏泄同轴电缆敷设应符合下列要求：
1 漏泄同轴电缆支架的安装位置和固定方式应符合设计文件要求。
2 漏泄同轴电缆漏缆架挂位置、漏缆的开口方向应符合设计文件要求。
3 漏泄同轴电缆弯曲半径应大于漏缆外径的20倍。
4 漏泄同轴电缆与其他漏泄同轴电缆间距不应小于300mm，与接触网回流线和保护地线线等其他非高压带电体的距离不应小于600mm，与牵引供电设备带电部分的距离不应小于2m。
5 漏泄同轴电缆接地的设置及接地电阻应符合设计文件要求。
检验数量：施工单位、监理单位全部检验。
检验方法：观察，尺量，接地电阻测量检验。

13.3.12 漏缆固定接头应保持原漏缆结构及开槽间距不变；漏缆接头应连接可靠。
检验数量：施工单位、监理单位全部检验。
检验方法：观察，用驻波比测试仪测试。

13.3.13 漏泄同轴电缆吊挂后最大下垂幅度应为 0.15~0.2m。

检验数量：施工单位、监理单位全部检验。

检验方法：尺量。

条文说明

由于环境温度不同时漏缆下垂的幅度不同，隧道外区段漏缆吊挂后最大下垂幅度应在 0.15~0.20m 范围内，是参考《铁路通信工程施工质量验收标准》（TB 10418—2018）第 11.4.9 条制定的。

13.4 室内设备安装和配线

主 控 项 目

13.4.1 室内设备、配线和所用材料，其规格、型号、质量和性能应符合设计文件要求；并应外形完好，铭牌、标识完整清晰。

检验数量：施工单位、监理单位全部检验。

检验方法：检查质量证明文件，并观察外观。

13.4.2 机架及设备安装应符合下列要求：

1 设备机架和板卡的安装位置、安装方式、数量应符合设计文件要求。

2 设备部件安装位置应符合设计文件和产品说明书要求，并应组装稳固，整齐一致。

3 设备机架应对地加固，或固定在防震底座上；列内机架正面应平齐，相关标志应正确、清晰、齐全。

4 机架及设备地线应按施工设计的规定连接到相应的接地端，并连接良好。

检验数量：施工单位全部检验，监理单位平行检验不少于机架总数的10%。

检验方法：观察，万用表测量检验。

条文说明

金属机柜、设备的接地，通过接地线连接到机房的接地端子，此时不需要测试接地电阻的阻值，故万用表检查接通情况是现场比较通用和可行的方法。

配线电缆、光跳线的芯线中间不得有接头的目的是为了降低接头造成错线、断线、混线及绝缘不好等故障，以便于后期的维护。

13.4.3 电缆引入架、ODF、DDF、VDF、综合配线架、数据配线架等引入及配线设备安装时，架内的端子板布置应符合设计文件要求，标识正确齐全。

检验数量：施工单位、监理单位全部检验。

检验方法：观察，测量。

13.4.4 电缆引入架、DDF、VDF 安装前，应对其端子板、分线盒、避雷器等对号正确，绝缘电阻指标应符合设计文件要求；ODF 上法兰盘的安装位置应正确、牢固、方向一致；连接法兰盘和设备的位置应符合施工设计文件的要求。

  检验数量：施工单位、监理单位全部检验。
  检验方法：观察，测量。

13.4.5 配线电缆和电源线应分开布放，间距不应小于 50mm。交流配线和直流配线应分开绑扎。

  检验数量：施工单位、监理单位全部检验。
  检验方法：观察，测量。

13.4.6 配线电缆和光纤跳线的芯线应无错线、断线、混线，中间不应有接头。
  检验数量：施工单位、监理单位全部检验。
  检验方法：观察，测量。

13.5 传输系统

Ⅰ 设 备 安 装

主 控 项 目

13.5.1 传输系统设备及所用材料，其材料规格、型号、质量应符合设计文件要求。
  检验数量：施工单位、监理单位全部检验。
  检验方法：观察，检查质量证明文件。

13.5.2 传输系统设备的安装位置和安装方式应符合设计文件要求。
  检验数量：施工单位、监理单位全部检验。
  检验方法：观察，尺量。

Ⅱ 系统功能检验

主 控 项 目

13.5.3 在设计文件要求的保护倒换方式下，传输系统保护倒换时间应小于 50ms。
  检验数量：施工单位、监理单位全部检验。
  检验方法：传输综合测试仪测试检验。

13.5.4 传输系统功能应符合设计文件要求。
  检验数量：施工单位、监理单位全部检验。
  检验方法：逐项进行功能试验。

条文说明

传输系统宜具备网络自愈功能、网管功能、语音业务、图像业务、以太网业务、勤务电话等功能。

13.5.5 传输系统的同步和定时方式应符合设计要求，同步和定时源切换功能应正常。

检验数量：施工单位、监理单位全部检验。

检验方法：通过系统设备和网管进行试验检验。

Ⅲ 系统网管检验

主 控 项 目

13.5.6 传输系统网管的系统接入方式、安全可靠性、软件管理、数据管理、软件技术、用户界面、系统性能、北向接口等通用功能应符合设计文件要求。

检验数量：施工单位、监理单位全部检验。

检验方法：通过网管进行试验检验。

13.5.7 传输系统网管故障管理功能应符合设计文件要求。

检验数量：施工单位、监理单位全部检验。

检验方法：通过网管进行试验检验。

条文说明

传输网管故障管理功能宜包含告警类型、告警严重级别、告警状态、业务告警、告警报告收集与显示、告警严重等级分配、告警屏蔽、告警相性抑制和故障定位、告警查询与统计、告警确认、告警清除、告警显示过滤、告警同步等。

13.5.8 传输系统网管的拓扑管理、数据配置管理及网元配置管理等配置管理功能应符合设计文件要求。

检验数量：施工单位、监理单位全部检验。

检验方法：通过网管进行试验检验。

13.5.9 传输系统网管的安全管理功能应符合设计文件要求。

检验数量：施工单位、监理单位全部检验。

检验方法：通过网管进行试验检验。

条文说明

传输网管安全管理功能宜包含用户等级划分、用户管理、操作日志管理、查询操作日志、备份操作日志、删除操作日志等。

13.6 公务、专用电话系统

I 设备安装

主控项目

13.6.1 公务、专用电话系统设备和材料，其规格、型号、质量应符合设计文件要求。
  检验数量：施工单位、监理单位全部检验。
  检验方法：观察，检查质量证明文件。

13.6.2 公务和专用电话系统设备的安装位置、安装方式和数量应符合设计文件要求。
  检验数量：施工单位、监理单位全部检验。
  检验方法：观察，尺量，计数。

II 系统功能检验

主控项目

13.6.3 BHCA 应符合设计文件要求。
  检验数量：施工单位、监理单位全部检验。
  检验方法：检查质量证明文件和延伸法测试检验。

13.6.4 公务电话系统的话音业务和非话业务功能应符合设计文件要求。
  检验数量：施工单位、监理单位全部检验。
  检验方法：试验检验。

13.6.5 公务电话系统的本局呼叫接续故障率不应大于 4×10^{-4}；专用电话系统设备本局呼叫接续故障率不应大于 1×10^{-4}；公务电话系统与专用电话系统合设时，本局呼叫接续故障率不应大于 1×10^{-4}。
  检验数量：施工单位、监理单位全部检验。
  检验方法：模拟呼叫器测试检验。

13.6.6 公务电话系统应具备数据检查、操作维护网络测试、业务功能测试、信令系统测试、112 测试、告警功能测试、计费系统功能测试、设备倒换及再启动测试、中继业务测试等功能。
  检验数量：施工单位、监理单位全部检验。
  检验方法：试验检验。

13.6.7 调度电话系统功能性能应符合下列规定：

  1 应能通过调度台进行选呼、组呼、全呼、强拆、强插、会议等方式呼叫车站、车辆段值班台和调度分机，且在任何情况下不应发生阻塞现象。
  2 呼叫优先级、呼叫等待、呼叫限制和呼叫显示等功能应符合设计文件要求。
  3 调度台间以及调度台与调度分机间的通话应清晰正常。
  4 调度分机能对调度台进行一般呼叫和紧急呼叫。
  5 对调度分机的一般呼叫和紧急呼叫的控制方式、振铃和显示方式应符合设计文件要求。

  检验数量：施工单位、监理单位全部检验。
  检验方法：试验检验。

13.6.8 紧急电话在用户摘机或拨特殊按钮应能迅速连接至车控室值班台，车站值班台上的紧急呼叫显示应符合设计文件要求，回铃音及通话应清晰正常。
  检验数量：施工单位、监理单位全部检验。
  检验方法：试验检验。

13.6.9 会议电话最大通话数应符合设计文件要求，会议发起后，受话应清晰、无失真和振鸣，主席台可随意增、减分机用户，且不应影响会议电话的进行，会议电话不应影响其他调度电话的通信。
  检验数量：施工单位、监理单位全部检验。
  检验方法：试验检验。

13.6.10 录音设备的功能应符合设计文件要求。
  检验数量：施工单位、监理单位全部检验。
  检验方法：试验检验。

条文说明

  录音设备宜具备通道记录、语音记录、回放、监听、显示、检索、转存、安全管理、启动方式、断电保护、时间同步等功能。

13.7 无线通信系统

Ⅰ 设 备 安 装

主 控 项 目

13.7.1 无线通信系统设备和所用材料，其规格、型号、质量应符合设计文件要求。
  检验数量：施工单位、监理单位全部检验。
  检验方法：观察，检查质量证明文件。

13.7.2 天线杆塔安装应符合下列规定：
1 天线杆塔强度和安装方式应符合设计文件要求。
2 天线杆塔底座应与建筑物避雷网用避雷引下线连通。
3 天线杆如不在建筑物防雷系统保护范围内，应安装避雷针，天线应在避雷针保护区域 $LPZ0_B$ 范围内。
检验数量：施工单位、监理单位全部检验。
检验方法：观察，测量，检查质量证明文件。

条文说明

$LPZ0_B$ 区：直接雷击的防护区域，但该区域的威胁仍是全部雷电电磁场。该区域的内部系统可能受到部分雷电浪涌电流的影响。

13.7.3 天线杆塔的高度、垂直度应满足设计文件要求。天线馈电点应朝下，护套顶端应与支架主杆顶部齐平或略高出支架主杆顶部。
检验数量：施工单位、监理单位全部检验。
检验方法：对照设计文件观察检验，天线倾角仪、经纬仪测试检验。

13.7.4 地下、地面及高架区间内无线信道的场强覆盖应连续，无线信道的边缘场强应满足设计文件要求。
检验数量：施工单位、监理单位全部检验。
检验方法：测试。

13.7.5 天线的安装高度、安装方式应符合设计文件要求。
检验数量：施工单位、监理单位全部检验。
检验方法：观察，罗盘仪、天线倾角仪测试检验。

13.7.6 馈线导入室内方式应符合设计文件要求；馈线引入机房前，在墙洞入口处应制作滴水弯；馈线引入室内应采取防火封堵措施；馈线布放及固定方式应符合设计文件要求；馈线中间不应有接头。
检验数量：施工单位、监理单位全部检验。
检验方法：观察，尺量。

13.7.7 天馈系统的电压驻波比不应大于1.5。
检验数量：施工单位、监理单位全部检验。
检验方法：驻波比测试仪测试检验。

13.7.8 馈线进入机房与设备连接前应安装馈线避雷器，接地端子应就近引接到接地线上。馈线在室外部分的外防护层应有不少于3点的外防护层接地连接，外防护层的接地位置应在天线与馈线连接处、馈线引入机房应在馈线洞外处。

检验数量：施工单位、监理单位全部检验。

检验方法：观察，万用表测试。

条文说明

馈线在室外部分的外防护层应有不少于3点的外防护层接地连接，分别为天线与馈线连接处、馈线离塔处、馈线引入机房入口处外侧。

天线连接处、离塔处工艺做法为从馈线的地线卡子引出线就近接引至铁塔避雷针接地体，应确保接地卡子与天馈线连接处防水、防渗漏良好，馈线金属外护层的接地点应避开塔角和避雷针的防雷接地体；馈线引入机房应在馈线洞外侧就近接地。

13.7.9 避雷装置安装应符合设计文件要求，基站和直放站的避雷器安装应串接于天线、馈线和室内同轴馈线之间。

检验数量：施工单位、监理单位全部检验。

检验方法：观察。

Ⅱ 系统功能检验

主 控 项 目

13.7.10 基站设备射频输出功率、发射频偏、调制矢量误差、接收灵敏度应符合设计文件要求。

检验数量：施工单位、监理单位全部检验。

检验方法：用无线综合测试仪测试检验，接收灵敏度可检查出厂检验报告。

13.7.11 直放站设备射频输出功率、输入输出光功率、光接收动态范围、增益应符合设计文件要求。

检验数量：施工单位、监理单位全部检验。

检验方法：用功率计测试检验。

13.7.12 固定台、手持台、车载台的射频输出功率、发射频偏指标应符合技术要求。

检验数量：按型号规格施工单位、监理单位各批次抽样检验1台。

检验方法：无线综合测试仪测试检验。

13.7.13 单呼和组呼的接通率、掉话率、语音质量、平均呼叫建立时延、切换失败率等通话质量模拟测试指标应符合技术要求。

检验数量：施工单位、监理单位全部检验。

检验方法：专用测试系统测试检验。

13.7.14 无线交换控制设备终端用户的数量管理、调度台数量管理、基站数量管理和冗余备份功能应符合设计文件要求。

　　检验数量：施工单位、监理单位全部检验。
　　检验方法：检查出厂检验报告和试验检验。

13.7.15 基站设备及直放站设备冗余备份、断电恢复功能应符合技术要求。

　　检验数量：施工单位、监理单位全部检验。
　　检验方法：检查出厂检验报告和试验检验。

13.7.16 无线通信系统网管的故障管理、性能管理、配置管理、用户管理和安全管理功能应符合技术要求。

　　检验数量：施工单位、监理单位全部检验。
　　检验方法：网管试验检验。

13.8 视频监视系统

Ⅰ 设 备 安 装

主 控 项 目

13.8.1 视频监视系统设备和所用材料，其规格、型号、质量应符合设计文件要求。

　　检验数量：施工单位、监理单位全部检验。
　　检验方法：观察，检查质量证明文件。

13.8.2 室外摄像机的安装应符合下列规定：

　　1 摄像支柱杆的安装高度、埋深、防雷接地、基础浇筑方式和强度应符合技术要求。

　　2 摄像机安装方式、安装位置、监视目标、防雷接地符合设计文件要求；防护罩应安装牢固，防护性能应符合设计文件要求；球机转动应正常，水平垂直转动角度应符合设计文件要求。

　　3 室外机箱的安装高度、防护功能、防雷接地应符合设计文件要求，并应安装牢固。

　　检验数量：施工单位、监理单位全部检验。
　　检验方法：观察，测量，试验检验。

Ⅱ 系统功能检验

主 控 项 目

13.8.3 摄像机的清晰度、最低照度、信噪比、灰度等级指标应符合设计文件要求。

　　检验数量：施工单位、监理单位全部检验。

检验方法：测试检验或检查出厂检验报告。

13.8.4 在摄像机标准照度下，系统的数字电视图像质量应符合下列规定：
1 采用五级损伤制主观评定，图像质量评价不应低于4分。
2 PSNR不应小于32dB。
3 图像水平清晰度不应低于400线。
4 图像画面的灰度不应低于8级。
5 经智能处理的图像质量不受本条第1款~第4款规定的限制。
检验数量：施工单位、监理单位全部检验。
检验方法：用视频信发生器、视频综合分析仪测试检验。

条文说明

本条文依据《民用闭路监视电视系统工程技术规范》（GB 50198—2011）第3.1.10条规定，该标准第5.4.4条同时绘出了数字电视图像质量的主观评价方法和要求。

1 依据《民用闭路监视电视系统工程技术规范》（GB 50198—2011）第5.4.3条给出的数字电视系统五级损伤制评分分级见表13-1。

表13-1 数字电视系统五级损伤制评分分级表

图像低质量损伤的主观评价	评分分级	图像低质量损伤的主观评价	评分分级
不觉察	5	讨厌	2
可觉察，但并不讨厌	4	非常讨厌	1
稍有讨厌	3		

2 对于不同内容和纹理的图像，在一定的压缩比下，若PSNR大于32dB，均可在不损失最低频信息的同时较好地保持图像中丰富的高频信息，数字电视的图像质量良好并为4分以上。

3 由于经智能化处理的图像需要在图像上标示监视图像的区域或物体，这样就无法用信噪比等指标来衡量。

13.9 广播系统

Ⅰ 设备安装

主控项目

13.9.1 广播系统设备和所用材料，其规格、型号和功能应符合设计文件要求。
检验数量：施工单位、监理单位全部检验。

检验方法：观察，检查质量证明文件。

13.9.2 车站广播的负载区数量、扬声器安装位置、安装方式应符合设计文件要求。

检验数量：施工单位、监理单位全部检验。

检验方法：观察。

Ⅱ 系统功能检验

主控项目

13.9.3 播音控制盒的输入输出电平、频率响应、谐波失真、信噪比应符合设计文件要求。

检验数量：施工单位、监理单位全部检验。

检验方法：检查出厂检验报告。

13.9.4 功率放大器的额定输出电压、输出功率、频率响应、谐波失真、信噪比、输出电压调整率、输入过激励抑制能力、输入灵敏度指标应符合设计文件要求。

检验数量：施工单位、监理单位全部检验。

检验方法：检查出厂检验报告。

13.9.5 扬声器和音箱的额定功率、输入电压、频率响应、灵敏度指标应符合设计文件要求。

检验数量：施工单位、监理单位全部检验。

检验方法：检查出厂检验报告。

条文说明

第13.9.3条～第13.9.5条考虑到播音控制盒、功率放大器、扬声器、音柱等，其性能测试对测量设备及建筑声学环境要求较高，现场不具备测试条件，故本规范提出性能指标现场检查出厂检验报告的方法。

13.9.6 广播系统的最大声压级、声场不均匀度应符合设计文件要求。

检验数量：施工单位、监理单位全部检验。

检验方法：用声强计测试检验。

13.9.7 广播系统的网管功能应满足设计文件要求。

检验数量：施工单位、监理单位全部检验。

检验方法：网管试验检验。

13.10 时钟系统

I 设备安装

主控项目

13.10.1 时钟系统设备及所用材料,其规格、型号、质量应符合设计文件要求。

检验数量:施工单位、监理单位全部检验。

检验方法:观察,检查质量证明文件。

13.10.2 卫星接收天线安装位置、安装方式、防雷应符合设计文件要求;系统应能稳定接收导航卫星的信号。

检验数量:施工单位、监理单位全部检验。

检验方法:观察,检查系统接收卫星数量和信号强度。

13.10.3 子钟安装应符合下列规定:

1 子钟的安装位置和安装方式应符合设计文件要求。
2 支架及子钟应安装平稳、牢固。
3 子钟与防火自动喷淋系统的喷头间距应符合设计文件要求。

检验数量:施工单位、监理单位全部检验。

检验方法:观察,手动检验。

II 系统功能检验

主控项目

13.10.4 时钟系统性能应符合下列规定:

1 卫星接收设备的接收载波频率、接收灵敏度、可同时跟踪卫星颗数、冷热启动捕获时间、定时准确度应符合设计文件要求。
2 时间显示设备显示应清晰,自走时累计误差应符合设计文件要求。
3 时钟系统的绝对跟踪准确度、相对守时准确度、NTP 方式下的时钟设备的同步周期、NTP 接口处理能力应符合设计文件要求。

检验数量:施工单位、监理单位全部检验。

检验方法:检查质量证明文件,试验检验。

条文说明

NTP 接口处理能力是指时间源设备接收到大量时间同步设备并发请求的时间同步信息时,其 NTP 接口每秒最大正常接收、处理时间同步信息的数址。

13.10.5 时钟系统网管的告警监测、告警自动上报、告警清除、告警查询等告警管理功能应符合设计文件要求。

　　检验数量：施工单位、监理单位全部检验。

　　检验方法：网管试验检验。

13.11　乘客信息系统

Ⅰ　设备安装

主控项目

13.11.1　乘客信息系统设备及所用材料，其规格、型号、质量应符合设计文件要求。

　　检验数量：施工单位、监理单位全部检验。

　　检验方法：观察，检查质量证明文件。

13.11.2　乘客信息系统终端设备的安装位置与安装方式应符合设计文件要求；显示终端的支架应安装牢固、稳定，显示终端防水、防尘措施应符合设计文件要求。

　　检验数量：施工单位、监理单位全部检验。

　　检验方法：观察，尺量，手动检验。

13.11.3　乘客信息系统区间车地无线设备的安装位置和安装方式应符合设计文件要求。

　　检验数量：施工单位、监理单位全部检验。

　　检验方法：观察，尺量。

13.11.4　乘客信息系统车载设备的安装、布线、防震、防电磁干扰等措施应符合设计文件要求。

　　检验数量：施工单位、监理单位全部检验。

　　检验方法：观察，尺量，检查产品检验报告。

Ⅱ　系统功能检验

主控项目

13.11.5　乘客信息系统显示设备的显示分辨率、屏幕亮度、可视角度、响应时间和功耗应符合设计文件要求。

　　检验数量：施工单位、监理单位全部检验。

　　检验方法：观察，检查出厂检验报告。

13.11.6　乘客信息系统网络子系统主干网的吞吐量、丢包率和时延应符合设计文件要求。

　　检验数量：施工单位、监理单位全部检验。

检验方法：网络性能测试仪测试检验。

13.11.7 乘客信息系统网络子系统车地网的无线信号覆盖强度、漫游切换时延、吞吐量、丢包率和时延应符合设计文件要求。

检验数量：施工单位、监理单位全部检验。

检验方法：场强仪，网络性能测试仪测试检验。

13.11.8 乘客信息系统地面、车载图像质量应符合设计文件要求。

检验数量：施工单位、监理单位全部检验。

检验方法：视频信号发生器和视频综合分析仪或专用测试系统测试检验。

13.12 办公自动化系统

I 设 备 安 装

主 控 项 目

13.12.1 办公自动化系统设备及所用材料，其规格、型号、质量应符合设计文件要求。

检验数量：施工单位、监理单位全部检验。

检验方法：观察，检查质量证明文件。

13.12.2 办公自动化系统设备的安装位置和安装方式应符合设计文件要求。

检验数量：施工单位、监理单位全部检验。

检验方法：观察，尺量。

II 系统功能检验

主 控 项 目

13.12.3 办公自动化系统采用的以太网交换机、路由器及防火墙等数据网络设备，其吞吐量、丢包率及吞吐量下的转发时延应符合设计文件要求。

检验数量：施工单位、监理单位全部检验。

检验方法：数据网络测试仪测试检验。

13.12.4 数据网网管的配置管理、拓扑管理、故障管理、性能管理、路由管理、QOS管理、信息发布、报表统计、VPN管理、流量采集分析功能及安全管理功能应符合设计文件要求。

检验数量：施工单位、监理单位全部检验。

检验方法：网管试验检验。

13.13 电源设备

I 设 备 安 装

主 控 项 目

13.13.1 电源设备、配电开关及保护装置，其型号、规格、质量应符合设计文件要求。机柜、机架、设备及附件应无变形，表面应无损伤，镀层和漆饰应完整无脱落，铭牌和标识应完整清晰。

检验数量：施工单位、监理单位全部检验。

检验方法：观察，检查质量证明文件。

13.13.2 电源设备、防雷器件、机柜、机架的安装位置应符合设计文件要求。

检验数量：施工单位、监理单位全部检验。

检验方法：观察，尺量。

13.13.3 电源设备配线应符合下列规定：

1 电源设备配线用电源线应采用整段线料，配线中间不得有接头。

2 引入引出交流不间断电源装置的电源线和控制线应分开敷设，在电缆支架上平行敷设时间距不应小于150mm。

3 电源设备配线端子接线应准确、连接牢固，配线两端的标志应齐全、正确。

4 缆线外皮应无破损、挤压变形，缆线应无受潮、扭曲和背扣。

检验数量：施工单位、监理单位全部检验。

检验方法：观察，尺量。

II 系统功能检验

主 控 项 目

13.13.4 UPS下列性能指标应符合设计文件要求：

1 输入交流电压额定值、频率额定值。

2 输出电压额定值、频率额定值、电压精度、瞬态电压恢复时间、频率精度。

3 UPS电池后备时间。

检验数量：施工单位、监理单位全部检验。

检验方法：测试检验，检查出厂检验报告。

13.13.5 蓄电池组的性能指标应符合设计文件要求。

检验数量：施工单位、监理单位全部检验。

检验方法：测试检验。

13.13.6 电源系统功能应符合设计要求。

检验数量：施工单位、监理单位全部检验。
检验方法：测试检验或检查出厂检验报告。

条文说明

电源系统宜具备自动稳压及稳流、手动与自动转换、UPS 参数设置、故障告警、电池管理、旁路等功能。

13.13.7 电源集中监控系统应符合下列规定：
1 电源集中监控的遥测、遥信、遥控操作反应时间应符合设计文件要求。
2 电源集中监控系统的任何故障不得影响被监控对象的正常工作；监控系统的局部故障不得影响监控系统其他部分的正常工作。
3 电源集中监控系统的状态配置、物理设备配置、软件配置、数据同步配置、数据统计配置等配置管理功能应符合设计文件要求。
检验数量：施工单位、监理单位全部检验。
检验方法：试验检验。

13.14 防雷与接地

主 控 项 目

13.14.1 防雷与接地装置及所用材料，其规格、型号、质量应符合设计文件要求。
检验数量：施工单位、监理单位全部检验。
检验方法：观察，检查质量证明文件。

13.14.2 防雷与接地装置的安装位置、安装方式及引入方式应符合设计文件要求。
检验数量：施工单位、监理单位全部检验。
检验方法：观察，尺量，接地电阻测试仪测试检验。

13.14.3 接地装置的接地电阻应符合下列规定：
1 室外综合接地体接地电阻不应大于 1Ω。
2 独立设置接地装置的接地电阻值应符合设计文件要求。
检验数量：施工单位、监理单位全部检验。
检验方法：尺量，接地电阻测试仪测试检验。

一 般 项 目

13.14.4 接地装置的焊接方式应符合设计文件要求；焊接工艺应符合相应的工艺技术要求；焊接处应进行防腐处理。
检验数量：施工单位全部检验。
检验方法：观察。

13.15 集中告警系统

I 设备安装

主控项目

13.15.1 集中告警系统设备及所用材料,其规格、型号、质量应符合设计文件要求。
检验数量:施工单位、监理单位全部检验。
检验方法:观察,检查质量证明文件。

13.15.2 集中告警系统设备的安装位置及安装方式应符合设计文件要求。
检验数量:施工单位、监理单位全部检验。
检验方法:观察,尺量。

II 系统功能检验

主控项目

13.15.3 集中告警系统的采集内容和范围应符合设计文件要求。
检验数量:施工单位、监理单位全部检验。
检验方法:观察,试验检验。

13.15.4 软件告警展示、故障查询、故障统计、告警确认等功能应符合设计文件要求。
检验数量:施工单位、监理单位全部检验。
检验方法:试验检验。

13.15.5 通信集中告警系统的告警响应时间和操作响应时间应符合设计文件要求。
检验数量:施工单位、监理单位全部检验。
检验方法:测试检验。

条文说明

本条是对系统响应能力的评判指标。
1 告警响应时间指网络设备运行正常情况下,通信集中告警系统的告警最长响应时间,也就是从各子系统上传告警到通信集中告警系统显示告警的时间。
2 操作响应时间包括简单操作及普通数据查询操作界面响应时间和大数据盘报表数据查询操作界面响应时间。

14 信号

14.1 一般规定

14.1.1 信号配线与端子焊接应牢固，并套软塑料管。多股焊接不得有漏焊的线头，单股线焊接线头不得露出锡面。焊接不得使用有腐蚀性的焊剂。

14.1.2 配线线环与端子间及线环间应加垫片并连接紧密，配线绝缘层或配线套管不得压入垫片间。采用冷压接线端子时，配线压接应紧密。

14.1.3 信号系统的施工质量验收除应符合本标准外，尚应符合现行国家标准《城市轨道交通信号工程施工质量验收规范》（GB 50758）和《地下铁道工程施工及验收规范》（GB 50299）的有关规定。

14.2 光电缆线路

主控项目

14.2.1 光电缆及光电缆的支架、管槽，其型号、规格、质量应符合设计文件要求及相关产品标准的规定。
　　检验数量：施工单位、监理单位全部检验。
　　检验方法：观察，尺量，检查质量证明文件。

条文说明

　　光电缆的单盘测试报告为光电缆符合产品技术条件及设计要求的证明文件；检测报告由具有相应资质的检测单位出具，主要检测指标为光电缆成品的低（无）烟、无（低）卤、阻燃特性。

14.2.2 支架的安装位置、高度及间距应符合设计文件要求；并应整齐美观，在同一直线段上的支架安装应间距均匀，同层托臂在同一水平面上。
　　检验数量：施工单位、监理单位全部检验。
　　检验方法：观察，尺量。

14.2.3 光电缆管槽内的光电缆、电线总截面面积不应超过管槽内截面面积的40%；管槽内不得设置接头。

　　检验数量：施工单位、监理单位全部检验。
　　检验方法：观察。

14.2.4 金属线槽采用焊接方式连接时应焊接牢固并进行防腐处理，内层应平整；采用螺栓固定方式连接时螺栓应紧固。金属线槽应有可靠的接地措施。

　　检验数量：施工单位、监理单位全部检验。
　　检验方法：观察，手动检验。

条文说明

　　金属线槽应接地，接缝处应有连接线或跨接线，保证金属线槽可靠接地。

14.2.5 光电缆敷设后外护层（套）不得有破损、变形或扭伤，芯线不得混线、断线或接地，电气特性应符合产品技术文件的规定。

　　检验数量：施工单位、监理单位全部检验。
　　检验方法：观察，检查质量证明文件。

14.2.6 各类防护管、槽的两端口应采取相应的保护措施，光电缆引入室内的引入孔应用防火材料封堵严密。

　　检验数量：施工单位、监理单位全部检验。
　　检验方法：观察。

一 般 项 目

14.2.7 槽与槽之间、槽与设备箱之间、槽与盖之间的连接处，应对合严密。

　　检验数量：施工单位全部检验。
　　检验方法：观察。

14.2.8 支架在安装前应经热镀锌、涂漆等防腐处理。支架之间应用镀锌扁钢连接，并在站端与综合接地体连接，连接处应进行防腐处理。

　　检验数量：施工单位全部检验。
　　检验方法：观察。

14.2.9 混凝土线槽槽内应光洁，无水泥掉块、缺损和钢筋外露现象；金属线槽应经防腐处理，切口处应光滑、无卷边、无毛刺。

　　检验数量：施工单位全部检验。
　　检验方法：观察。

14.2.10 光电缆在电缆槽或托架、桥架上排列时，应整齐、自然松弛，同层电缆不得交叉、扭绞；托架上敷设的电缆应固定牢固，所敷设电缆每隔50～100m应设置色环或标识牌，标识牌应标注电缆编号及电缆去向。

　　检验数量：施工单位全部检验。
　　检验方法：观察。

14.3 信号机、发车指示器和按钮装置

主 控 项 目

14.3.1 信号机、发车指示器、按钮装置等轨旁设备及配线，其型号、规格、质量应符合设计文件要求及相关产品标准的规定。

　　检验数量：施工单位、监理单位全部检验。
　　检验方法：观察，检查质量证明文件。

条文说明

　　信号机型号包括列车机构、调车机构；附属设施包括信号机基础、机柱和安装辅助材料。

14.3.2 信号机支架安装应平稳、牢固，螺栓应紧固、无松动。金属基础支架应经热镀锌、涂漆等防腐处理。

　　检验数量：施工单位全部检验、监理单位平行检验20%。
　　检验方法：观察，手动辅以专用工具检验。

14.3.3 安装于低置路基段的相邻信号机宜采用同一个围桩及硬面化处理。硬面化边缘距离信号机柱边缘不应小于500mm，距设备基础边缘不应小于200mm。

　　检验数量：施工单位全部检验、监理单位平行检验20%。
　　检验方法：观察，尺量。

14.3.4 轨旁接地装置的安装位置、安装方式、接地电阻及引入方式应符合设计要求；贯通地线、接地铜牌和螺栓应结合紧密。

　　检验数量：施工单位、监理单位全部检验。
　　检验方法：观察，兆欧表检测。

14.3.5 信号机的安装位置、显示方向及灯光配列应符合设计文件要求。

　　检验数量：施工单位、监理单位全部检验。
　　检验方法：观察，测量。

条文说明

信号机的设置位置和显示方向,应保证从磁浮列车上不至于误认为是临线的信号机。在曲线段,上下行线轨旁信号机尽量并齐安装,防止将信号机误认为临线信号机。

14.3.6 信号机配线安装应符合下列规定:
1 配线不得有中间接头,无破损、老化现象。
2 在箱盒、机构内部配线应绑扎整齐,配线在引入管进出口处应进行防护处理。
3 信号机构及配件的紧固件应平衡拧紧,杆件露出螺母 2~3 个螺距。
检验数量:施工单位全部检验、监理单位平行检验 20%。
检验方法:观察。

14.3.7 信号机机柱固定方式和信号机构最下方灯位中心到 F 轨面的距离应符合设计要求,机柱垂直度允许偏差为 8mm;同一机柱上同方向安装的信号机构各灯位中心应在一条直线上,固定托架安装应水平。
检验数量:施工单位、监理单位全部检验。
检验方法:观察,测量。

条文说明

同一机柱上同方向安装的信号机构各灯位中心应在一条直线上,不包括引导信号机构和进路表示器。

14.3.8 发车指示器的安装位置、高度及显示方式应符合设计要求。发车指示器配线引入管进出口处应加防护,防护管路应采用卡箍固定。
检验数量:施工单位、监理单位全部检验。
检验方法:观察,检查质量证明文件。

14.3.9 站台紧急停车按钮、自动折返按钮等各类按钮的安装高度和位置应符合设计要求。按钮操作应灵活、无卡阻,按钮装置显示应醒目、清晰。
检验数量:施工单位全部检验、监理单位平行检验 20%。
检验方法:检查相关记录文件,对照设计文件和相关产品标准核查,并操作调试、观察外观。

14.3.10 按钮装置配线引入管进出口应加防护,防护管道应用卡箍固定。
检验数量:施工单位、监理单位全部检验。
检验方法:观察,对照设计文件和相关产品标准核查,手动检验。

一 般 项 目

14.3.11 信号机梯子中心与机柱中心应一致,梯子支架应水平,梯子应平直,并应连接牢固。
    检验数量:施工单位全部检验。
    检验方法:观察。

14.4 LEU、应答器和标志牌

主 控 项 目

14.4.1 LEU、应答器、标志牌及所用材料,其型号、规格、质量符合设计要求及相关产品标准的规定。
    检验数量:施工单位、监理单位全部检验。
    检验方法:检查质量证明文件。

14.4.2 LEU 和应答器设备的安装位置、安装方式、防护措施应符合设计文件要求。
    检验数量:施工单位、监理单位全部检验。

14.4.3 检验方法:观察,尺量。标志牌的安装应符合下列规定:
  1 安装高度、位置和显示方向应符合设计文件要求。
  2 标志牌应显示清晰,安装牢固、可靠,便于瞭望。
    检验数量:施工单位、监理单位全部检验。
    检验方法:观察,尺量。

14.5 无线接入设备、计轴设备

主 控 项 目

14.5.1 无线接入设备、计轴设备、天线及所用材料,其型号、规格、质量符合设计文件要求及相关产品标准的规定。
    检验数量:施工单位、监理单位全部检验。
    检验方法:观察,对照设计文件和相关产品标准进行检验。

14.5.2 无线接入单元和天线的安装位置、安装方法、防雷接地、防水和防护措施应符合设计要求。
    检验数量:施工单位、监理单位全部检验。
    检验方法:观察,尺量。

14.5.3 计轴设备的安装位置、安装方式应符合设计要求。
    检验数量:施工单位、监理单位全部检验。

检验方法：观察，尺量。

14.5.4 计轴磁头安装应采用特殊的支架，与轨道钢枕或梁面的连接牢固、可靠；计轴设备到接线盒的馈线应采用橡胶管防护，并采用 Ω 型卡具固定牢固。

　　检验数量：施工单位、监理单位全部检验。
　　检验方法：观察，手动检查。

14.5.5 计轴磁头至接线盒的专用电缆长度应符合设计文件要求；电缆走线应平缓，不得盘圈、弯折。

　　检验数量：施工单位、监理单位全部检查。
　　检验方法：观察。

14.5.6 计轴接线盒内部配线应连接正确、排列整齐；接线盒密封装置应完整；接线盒与接地设施可靠连接。

　　检验数量：施工单位、监理单位全部检查。
　　检验方法：观察。

一 般 项 目

14.5.7 天线支架应安装平稳、牢固，调节功能良好，螺栓应紧固、无松动；电子箱应安装端正、牢靠，螺栓应紧固、无松动。

　　检验数量：施工单位全部检验。
　　检验方法：观察。

14.5.8 计轴接线盒安装应与安装基础面保持垂直；计轴磁头与接线盒安装应平稳、牢固，螺栓应紧固、无松动。

　　检验数量：施工单位全部检验。
　　检验方法：观察。

14.6 室内设备

Ⅰ　机 柜 安 装

主 控 项 目

14.6.1 ATS、ATP、ATO、CI、DCS、MSS 等室内设备及走线架槽，其型号、规格、质量应符合设计文件要求及相关产品标准的规定。

　　检验数量：施工单位、监理单位全部检验。
　　检验方法：观察，检查质量证明文件。

14.6.2 室内机柜的平面布置、安装位置、柜面朝向、柜间距、固定方式应符合设计要求；机柜应横平竖直、端正稳固，同排机柜正面应处于同一平面、底部处于同一直线。

  检验数量：施工单位、监理单位全部检验。
  检验方法：观察，尺量。

14.6.3 走线架槽的安装位置、安装方法应符合设计要求。
  检验数量：施工单位、监理单位全部检验。
  检验方法：观察，尺量。

14.6.4 电缆成端应无漏胶，表面应光洁无裂缝、无气泡；分线柜接线端子排列编号与施工图相符，接线端子上的标志应正确清晰。
  检验数量：施工单位、监理单位全部检验。
  检验方法：观察。

一 般 项 目

14.6.5 机柜铭牌文字和符号标志应正确、清晰、齐全；机柜漆面应色调应一致，无脱漆现象；机柜金属底座应经热镀锌、涂漆等防腐处理，当机房内铺设防静电地板时，底座应与防静电地板等高。
  检验数量：施工单位全部检验。
  检验方法：观察。

Ⅱ 电源设备安装

主 控 项 目

14.6.6 电源设备的型号、规格、质量符合设计文件要求及相关产品标准的规定。
  检验数量：施工单位、监理单位全部检验。
  检验方法：观察，检查质量证明文件。

14.6.7 电源设备的安装位置、各屏顺序及对地绝缘电阻应符合设计要求。
  检验数量：施工单位、监理单位全部检验。
  检验方法：观察，尺量，兆欧表测量。

14.6.8 电源引入断路器容量应符合设计要求，供电回路上各级开关不得出现倒配。信号两路电源应经专用防雷箱后再引至信号电源屏。引入电源相序与电源屏的相序、屏与屏之间的相序应一致。
  检验数量：施工单位、监理单位全部检验。
  检验方法：观察，对照设计文件进行检验。

14.6.9 电源屏和 UPS 设备各种按钮应动作灵活，开关应通、断可靠，接触紧密；

限流装置容量应符合设计要求；各种指示灯应安装正确，指示灯显示应清晰、亮度均匀；报警装置应安装齐全、完好；接地装置应安装牢靠；各种模块应安装端正、牢固。

检验数量：施工单位、监理单位全部检验。

检验方法：观察，试验检验。

14.6.10 电池块配置应符合设计要求，配线应连接牢固、极性正确。

检验数量：施工单位、监理单位全部检验。

检验方法：观察，对照设计文件进行检验。

14.6.11 电源线的防护措施应符合设计要求，管槽应安装平整、固定牢靠。

检验数量：施工单位、监理单位全部检验。

检验方法：观察。

条文说明

电源线的防护措施应符合设计要求。一般情况下，在防静电地板下布设时，采用线槽防护；电源线在地沟内布设时，采用电缆；电源线在墙内布设时，宜采用镀锌钢管进行防护；在墙面布线时采用金属蛇管（槽）防护。管、槽内电源线应布放平直、整齐，槽内底板应清洁，盖板应完好、封盖严密。

Ⅲ 室内设备配线

主 控 项 目

14.6.12 室内设备配线的型号、规格、质量应符合设计文件要求及相关产品标准的规定。

检验数量：施工单位、监理单位全部检验。

检验方法：观察，检查质量证明文件。

14.6.13 配线线缆不得有中间接头和绝缘破损现象，布放余量满足设计要求，并符合下列要求：

1 配线采用接线端子方式连接时，每个端子上的配线不宜超过3个线头。

2 配线采用焊接方式连接时，不得使用带腐蚀性的焊剂。

3 配线采用插接方式连接时，应一孔一线，不得一孔插接多根导线，多股铜芯线插接前应压接接线帽。

4 各种配线应连接牢固、无松动，配线两端应标志齐全。

检验数量：施工单位、监理单位全部检验。

检验方法：观察。

14.7 防雷及接地

主 控 项 目

14.7.1 防雷与接地应符合本标准第 13.14 节的有关规定。

14.8 单机功能检验

I 信号机及道岔接口设备

主 控 项 目

14.8.1 信号机光源额定定压、调整显示距离应符合设计文件要求，同时应满足下列要求：

1 灯管色显应正确。

2 色灯信号机正常点灯时应点亮主灯丝，设有灯丝转换装置的信号机，其主、副灯丝转换应可靠，可及时接通报警电路。

3 LED 信号机正常工作时全部灯管应点亮，当故障灯管数至报警门限值以上时，正常 LED 灯管应继续点亮，并能及时接通报警电路。

检验数量：施工单位全部检验；监理单位见证检验。

检验方法：对照技术要求进行试验。

14.8.2 道岔接口设备的功能及道岔操作模式转换应符合设计文件要求，同时应满足下列要求：

1 在道岔区段占用及进路锁闭时，道岔不得转换。

2 对道岔室内外一致性进行检查，室外道岔开向应与室内值班员操作意图、道岔表示一致。

检验数量：施工单位全部检验、监理单位见证检验。

检验方法：对照技术要求进行试验。

II 计 轴 系 统

主 控 项 目

14.8.3 计轴系统功能应符合设计文件要求。

检验数量：施工单位全部检验、监理单位见证检验。

检验方法：对照设计文件进行试验。

条文说明

在模拟车轮感应板通过时，计轴系统应对轮轴检测器传送的脉冲信息进行计数并识别列车运行方向，计入车轮数和计出车数相等时给出被检测轨道区段空闲信息，否则给出占用信息；计轴系统应具备从轨道区段占用状态至轨道区段空闲状态的操作条件，并按照需求具备直接复位或预复位功能。

Ⅲ 电源设备

主控项目

14.8.4 电源系统的主副电源切换应可靠，切换时间和电压稳定度、UPS 的输出电压、输出频率、满负荷放电时间及超载性能应符合设计要求和设备技术文件规定，同时应满足下列要求：

1 电源不得混线或接地。

2 闪光电源的闪光频率宜调整在每分钟 80~120 次。

检验数量：施工单位全部检验、监理单位见证检验。

检验方法：对照设计文件和产品技术规定进行试验。

Ⅳ 计算机及外部设备

主控项目

14.8.5 计算机及外部设备应进行设备性能指标、功能性指标测试和稳定性试验，并符合设计和设备技术文件要求。

检验数量：施工单位全部检验；监理单位见证检验。

检验方法：对照设计文件和产品技术规定进行试验。

Ⅴ 联锁设备

主控项目

14.8.6 联锁设备的技术指标、性能应符合设计要求和产品的有关规定，系统调试应符合下列要求：

1 联锁表所列的每条进路的建立与取消、信号开放与关闭、进路锁闭与解锁试验应保证联锁关系正确并符合设计文件要求。

2 进路建立时与进路无关的设备不得误动作，不得建立敌对进路，敌对信号不得开放。

3 联锁设备的采集单元与采集对象、驱动单元与执行器件的状态应一致。

4 本线联锁与其他线联锁、正线与车辆基地联锁间接口测试及功能检验应符合设计文件要求。

5 联锁设备故障报警信号应及时、准确、可靠。

检验数量：施工单位全部检验、监理单位见证检验。

检验方法：对照设计文件（联锁表）和产品技术规定进行试验，同时进行室内外一致性检验。

Ⅵ ATP 系统

主控项目

14.8.7 ATP 系统调试应符合下列规定：

  1　测速和定位功能、精度满足设计要求和设备技术文件规定。
  2　列车运行间隔、超速防护及间隔控制满足设计要求和设备技术文件规定。
  3　退行防护、车门和站台门联动、站台紧急停车、降级运行和模式转换等功能满足设计要求。
  4　系统自诊断、故障报警和实时记录功能应符合设计文件要求。
  检验数量：施工单位全部检验、监理单位见证检验。
  检验方法：对照设计文件和产品技术规定进行试验。

Ⅶ　ATS 系统

主 控 项 目

14.8.8　ATS 操作和界面显示应符合设计和设备技术文件规定，同时应进行以下项目的系统调试：
  1　ATS 系统控制命令如调停、扣车、临时限速等执行功能。
  2　对时刻表编辑及管理。
  3　自动进路的设置。
  4　人工介入控制。
  5　设计文件规定的其他项目。
  检验数量：施工单位全部检验、监理单位见证检验。
  检验方法：对照设计文件和产品技术规定进行试验。

Ⅷ　ATO 系统

主 控 项 目

14.8.9　ATO 系统应进行以下项目的系统调试，并符合设计和设备技术文件规定：
  1　调整区间列车运行等级。
  2　车站精确停车、速度精确控制测试。
  3　列车运行正点率的统计测试。
  4　无人自动折返测试。
  5　设计文件规定的其他项目。
  检验数量：施工单位全部检验；监理单位见证检验。
  检验方法：对照设计文件和产品技术规定进行试验。

Ⅸ　MSS 系统

主 控 项 目

14.8.10　MSS 系统应进行以下项目的系统调试，并符合设计和设备技术文件规定：
  1　监测范围、监测精度、监测周期测试。
  2　与其他系统接口测试。
  3　远程调用、管理监测数据测试。
  4　监测数据查询、报警、输出功能测试。

5 维护工单、料单自动生成功能测试。
6 设计文件规定的其他项目。

检验数量：施工单位全部检验、监理单位见证检验。
检验方法：对照设计文件和产品技术规定进行试验。

14.9 系统检验

主 控 项 目

14.9.1 功能测试前应确认系统设备的单项调试、相关设备静态/动态调试已完成，测试数据、性能指标应符合设计和相关产品技术要求的规定。

检验数量：施工单位、监理单位全部检验。
检验方法：对照设计文件和产品技术规定进行试验。

14.9.2 联锁设备功能应符合以下要求：

1 应确保进路上道岔、信号机和计轴轨道区段的联锁，联锁条件不具备时，不得开通进路。
2 敌对进路应相互照查，不得同时开通。
3 装设引导信号的信号机因故不能开放时，应通过引导总锁闭和引导进路锁闭开放引导信号，实现列车引导作业。
4 联锁设备室内外显示应一致，即室内终端复示信号显示、计轴区段、道岔及其他与联锁接口设备与室外对应信号机、计轴轨道区段、道岔实际状态信息及其他与联锁接口设备状态信息应一致。

检验数量：施工单位、监理单位全部检验。
检验方法：对照联锁表等设计文件和产品技术规定进行试验。

14.9.3 ATP设备功能应符合以下要求：

1 驾驶模式监控功能应符合设计文件要求。
2 运行速度监控功能应符合设计文件要求。
3 列车紧急停车功能应符合设计文件要求。
4 车门、站台门控制功能应符合设计文件要求。
5 地面设备与车载ATP设备信息交换应及时、准确。

检验数量：施工单位、监理单位全部检验。
检验方法：地面操控配合随车观察，试验检验。

条文说明

ATP设备功能主要包括以下内容：
1 驾驶模式主要包括列车自动运行、列车自动防护、限制人工驾驶、非限制人工驾驶、自动折返等模式，自动折返功能验证折返作业时应具有完整的 ATP 功能。

2 运行速度监控主要体现于列车安全运行间隔控制、列车超速防护控制、列车倒车安全防护控制。

3 按下车站紧急停车按钮时，应能立即切断相应范围的速度命令及有关信号机的开放电路，并使一定范围内列车立即紧急停车。该"一定范围"即当前列车目标点延伸至站台范围内的区间运行列车。

4 车门、站台门控制包含以下要求：列车在站台区域"停准停稳且制动已施加"时才能输出站台区车门和站台门使能信号；车门和站台门已关闭且锁紧时列车才能启动和运行。

14.9.4 ATS 设备功能应符合以下要求：
1 操作模式功能应符合设计文件要求。
2 列车自动运行和调整功能应符合设计文件要求。
3 工作站运行模式应符合设计文件要求。
4 信号控制功能应符合设计文件要求。
5 自动进路控制功能应符合设计文件要求。
6 列车描述功能应符合设计文件要求。
7 列车运行间隔、列车折返及其折返时间应符合设计文件要求。
8 列车时刻表编制和管理功能应符合设计文件要求。
9 站台控制应符合设计文件要求。
10 各种运营报告的打印及报警和事件管理功能应符合设计文件要求。
11 用户权限管理功能应符合设计文件要求。
12 ATS 与其他系统的接口、系统模拟培训功能的检验应符合设计文件要求。

检验数量：施工单位、监理单位全部检验。

检验方法：由地面操控配合随车观察，试验检验。

条文说明

操作模式包括有时刻表的自动控制模式和无时刻表的自动控制和人工控制模式；有时刻表的自动控制包括控制中心自动控制及车站自动控制，无时刻表的自动控制为联锁设备按照固定进路当列车占用触发轨时自动触发固定进路；人工控制包括控制中心人工控制和车站人工控制。根据需要可进行本地与中央 ATS 两级控制权的转换。在紧急情况下，行调人员可在现地工作站上强行取得控制权。

1 列车运行调整手段有：区间运行时分调整、车站停站时分调整、列车增减调整。

2 工作站运行模式有在线模式、回放模式、模拟模式等，回放须具备快进快退功能。

3 信号控制包括进路控制、信号控制、道岔控制（单操）功能。

4 自动控制进路包括连续通过、车次号触发、接近触发进路自动控制。

5 列车描述功能包括列车车次号的设置、修改、移动、取消及对车次号的跟踪等。
6 列车折返有列车自动折返和人工折返方式，列车运行间隔和折返时间需要多车联调。
7 站台控制包括停站时间设置、车站跳停、扣车及中止扣车等功能。
8 运营报告包括日常运营报告、当前时刻表、偏离时刻表报告、走行距离报告、准点率统计报告、运行日志报告等。
9 用户权限管理即根据不同类别和等级的职权范围，对不同用户登录可提供管理功能，包括主任调度员、调度员、管理员用户、ATS车站分机操作员、维护员和计划员等。

14.9.5 ATO设备功能应符合以下要求：
1 列车速度控制功能应符合设计文件要求。
2 自动折返功能应符合设计文件要求。
3 车门/站台门控制应符合设计文件要求。
4 列车运行正点率的统计测试指标应符合设计文件要求。
5 系统自诊断、故障报警和实时记录功能应符合设计文件要求。
6 地面设备与车载ATO设备信息交换应及时、准确。
检验数量：施工单位、监理单位全部检验。
检验方法：由地面操控配合随车观察，试验检验。

条文说明

速度控制包括在规定允许的范围内自动调节列车运行速度、在规定的停车点停车并满足停车精度要求以及通过车站的速度不超过允许速度等。
1 列车自动折返包括停车精度满足停站、折返需求，折返过程中能够实现自动换端。
2 车门/站台门的控制包括根据车载设备收到的信息以手动或自动方式控制车门/站台门、车门/站台门开启前自动确认车速为零且停车位置和开门方向正确。

14.9.6 MMS设备的安装不应影响被监测信号设备的正常工作，MMS功能应符合以下要求：
1 系统监测范围、监测精度、监测周期应符合设计文件规定。
2 显示功能应与现场设备状态一致，对关键监测设备故障给出预警。
3 监测报警功能应具备实时性和准确性。
4 对监测数据进行分析，给出统计报表。
5 远程调用、管理监测数据功能。
6 维护管理功能，包括工单生成规则管理、维护作业管理、存贮和统计分析。
检验数量：施工单位、监理单位全部检验。

检验方法：对照设计文件和相关产品技术要求观察，试验检验。

14.9.7 道岔控制系统接口调试应符合以下要求：

1 道岔控制模式、转换操作方案符合设计文件要求。
2 轨旁道岔实际开向与室内值班员操作意图及车控室人机操作界面表示一致。

检验数量：施工单位、监理单位全部检验。

检验方法：对照设计文件、联锁表和相关产品技术要求观察，试验检验。

15 电梯、自动扶梯及自动人行道

15.1 一般规定

15.1.1 设备和器材的进场验收，除应符合本标准外，尚应提供安装、使用、维修及合同规定的有关文件、检测报告等。

15.1.2 电梯轿厢在两端站平层位置时，轿厢、对重的缓冲器撞板与缓冲器顶面间的距离应符合土建布置图要求。轿厢、对重的缓冲器撞板中心与缓冲器中心的偏差不应大于20mm。

15.1.3 电梯、自动扶梯及自动人行道的施工质量验收应符合本标准外，尚应符合现行国家标准《电梯工程施工质量验收规范》(GB 50310)、《电梯安装验收规范》(GB 10060)和《电梯制造与安装安全规范》(GB 7588)的有关规定。

15.2 自动扶梯、自动人行道安装

I 设 备 安 装

主 控 项 目

15.2.1 自动扶梯和自动人行道及所用电气装置的规格、型号、性能、质量应符合设计文件要求和国家产品质量标准的规定。

检验数量：施工单位、监理单位全部检验。

检验方法：检查质量证明文件。

15.2.2 自动扶梯和自动人行道的安装位置、制动检验应符合设计文件要求，其检验应符合现行国家标准《电梯工程施工质量验收规范》(GB 50310)的有关规定。

检验数量：施工单位全部检验，监理单位按施工单位检验数量的20%见证检验。

检验方法：观察，测试，检查质量证明文件。

15.2.3 不同回路导线对地的绝缘电阻，导体之间和导体对地之间的绝缘电阻应大于1000Ω/V。

检验数量：施工单位、监理单位全部检验。

检验方法：兆欧表测试。

条文说明

《电梯工程施工质量验收规范》（GB 50310—2002）中第6.3.2条规定：导体之间和导体对地之间的绝缘电阻应大于1000Ω/V，且其值应大于：①动力电路和电气安全装置电路0.5MΩ；②其他电路（控制、照明、信号等）0.25MΩ。

15.2.4 电气设备接地电阻应符合设计文件要求。
  检验数量：施工单位、监理单位全部检验。
  检验方法：用接地电阻测试仪测量。

条文说明

《电梯工程施工质量验收规范》（GB 50310—2002）中第4.10.1条规定：①所有电气设备及导管、线槽的外露可导电部分均应可靠接地（PE）；②接地支线应分别直接接至接地干线接线柱上，不得互相连接后再接地。

一 般 项 目

15.2.5 自动扶梯、自动人行道的梯级、踏板或胶带与围裙板之间应无刮碰现象，扶手带外表面应无刮痕。
  检验数量：施工单位、监理单位全部检验。
  检验方法：观察。

Ⅱ 设 备 调 试

主 控 项 目

15.2.6 自动扶梯、自动人行道与综合监控系统及通信系统的接口应符合设计文件要求。
  检验数量：施工单位、监理单位全部检验。
  检验方法：操作测试。

15.2.7 自动扶梯、自动人行道安全开关应灵敏、可靠。
  检验数量：施工单位、监理单位全部检验。
  检验方法：操作测试。

15.3 电力驱动的曳引式电梯安装

Ⅰ 驱动主机安装工程

主 控 项 目

15.3.1 驱动主机的规格、型号、质量应符合设计文件要求和国家产品质量标准的规定。

检验数量：施工单位、监理单位全部检验。

检验方法：检查质量证明文件。

15.3.2 驱动主机、驱动主机底座与承重梁的安装应符合产品设计要求。

检验数量：施工单位全部检验，监理单位按施工单位检验数量的20％见证检验。

检验方法：测试，观察。

15.3.3 紧急操作装置动作应正常，可拆卸的装置应置于驱动主机附近易接近处，紧急救援操作说明应贴于紧急操作时易见处。

检验数量：施工单位、监理单位全部检验。

检验方法：操作测试，观察。

15.3.4 制动器动作应灵活、可靠，制动间隙应符合产品设计要求。

检验数量：施工单位、监理单位全部检验。

检验方法：操作测试，观察。

15.3.5 当驱动主机承重梁需埋入承重墙时，埋入端长度应超过墙厚中心至少20mm，且支承长度不应小于75mm。

检验数量：施工单位、监理单位全部检验。

检验方法：观察，尺量。

条文说明

本条文是参考《电梯工程施工质量验收规范》（GB 50310—2002）中第4.3.2条制定的。

15.3.6 机房内钢丝绳与楼板孔洞边间隙应为20～40mm，通向井道的孔洞四周应设置高度不小于50mm的台缘。

检验数量：施工单位全部检验。

检验方法：测量。

条文说明

本条文是参考《电梯工程施工质量验收规范》（GB 50310—2002）中第4.3.6条制定的。

Ⅱ 导轨安装

主控项目

15.3.7 导轨的规格、型号、质量应符合设计文件要求和国家产品质量标准的规定。

  检验数量：施工单位、监理单位全部检验。

  检验方法：检查质量证明文件。

15.3.8 导轨安装位置应符合设计文件要求。

  检验数量：施工单位、监理单位全部检验。

  检验方法：对照设计文件进行检验。

15.3.9 导轨支架在井道壁上的安装应固定可靠。预埋件及锚栓连接强度及承受振动的能力应符合设计文件要求。

  检验数量：施工单位全部检验，监理单位按施工单位检验数量的20%见证检验。

  检验方法：测试检查。

一般项目

15.3.10 两列导轨顶面间的距离偏差应为：轿厢导轨 0～+2mm；对重导轨 0～+3mm。

  检验数量：施工单位全部检验。

  检验方法：测量。

条文说明

  本条文是参考《电梯工程施工质量验收规范》（GB 50310—2002）中第4.4.2条制定的。

15.3.11 每列导轨工作面与安装基准线每5m的偏差均不应大于下列数值：轿厢导轨和设有安全钳的对重导轨为0.6mm；不设安全钳的对重导轨为1.0mm。

  检验数量：施工单位全部检验。

  检验方法：尺量。

条文说明

  本条文是参考《电梯工程施工质量验收规范》（GB 50310—2002）中第4.4.4条制定的。

15.3.12 轿厢导轨和设有安全钳的对重导轨工作面接头处不应有连续缝隙，导轨接头处台阶不应大于0.05mm。如超过此值，应修平，修平长度应大于150mm。

检验数量：施工单位全部检验。

检验方法：尺量。

条文说明

本条文是参考《电梯工程施工质量验收规范》（GB 50310—2002）中第4.4.5条制定的。

15.3.13 不设安全钳的对重导轨接头处缝隙不应大于1.0mm，导轨工作面接头处台阶不应大于0.15mm。

检验数量：施工单位全部检验，监理单位抽查10%。

检验方法：尺量。

条文说明

本条文是参考《电梯工程施工质量验收规范》（GB 50310—2002）中第4.4.6条制定的。

Ⅲ 门系统安装工程

主 控 项 目

15.3.14 门系统的规格、型号、质量应符合设计文件要求和国家产品质量标准的规定。

检验数量：施工单位、监理单位全部检验。

检验方法：检查质量证明文件。

15.3.15 层门强迫关门装置应动作灵活、可靠。

检验数量：施工单位、监理单位全部检验。

检验方法：操作测试。

15.3.16 动力操纵的水平滑动门在关门开始的1/3行程之后，阻止关门的力不应超过150N。

检验数量：施工单位、监理单位全部检验。

检验方法：测力计测试。

条文说明

本条文是参考《电梯工程施工质量验收规范》（GB 50310—2002）中第4.5.3条制定的。

15.3.17 层门锁钩应动作灵活，在证实锁紧的电气安全装置动作之前，锁紧元件的最小啮合长度为7mm。

检验数量：施工单位、监理单位全部检验。

检验方法：操作测试，尺量。

条文说明

本条文是参考《电梯工程施工质量验收规范》（GB 50310—2002）中第4.5.4条制定的。

一 般 项 目

15.3.18 层门地坎至轿厢地坎之间的水平距离偏差为0～+3mm，且最大距离不得超过35mm。

检验数量：施工单位全部检验。

检验方法：尺量。

15.3.19 门刀与层门地坎、门锁滚轮与轿厢地坎间隙不应小于5mm。

检验数量：施工单位全部检验。

检验方法：尺量。

15.3.20 层门地坎水平度不得大于2/1000，地坎应高出装修地面2～5mm。

检验数量：施工单位全部检验。

检验方法：尺量。

15.3.21 层门指示灯盒、召唤盒和消防开关盒应安装正确，其面板与墙面贴实，横竖端正。

检验数量：施工单位全部检验。

检验方法：观察。

15.3.22 门扇与门扇、门扇与门套、门扇与门楣、门扇与门口处轿壁、门扇下端与地坎的间隙，乘客电梯不应大于6mm，载货电梯不应大于8mm。

检验数量：施工单位全部检验。

检验方法：观察，尺量。

Ⅳ 轿厢安装工程

主 控 项 目

15.3.23 轿厢的规格、型号、质量应符合设计文件要求和国家产品质量标准的规定。

检验数量：施工单位、监理单位全部检验。

检验方法：检查质量证明文件。

15.3.24 当距轿底面在1.1m以下使用玻璃轿壁时，应在距轿底面0.9～1.1m的高度安装扶手，且扶手应独立地固定，不得与玻璃连接。

　　检验数量：施工单位、监理单位全部检验。

　　检验方法：观察，测量。

一 般 项 目

15.3.25 当轿厢有反绳轮时，反绳轮的防护装置和挡绳装置应满足符合设计文件要求。

　　检验数量：施工单位全部检验。

　　检验方法：对照设计文件进行检验。

15.3.26 当轿顶外侧边缘至井道壁水平方向的自由距离大于0.3m时，轿顶防护栏及警示性标识应满足符合设计文件要求。

　　检验数量：施工单位全部检验。

　　检验方法：对照设计文件进行检验。

V 对 重

主 控 项 目

15.3.27 对重的规格、型号、质量应符合设计文件要求和国家产品质量标准的规定。

　　检验数量：施工单位、监理单位全部检验。

　　检验方法：检查质量证明文件。

15.3.28 当对重架有反绳轮时，反绳轮的防护装置和挡绳装置应满足符合设计文件要求。

　　检验数量：施工单位、监理单位全部检验。

　　检验方法：对照设计文件进行检验。

15.3.29 对重块应满足符合设计文件要求。

　　检验数量：施工单位、监理单位全部检验。

　　检验方法：对照设计文件进行检验。

VI 安 全 部 件

主 控 项 目

15.3.30 安全部件的规格、型号、质量应符合设计文件要求和国家产品质量标准的规定。

　　检验数量：施工单位、监理单位全部检验。

　　检验方法：检查质量证明文件。

15.3.31 限速器张紧装置与其限位开关的安装应符合设计文件要求。

15.3.32 限速器动作速度整定封、安全钳整定封记应完好且无拆动痕迹。

检验数量：施工单位、监理单位全部检验。

检验方法：观察。

15.3.33 安全钳与导轨的间隙应符合现行国家标准《电梯制造与安装安全规范》（GB 7588）的有关规定。

检验数量：施工单位、监理单位全部检验。

检验方法：检查质量证明文件、进场检验记录。

一 般 项 目

15.3.34 液压缓冲器柱塞铅垂度不应大于0.5%。

检验数量：施工单位、监理单位全部检验。

检验方法：观察，测量。

Ⅶ 悬挂装置、随行电缆、补偿装置

主 控 项 目

15.3.35 悬挂装置、随行电缆、补偿装置的规格、型号、质量应符合设计文件要求和国家产品质量标准的规定。

检验数量：施工单位、监理单位全部检验。

检验方法：检查质量证明文件。

15.3.36 绳头组合应安全可靠，且每个绳头组合应安装防螺母松动和脱落的装置。

检验数量：施工单位、监理单位全部检验。

检验方法：观察。

15.3.37 钢丝绳不得有死弯。

检验数量：施工单位、监理单位全部检验。

检验方法：观察。

15.3.38 当轿厢悬挂在两根钢丝绳或链条上，且其中一根钢丝绳或链条发生异常相对伸长时，为此装设的电气安全开关应动作可靠。

检验数量：施工单位、监理单位全部检验。

检验方法：观察，操作检验。

15.3.39 随行电缆的安装应符合下列规定：

1 随行电缆端部应固定可靠。
2 随行电缆在运行中应避免与井道内其他部件干涉。当轿厢完全压在缓冲器上时，随行电缆不得与底坑地面接触。
3 随行电缆不得有打结和扭曲现象。
检验数量：施工单位、监理单位全部检验。
检验方法：观察。

一 般 项 目

15.3.40 每根钢丝绳张力与平均值偏差不应大于5%。
检验数量：施工单位、监理单位全部检验。
检验方法：尺量，测力计检测。

15.3.41 补偿绳、链、缆等补偿装置的端部应固定可靠。
检验数量：施工单位、监理单位全部检验。
检验方法：观察。

15.3.42 补偿绳张紧装置的电气安全开关应动作可靠，张紧轮应安装防护装置。
检验数量：施工单位、监理单位全部检验。
检验方法：试验测试，观察。

Ⅷ 电 气 装 置

主 控 项 目

15.3.43 电气装置的规格、型号、质量应符合设计文件要求和国家产品质量标准的规定。
检验数量：施工单位、监理单位全部检验。
检验方法：检查质量证明文件。

15.3.44 控制柜的安装位置应符合设计文件要求。
检验数量：施工单位、监理单位全部检验。
检验方法：观察，尺量。

15.3.45 电气设备接地、导体之间和导体对地之间的绝缘电阻符合设计文件要求及现行国家标准《电梯工程施工质量验收规范》（GB 50310）的有关规定。
检验数量：施工单位、监理单位全部检验。
检验方法：用兆欧表检验。

15.3.46 导管、线槽的敷设应整齐牢固。线槽内导线总面积不应大于线槽净面积60%；导管内导线总面积不应大于导管内净面积的40%；软管固定间距不应大于1m，端头固定间距不应大于 0.1m。
　　检验数量：施工单位全部检验。
　　检验方法：观察，测量。

15.4 系统检验

主控项目

15.4.1 安全保护验收应符合现行国家标准《电梯工程施工质量验收规范》（GB 50310）的有关规定。

15.4.2 限速器安全钳联动试验应符合现行国家标准《电梯工程施工质量验收规范》（GB 50310）的有关规定。

15.4.3 曳引式电梯的曳引能力试验应符合现行国家标准《电梯工程施工质量验收规范》（GB 50310）的有关规定。

15.4.4 层门与轿门的试验应符合下列规定：
1 每层层门应能够用三角钥匙正常开启。
2 当一个层门或轿门非正常打开时，电梯不得启动或继续运行。
　　检验数量：施工单位、监理单位全部检验。
　　检验方法：试验测试，观察。

15.4.5 电梯轿厢应分别在空载、额定载荷工况下，按产品设计规定的每小时启动次数和负载持续率各运行1000次，每天不少于8h，电梯应运行平稳、制动可靠、连续运行无故障。
　　检验数量：施工单位、监理单位全部检验。
　　检验方法：试验测试，观察。

一般项目

15.4.6 噪声、平层准确度及运行速度检验应符合现行国家标准《电梯工程施工质量验收规范》（GB 50310）的有关规定。

15.4.7 曳引式电梯的平衡性能应符合设计文件要求。
　　检验数量：施工单位全部检验。
　　检验方法：核对检验试验证书。

15.4.8 轿门带动层门开、关运行，门扇与门扇、门扇与门套、门扇与门楣、门扇与门口处轿壁、门扇下端与地坎应无刮碰现象。

  检验数量：施工单位全部检验。

  检验方法：观察。

16 自动售检票系统

16.1 一般规定

16.1.1 管槽安装之前，建筑条件宜符合下列规定：
1 车站结构已施工完毕。
2 车站地面预留的自动售检票系统线槽预埋位置符合设计文件要求。
3 自动售票机、半自动售票机、自动检票机、自动加值机、自动验票机及票亭的安装位置与消火栓、导向牌、指示牌、进出站边门、围栏等其他设施不冲突，操作和维护距离满足设计文件要求。

16.1.2 车站终端设备安装之前，建筑条件应符合下列规定：
1 墙面、地面装饰完毕。
2 设备安装位置预留出线口，出线口尺寸、数量、位置符合设计文件要求。预留安装设备的出线口制作活动地板或装饰面板。

16.1.3 自动售检票系统机房设备安装之前，建筑条件应符合下列规定：
1 墙面粉刷完毕。
2 地面找平层铺砌完成。
3 防静电漆涂刷完毕。
4 防静电地板铺设完毕，架空高度、地板均布荷载符合设计文件要求。

16.1.4 自动售检票系统的施工质量验收除应符合本标准外，尚应符合现行国家标准《城市轨道交通自动售检票系统工程质量验收规范》（GB 50381）、《城市轨道交通自动售检票系统技术条件》（GB/T 20907）的有关规定。

16.2 管线敷设

主 控 项 目

16.2.1 自动售检票系统管线敷设应符合本标准第 13.2.1 条～第 13.2.6 条的有关规定。

16.3 设备安装

I 车站终端设备安装

主 控 项 目

16.3.1 终端设备、部件及接线端子,其型号、规格、数量和质量应符合设计文件要求,并应外形完好、表面无划痕,附件资料齐全。

检验数量:施工单位、监理单位全部检验。

检验方法:观察,对照设计文件进行检查。

条文说明

终端设备包括自动检票机、半自动检票机、自动售票机、自动加值机、自动验票机、便携式验票机。

16.3.2 终端设备安装位置应符合设计文件要求。

检验数量:施工单位、监理单位全部检验。

检验方法:观察,尺量。

16.3.3 终端设备底座应安装牢固,底座与地面间的防水处理应符合设计文件要求;设备安装的垂直和水平允许偏差均为2mm,自动检票机水平间隔允许偏差为5mm。

检验数量:施工单位、监理单位全部检验。

检验方法:观察,尺量。

16.3.4 紧急按钮的安装位置、标志设置应符合设计文件要求;其引入和引出电缆屏蔽保护措施应符合设计文件要求。

检验数量:施工单位、监理单位全部检验。

检验方法:观察,尺量。

16.3.5 自动检票机上方的出入导向显示设备安装位置应符合设计文件要求,并应安装牢固。

检验数量:施工单位、监理单位全部检验。

检验方法:观察,手动检验。

条文说明

本条文中所指的出入导向设备是安装于检票机上方的进、出站状态显示设备。此设备在部分城市的AFC系统中有应用。

II 机房设备安装

主 控 项 目

16.3.6 服务器、工作站、交换机、编码分拣机、机柜及配线线缆,其型号、规格、数量和质量应符合设计文件要求。

检验数量:施工单位、监理单位全部检验。

检验方法:观察,对照设计文件进行检验。

16.3.7 服务器、工作站、交换机和编码分拣机的安装位置应符合设计文件要求,并应安装稳定、牢固。

检验数量:施工单位、监理单位全部检验。

检验方法:观察,手动检验。

16.3.8 机柜的安装位置应符合设计文件要求,并应符合下列规定:
1 机柜垂直和水平允许偏差均应小于2mm,并应安装牢固。
2 同列机柜正面应位于同一平面,其允许偏差应为5mm。

检验数量:施工单位、监理单位全部检验。

检验方法:观察,尺量。

一 般 项 目

16.3.9 机柜插接件应插接准确、牢固。

检验数量:施工单位全部检验。

检验方法:观察,手动检验。

16.4 电源、防雷与接地

主 控 项 目

16.4.1 自动售检票系统电源、防雷与接地应符合本标准第13.13节和第13.14节的有关规定。

16.5 车站终端设备功能检验

I 自动检票机

主 控 项 目

16.5.1 自动检票机正常、紧急、离线模式应符合设计文件要求。

检验数量:施工单位、监理单位全部检验。

检验方法:实测检验。

条文说明

自动检票机的正常模式为乘客持车票进站，进站检票机检验车票有效时，释放闸锁，让乘客通行；当进站检票机检验车票无效时，锁闭闸锁，乘客显示器显示相关信息；乘客持车票出站，出站检票机检验车票有效时，释放闸锁，让乘客通行，出站检票机根据预先设置回收部分单程车票；当出站检票机检验车票无效时，锁闭闸锁，乘客显示器显示相关信息，引导乘客到补票厅查询车票。

自动检票机的紧急模式为启动自动售检票计算机系统上的紧急模式或紧急按钮，所有自动检票机闸锁应立即全部解锁处于常开状态，乘客可不使用车票快速通过自动检票机出站。

自动检票机的离线模式是在与线路中央计算机及车站计算机系统通信中断或自动检票机电源中断，应能完成最后一笔交易并保存交易记录和相关数据，并释放闸锁，待通信恢复后，应能自动上传未上传的数据。

16.5.2 自动检票机处理正常、非正常车票应符合设计文件要求。

检验数量：施工单位、监理单位全部检验。

检验方法：用正常、非正常车票进行自动检票机的进站和出站通行试验。

条文说明

自动检票机处理正常车票时应自动完成进站和出站通行，进出站人数应与相应的车票使用次数相一致。自动检票机处理非正常车票时应拒绝通行，其乘客显示器应能显示提示信息，并应有声光告警。非正常车票是指密钥不合法、金额不足、超过有效期、黑名单的车票，以及使用已进过站的车票再进站、已出过站的车票再出站、未进过站的车票出站、未出过站的车票进站等各种车票。

Ⅱ 半自动售票机

主 控 项 目

16.5.3 半自动售票机的基本功能应符合设计文件要求，并应符合下列规定：

1 应具有权限登录功能，应记录所有人员的登录及退出数据，当操作员班次结束时，应自动生成班次报告。

2 应具备安全措施。

3 应能打印有关车票及现金处理单据。

4 乘客显示器应显示相关的车票分析、处理结果、现金信息。

5 在与线路中央计算机及车站计算机通信中断时，应能在离线模式下工作，保存数据的时间应符合设计文件要求。在通信恢复后，应能自动上传未上传的数据。

检验数量：施工单位、监理单位全部检验。

检验方法：按基本功能要求进行试验检验。

III 自动售票机

主 控 项 目

16.5.4 自动售票机的基本功能应符合设计文件要求，并应符合下列规定：
1 应发售有效车票。
2 应进行密钥安全性检查。
3 应具有向车站计算机系统上传车票处理交易、设备运行状态等数据，应接收车站计算机系统或线路中央计算机系统下达的命令、票价表、黑名单及其他参数等数据，并应对版本控制参数执行自动生效处理。
4 应具备自动接收硬币、纸币、储值票和银行卡等一种或数种支付方式。
5 在与线路中央计算机系统及车站计算机系统通信中断时，应能在离线模式下工作，保存数据的时间应符合设计文件要求。在通信恢复正常后，应能自动上传未上传的数据。

检验数量：施工单位、监理单位全部检验。
检验方法：按基本功能要求进行试验检验。

IV 自动加值机、自动验票机、便携式验票机

主 控 项 目

16.5.5 自动加值机的自助式加值功能，应符合设计文件要求。

检验数量：施工单位、监理单位全部检验。
检验方法：进行自动加值试验检验。

16.5.6 自动加值机和自动验票机应能通过乘客显示器显示所验车票的车票号、票内余额、有效期、卡状态以及最近几次消费交易等信息。

检验数量：施工单位、监理单位全部检验。
检验方法：进行验票试验检验。

16.5.7 便携式验票机应能通过显示器显示车票的车票号、票内余额、有效期、卡状态等信息。

检验数量：施工单位、监理单位全部检验。
检验方法：进行读票试验检验。

16.6 车站计算机系统检验

I 车站局域网

主 控 项 目

16.6.1 网络设备及系统容量、带宽、延时、丢包率、流量控制性能应符合设计文件要求。

检验数量：施工单位、监理单位全部检验。

检验方法：网络分析仪测试。

Ⅱ 系统功能检验

主 控 项 目

16.6.2 车站计算机系统功能应符合设计文件要求，并应符合下列规定：
1 应能正确显示、监视设备状态。
2 应能正确运行控制命令。
3 应能正确设置运营模式。
4 应能进行参数管理。
5 应能进行软件管理。
6 应能实时统计、输出客流。
7 应能进行日终处理和生成运营报表。
8 应能进行后台处理。
9 应能进行时间同步。
10 在与线路中央计算机系统通信中断时，应能在离线模式下工作，并保存一段时间的数据。在通信恢复正常后，应能自动上传未上传的数据。

检验数量：施工单位、监理单位全部检验。
检验方法：按功能要求进行试验检验。

Ⅲ 紧急按钮功能检验

主 控 项 目

16.6.3 紧急按钮启动、恢复时应满足设计文件要求。
检验数量：施工单位、监理单位全部检验。
检验方法：进行紧急按钮启动、恢复试验检验。

条文说明

紧急按钮启动，应能向车站设备发出紧急放行命令，并应在车站计算机和中央计算机上显示。紧急按钮恢复后，所有车站设备应能自动恢复正常运行，车站计算机和中央计算机应记录该状态。

16.7 线路中央计算机系统检验

Ⅰ 线路中央计算机系统局域网

主 控 项 目

16.7.1 网络设备及系统容量、带宽、延时、丢包率、流量控制性能应符合设计文件要求。

检验数量：施工单位、监理单位全部检验。
检验方法：网络分析仪测试。

Ⅱ 系统功能检测

主 控 项 目

16.7.2 线路中央计算机系统功能应符合设计文件要求，并应符合下列规定：
1. 应能正确监视、设置车站系统运行模式。
2. 应能进行参数管理。
3. 应能进行用户及权限管理。
4. 应能进行实时客流统计。
5. 应能进行软件管理。
6. 应能进行日终处理、生成运营报表和查询交易数据。
7. 应能进行后台处理。
8. 应能进行时间同步。
9. 应能进行维修管理。

检验数量：施工单位、监理单位全部检验。
检验方法：按功能要求进行试验检验。

16.7.3 线路中央编码分拣机系统的功能应符合设计文件要求，并符合下列规定：
1. 应能对车票初始化。
2. 应能对车票分拣。
3. 应能对车票赋值和预赋值。
4. 应能对车票进行注销和更新。
5. 应能对车票进行授权认证管理。
6. 应能从线路中央计算机系统下载参数信息。
7. 应能向线路中央计算机系统上传数据信息。

检验数量：施工单位、监理单位全部检验。
检验方法：按功能要求进行试验检验。

16.8 票务清分系统检验

Ⅰ 票务清分系统计算机局域网

主 控 项 目

16.8.1 网络设备及系统容量、带宽、延时、丢包率、流量控制性能应符合设计文件要求。

检验数量：施工单位、监理单位全部检验。
检验方法：网络分析仪测试。

Ⅱ 票务清分系统功能检验

主 控 项 目

16.8.2 票务清分系统功能应符合设计文件要求，并应符合下列规定：

1　应能进行安全管理。
2　应能进行车票管理。
3　应能进行消息报文传输和转接。
4　应能进行交易清分。
5　应能进行时间同步。
检验数量：施工单位、监理单位全部检验。
检验方法：按功能要求进行试验检验。

16.8.3　清分规则功能检测应符合设计文件要求，并应符合下列规定：
1　路网基本信息管理。
2　售票界面的维护功能。
3　车票类型表参数管理。
4　节假日、高峰时段等其他业务参数管理。
5　清分比例表计算及调整。
6　换乘规则计算及调整。
7　路网费率表计算及调整。
检验数量：施工单位、监理单位全部检验。
检验方法：进行清分规则功能的试验检验。

Ⅲ　容灾功能检验

主 控 项 目

16.8.4　容灾功能应符合设计文件要求，并应符合下列规定：
1　应具有清分系统主要功能，并应与清分系统保持同步。
2　票务清分系统发生故障时，应能切换到容灾系统，并可承担清分系统的功能。
3　当清分系统的数据失效时，应能启动容灾系统的备用数据。
检验数量：施工单位、监理单位全部检验。
检验方法：按功能要求进行试验检验。

16.8.5　数据备份和恢复功能应符合设计文件要求，并应符合下列规定：
1　容灾系统根据相应备份策略，对清分系统日常数据应能实现在线同步备份。
2　系统需要恢复时，可从容灾系统获取最近的可用的全量或增量备份数据，并恢复至上次备份时状态。
3　备份原则应能根据不同数据特征制定。
4　应能定期对备份数据的正确性和完整性进行检验。
检验数量：施工单位、监理单位全部检验。
检验方法：按功能要求进行试验检验。

Ⅳ 网络化运营验收检验
主 控 项 目

16.8.6 网络化运营检测应符合设计文件要求,并应符合下列规定:

1 应检查票务清分系统或线路中央下发的所有运营参数准确无误。

2 应检查各终端设备接收的下发运营参数及时、准确、无误。

3 应对本网络内的所有使用的各种类中低速磁浮专用车票进行初始化编码。

4 应对本网络内的所有使用的各种车票,按模拟运营需要进行赋值。

5 应对本网络内的所有使用的各种车票,在所有终端设备上进行模拟运营对照设计文件要求的终端设备功能进行检测,每台终端设备的使用次数不少于 10 次。

6 应对本网络内的各线路车站之间换乘测试。

7 应测试检查所有交易金额均符合本系统规定的票价规则。

8 日切后,应检查车站计算机系统、线路中央计算机系统和票务清分系统的各类报表,准确无误。

检验数量:施工单位、监理单位全部检验。

检验方法:按功能要求进行试验检验。

17 火灾自动报警系统

17.1 一般规定

17.1.1 火灾自动报警系统调试，应先分别对探测器、区域报警控制器、集中报警控制器、火灾警报装置和消防控制设备等逐个进行单机通电检查，正常后方可进行系统调试。

17.1.2 火灾自动报警系统的施工质量验收除执行本标准外，尚应符合现行国家标准《建筑电气工程施工质量验收规范》（GB 50303）、《电气装置安装工程接地装置施工及验收规范》（GB 50169）和《火灾自动报警系统施工及验收规范》（GB 50166）的有关规定。

17.2 管线敷设

主 控 项 目

17.2.1 金属线槽、保护管和附件，其规格、型号、功能应符合设计文件要求和国家产品标准的规定。

检验数量：施工单位、监理单位全部检验。
检验方法：观察，检查产品质量证明文件。

17.2.2 金属线槽、保护管和附件的安装方式、路径应符合设计文件要求。

检验数量：施工单位全部检验；监理单位按施工单位检验数量的10%平行检验。
检验方法：观察。

17.2.3 金属线槽、保护管等外露可导电部分应可靠接地，接地导体的材质、截面面积及连接要求应满足设计文件及相关规范要求。

检验数量：施工单位全部检验；监理单位按施工单位检验数量的10%平行检验，且不得少于2个点。
检验方法：观察，尺量。

17.2.4 导管穿越密闭或防护密闭隔墙时,应设置预埋套管,预埋套管的制作和安装应符合设计文件要求,套管两端伸出墙面的长度宜为 30~50mm,导管穿越密闭穿墙套管的两侧应设置过线盒,并应做好封堵。

检验数量:施工单位全部检验;监理单位见证检验 20%,且不少于 1 个。

检验方法:观察,查阅隐蔽工程检查记录。

条文说明

本条文是参考《建筑电气工程施工质量验收规范》(GB 50303—2015)中第12.1.4条的要求制定的。

17.2.5 金属导管的连接应符合下列规定:

1 金属导管不应对口熔焊连接,镀锌和壁厚不大于 2mm 的钢导管不应套管熔焊连接。

2 金属导管连接处的两端宜采用专用接地卡固定保护联接导体,以专用接地卡跨接的两卡间连线为铜芯软导线,截面面积不小于 4mm^2。

检验数量:施工单位全部检验;监理单位按每个检验批检验数量的 10% 进行抽样检验,且不得少于 2 个点。

检验方法:观察,尺量。

17.2.6 绝缘导线接头应设置在专用接线盒内,不应设置在导管和槽盒内,接线盒位置应便于检修。

检验数量:施工单位全部检验;监理单位按每个检验批检验数量的 20% 进行抽样检验,且不得少于 2 个点。

检验方法:观察。

条文说明

第 17.2.5 条和第 17.2.6 条相关条文是参考现行国家标准《建筑电气工程施工质量验收规范》(GB 50303)、《火灾自动报警系统施工及验收规范》(GB 50166)的有关规定制定的。

17.2.7 火灾自动报警系统应单独布线,采用明敷的线路应使用金属管道、线槽和金属软管保护,系统内不同电压等级、不同电流类别的线路,不应布在同一管内或线槽的同一槽孔内。

检验数量:施工单位全部检验;监理单位全部见证检验。

检验方法:观察。

条文说明

为防止发生短路故障或产生干扰,故本条做出有关规定,该规定参考现行国家标准《火灾自动报警系统施工及验收规范》(GB 50166) 中的有关要求。

一 般 项 目

17.2.8 暗配的导管,导管表面埋设深度与建筑物、构筑物表面的距离不应小于 15mm,且应符合设计文件要求。

检验数量:施工单位全部检验。

检验方法:观察,尺量。

17.2.9 在吊顶内敷设各类管路和线槽时,宜采用单独的卡具吊装或支撑物固定,吊点或支点的设置应符合下列规定:

1 线槽的直线段每隔 1.0~1.5m 处。
2 槽接头处。
3 距接线盒 0.2m 处。
4 线槽走向改变或转角处。
5 吊装线槽的吊杆直径,不应少于 6mm。

检验数量:施工单位全部检验。

检验方法:观察,尺量。

条文说明

各类管线和线槽在吊顶内敷设时,为了防止弧垂很大,增加机械强度,确保工程质量,故本条规定应设置吊点和支点。设置吊点和支点时,线槽重量大的间距 1.0m,重量小的间距 1.5m。

17.2.10 管线经过建筑物的沉降缝、伸缩缝、抗震缝等处,应采取补偿措施,导线跨越变形缝的两侧应固定,并留有适当余量。

检验数量:施工单位全部检验;监理单位全部见证检验。

检验方法:观察。

条文说明

为保证管线在经过建筑物的沉降缝、伸缩缝、抗震缝等时线路不断裂和图稿系统运行可靠性,故制定本条规定。

17.2.11 电线、电缆、缆式感温探测器等在管内或线槽内,不应有接头或扭结。导线的接头,应在接线盒内焊接或用端子连接,并留有适当余量。

检验数量:施工单位全部检验。

检验方法：观察。

条文说明

因管内或槽内有接头将影响线路的机械强度，另外有接头也是故障的隐患点，不容易进行检查，所以应在接线盒内进行连接，以便于检查。

17.2.12 火灾自动报警系统导线敷设后，每个回路导线对地绝缘电阻值不应小于 20MΩ。

检验数量：施工单位全部检验。
检验方法：兆欧表测量。

条文说明

本条文是参考现行国家标准《火灾自动报警系统施工及验收规范》（GB 50166）的有关规定制定的。

17.3 设备安装

主 控 项 目

17.3.1 火灾自动报警系统设备、火灾探测器、消防电话、配件等，其型号、规格、技术参数应符合设计文件要求和国家产品标准的规定。

检验数量：施工单位、监理单位全部检验。
检验方法：观察，检查产品质量证明文件。

17.3.2 火灾自动报警系统各类控制器、模块箱、探测器和消防电话，其安装位置、安装方式、数量、间距应符合设计文件要求。

检验数量：施工单位、监理单位全部检验。
检验方法：观察，尺量，仪表测量。

17.3.3 控制器的主电源应有明显的永久性标志，并应直接与消防电源连接，不应使用电源插头。控制器与其外接备用电源之间应直接连接。

检验数量：施工单位、监理单位全部检验。
检验方法：观察。

一 般 项 目

17.3.4 火灾报警控制器、可燃气体报警控制器、区域显示器、消防联动控制器等控制器类设备在墙上安装时，其底边距地、楼面高度宜为 1.3～1.5m，其靠近门轴的侧面距墙不应小于 0.5m，正面操作距离不应小于 1.2m；落地安装时，其底边宜高出地、楼面 0.1～0.2m。控制器应安装牢固，不应倾斜，并有明显的永久性标志。安装在轻质墙上时，应采取加固措施。

  检验数量：施工单位全部检验。

  检验方法：尺量。

条文说明

  本条有关规定是为了避免运行时因墙不坚固而脱落，影响使用，且影响美观。

17.3.5 引入控制器的电缆或导线配线应整齐，绑扎成束，不宜交叉，并应固定牢靠。导线的端部，均应标明编号，应留有不小于200mm的余量，穿管、线槽后，应将管口、槽口封堵。端子板的每个接线端，接线不得超过2根。

  检验数量：施工单位全部检验。

  检验方法：尺量。

条文说明

  本条有关规定是为了避免控制器外接线随意乱接，故本条规范接线方式，以便于维修。

17.4 电源、防雷与接地

主 控 项 目

17.4.1 火灾自动报警系统电源、防雷与接地应符合本标准第13.13节和第13.14节的有关规定。

17.5 单机功能检验

主 控 项 目

17.5.1 设备的硬件配置、软件配置、网络地址设置、预置参数应符合设计文件要求。

  检验数量：施工单位、监理单位全部检验。

  检验方法：对照设计文件操作检验。

17.5.2 火灾自动报警系统各设备、模块上电后，设备工作指示灯状态应正常。

  检验数量：施工单位、监理单位全部检验。

  检验方法：观察，操作检验。

17.5.3 设备中预装的软件登录正常，应用程序、调试工具软件无死机或不响应。

  检验数量：施工单位、监理单位全部检验。

检验方法：观察，操作检验。

17.5.4 火灾报警控制器的下列功能应符合设计文件要求及现行国家标准《火灾报警控制器》（GB 4717）的有关规定：
1 火灾报警自检功能。
2 消声、复位功能。
3 故障报警功能。
4 火灾优先功能。
5 报警记忆功能。
6 电源自动转换和备用电源的自动充电功能。
7 备用电源的欠压和过压报警功能。
检验数量：施工单位、监理单位全部检验。
检验方法：对照设计文件测试检查。

17.5.5 各类消防用电设备主、备电源的自动转换装置，应进行3次转换试验，每次试验均应正常。
检验数量：施工单位全部检验；监理单位全部见证检验。
检验方法：对照设计文件测试检查。

17.5.6 火灾探测器、可燃气体探测器和手动火灾报警按钮，应进行模拟火灾响应、可燃气体报警和故障信号检验，被检查的火灾探测器保护半径、保护面积应符合设计文件要求。
检验数量：施工单位全部检验；监理单位全部见证检验。
检验方法：对照设计文件测试检查。

17.6 系统检验

主 控 项 目

17.6.1 操作管理工作站功能应符合下列规定：
1 控制中心能够实现对全线防灾报警系统所有设备和联动设备等的完全监视和控制。
2 能对各个节点设备的工况进行监视，当发生网络故障时，能够显示并报警。
3 车站能够实现对所管辖范围内的火灾报警系统所有设备和联动设备等的完全监视和控制。
检验数量：施工单位、监理单位全部检验。
检验方法：对照设计文件测试检查。

17.6.2 管理功能应符合下列规定：

1　控制中心应能管理全线火灾模式表，能够接收各车站报送的设备运行状态、设备故障报警信息、系统参数监测数据并能完成数据处理、做历史资料存档的管理，能组织、指挥、管理全线防救灾工作，并能实现对外联络功能。
　　2　应能实现中央、车站系统的运行参数管理。
　　3　应能监督所辖范围的火灾模式运行工况，确定系统运行工况。
　　4　应能接收时钟信息，并统一全线系统的时间。
　　检验数量：施工单位、监理单位全部检验。
　　检验方法：对照设计文件测试检查。

17.6.3　监视功能应符合下列规定：
　　1　在中央级和车站级工作站每个监控界面都能显示系统或设备的当前控制权，以体现控制优先级。
　　2　中央级应能反映各车站及区间的火灾工况，应能通过画面颜色和报警提示显示火灾工况。可选择不同的区域按钮分区域显示，显示相应区域平面图。可选择不同的系统按钮，显示各系统图。
　　3　能够显示所辖区域内防救灾设备的信息及报警信号，监视其当前工作状态及设备的运行效果，监视本系统供电电源的运行状态，并具备故障报警功能。
　　4　应能够进行数据查询。
　　5　应能监视管辖范围内的灾情，采集火灾信息，显示火灾报警点、防救灾设施运行状态及所在位置画面，接收气体自动灭火区域的火灾及各种状态信息。
　　检验数量：施工单位、监理单位全部检验。
　　检验方法：对照设计文件测试检查。

17.6.4　控制功能应符合下列规定：
　　1　应具有对消防设备的远程控制功能，可对单个设备进行单设备控制。
　　2　应具有模式号控制功能，中央级可向车站报警控制器发送控制命令，报警控制器将进行优先级和冲突判断，根据判断结果运行控制命令对设备进行控制。
　　3　车站应具有人工确认模式和自动确认模式两种模式功能。
　　检验数量：施工单位、监理单位全部检验。
　　检验方法：对照设计文件测试检查。

17.6.5　消防联动功能应符合下列规定：
　　1　室内消火栓的功能验收应在出水压力符合现行国家有关设计规范的条件下，在消防控制室内操作启、停泵1~3次。
　　2　自动喷水灭火系统，应在符合现行国家有关设计规范的条件下，在消防控制室内操作启、停泵1~3次。
　　3　气体、泡沫、干粉等灭火系统，应在符合现行国家有关设计规范的条件下，自动、手动启动和紧急切断试验1~3次。

    4 防烟排烟风机、风阀消防联动功能测试；风机、风阀消防联动启停、现场手动启停、消防控制室直接启停1~3次。

    5 消防电梯应进行1~2次手动控制和联动控制功能检验，非消防电梯应进行1~2次联动返回首层功能检验，其控制功能、信号均应正常。

    6 电动防火门、防火卷帘应进行联动控制功能检验。

    检验数量：施工单位全部检验；监理单位全部见证检验。

    检验方法：对照设计文件测试检查。

17.6.6 火灾应急广播设备，应对所有广播分区进行选区广播，对共用扬声器进行强行切换；对扩音机和备用扩音机进行全负荷试验；检查应急广播的逻辑工作和联动功能。

    检验数量：施工单位全部检验；监理单位全部见证检验。

    检验方法：对照设计文件测试检查。

17.6.7 应对消防控制室与所设的对讲电话分机进行1~3次通话试验；对电话插孔进行通话试验；对消防控制室的外线电话与另一部外线电话模拟报警电话进行1~3次通话试验。

    检验数量：施工单位全部检验；监理单位全部见证检验。

    检验方法：对照设计文件测试检查。

17.6.8 火灾应急照明和疏散指示控制装置应进行1~3次使系统转入应急状态检验。

    检验数量：施工单位全部检验；监理单位全部见证检验。

    检验方法：对照设计文件测试检查。

17.6.9 自动灭火系统应进行自动、手动启动和紧急停止试验1~3次；与固定灭火设备联动控制的其他设备动作试验1~3次。

    检验数量：施工单位全部检验；监理单位全部见证检验。

    检验方法：对照设计文件测试检查。

17.6.10 火灾自动报警系统在调试合格后，应进行不间断功能测试，试验时间应为144h；不间断测试应符合设计文件要求。

    检验数量：施工单位、监理单位全部检验。

    检验方法：测试检查。

18 综合监控系统

18.1 一般规定

18.1.1 综合监控系统的施工质量验收除应符合本标准外,尚应符合现行国家标准《城市轨道交通综合监控系统工程技术标准》(GB 50636)等有关技术标准的规定。

18.2 管线敷设

主 控 项 目

18.2.1 综合监控系统管线敷设材料型号、规格、性能等应符合设计文件要求。
检验数量:施工单位,监理单位全部检验。
检验方法:观察,检查质量证明文件。

18.2.2 综合监控系统支架、吊架、桥架安装应符合本标准第13.2.2条的要求。

18.2.3 综合监控系统保护管的安装应符合本标准第13.2.3条的要求。

18.2.4 综合监控系统缆线敷设后与管槽的占比应符合本标准第13.2.5条的要求。

18.2.5 综合监控系统缆线敷设应符合本标准第13.4.5条和第13.4.6条的要求。

一 般 项 目

18.2.6 所有线缆起点、终点、类型和编号的标注应符合设计文件要求。
检验数量:施工单位、监理单位全部检验。
检验方法:观察。

18.3 设备安装

主 控 项 目

18.3.1 综合监控系统设备、材料,其型号、规格、性能等应符合设计文件要求。
检验数量:施工单位、监理单位全部检验。
检验方法:观察,检查质量证明文件。

18.3.2 综合监控系统设备的安装位置与安装方式应符合设计文件要求，并应符合下列规定：

1 安装位置不宜在送风口、管道阀门等下方，在送风口、管道阀门等下方应采取防水保护措施。

2 在墙上的箱、柜、盘应安装在承重墙上或采取加固措施。

3 安装在防静电地板上的箱、柜、盘，其所用的专用设备底座应水平。

4 成排安装的箱、柜的主开门方向应一致，正面宜平齐，高度宜一致；相邻箱、柜之间的接缝间隙不应大于2mm。

检验数量：施工单位全部检查；监理单位抽样检验不少于20%且不少于10台，当少于10台时应全部检查。

检验方法：观察，尺量。

一 般 项 目

18.3.3 综合监控系统设备的铭牌内容应符合设计文件要求，字迹显示应清晰完整。

检验数量：施工单位，监理单位全部检查。

检验方法：观察。

18.4 电源与接地

主 控 项 目

18.4.1 综合监控系统电源与接地设备、材料，其型号、规格、性能等应符合设计文件要求。

检验数量：施工单位，监理单位全部检验。

检验方法：观察，检查质量证明文件。

18.4.2 综合控系统设备与电源、接地排的连接应符合设计文件要求。

检验数量：施工单位全部检查；监理单位抽样检验不少于20%。

检验方法：观察，尺量。

18.5 单机功能检验

主 控 项 目

18.5.1 综合监控系统的电力监控功能、模式控制功能以及综合后备盘功能，应符合设计文件、产品技术文件要求。

检验数量：施工单位、监理单位全部检验。

检验方法：对照产品技术文件操作检验。

18.5.2 综合监控系统中央级系统的基本功能、中央级功能、互联功能，应符合设计文件、产品技术文件的要求。

检验数量：施工单位全部检查；监理单位对车站进行抽样检验，抽样检验不少于车站总数的 10%，且不应少于 2 个车站，对区间进行抽样检验，抽样检验不少于区间总数的 10%，且不应少于 2 个区间。

检验方法：对照产品技术文件操作检验。

18.5.3 综合监控系统车站级系统的基本功能、车站级功能、互联功能，应符合设计文件、产品技术文件要求。

检验数量：施工单位全部检查；监理单位对车站同类设备进行抽样检验，抽样检验不少于本车站该类设备总数的 5%，且不应少于 2 台设备。

检验方法：对照产品技术文件操作检验。

18.5.4 综合监控系统车辆基地系统的基本功能、车站级功能、互联功能，应符合设计文件、产品技术文件要求。

检验数量：施工单位全部检查；监理单位对同类设备进行抽样检验，抽样检验不少于该类设备总数的 5%，且不应少于 2 台设备。

检验方法：对照产品技术文件操作检验。

18.6 系统检验

主 控 项 目

18.6.1 综合监控系统中央级系统的响应时间、切换时间、平均负荷率，应符合设计文件、产品技术文件要求。

检验数量：施工单位全部检验；监理单位对车站进行抽样检验，抽样检验不少于车站总数的 10%，且不应少于 2 个车站，对区间进行抽样检验，抽样检验不少于区间总数的 10%，且不应少于 2 个车间。

检验方法：对照产品技术文件操作检验。

18.6.2 综合监控系统车站级系统的响应时间，切换时间，平均负荷率，应符合设计文件、产品技术文件要求。

检验数量：施工单位全部检查；监理单位对车站同类设备进行抽样检验，抽样检验不少于本车站该类设备总数的 5%，且不应少于 2 台设备。

检验方法：对照产品技术文件操作检验。

18.6.3 综合监控系统车辆基地系统的响应时间，切换时间，平均负荷率，应符合设计文件、产品技术文件要求。

检验数量：施工单位全部检查；监理单位对同类设备进行抽样检验，抽样检验不少于该类设备总数的 5%，且不应少于 2 台设备。

检验方法：对照产品技术文件操作检验。

19 环境与设备监控系统

19.1 一般规定

19.1.1 环境与设备监控系统的施工验收除执行本标准外，尚应符合现行国家标准《建筑工程施工质量验收统一标准》（GB 50300）、《建筑电气工程施工质量验收规范》（GB 50303）和《综合布线系统工程验收规范》（GB/T 50312）的有关规定。

19.2 管线敷设

主 控 项 目

19.2.1 金属线槽、保护管和附件，其规格、型号、功能、安装以及环境与设备监控系统的布线方式应符合本标准第17.2.1条～第17.2.7条的规定。

一 般 项 目

19.2.2 各类管路和线槽吊顶内敷设或支架吊装应符合本标准第17.2.8条～第17.2.11条的规定。

19.2.3 明配金属管的安装应符合下列规定：
1 距终端、弯头中点和箱柜边缘150～500mm范围内应设置固定管卡。
2 直线段固定管卡间的最大距离应符合设计文件要求。
3 导管应排列整齐、固定点间距均匀、安装牢固。

检验数量：施工单位全部检验。
检验方法：观察，尺量。

19.2.4 进入配电箱内的导管，当箱底无封板时管口应高出箱的基础面50～80mm。

检验数量：施工单位全部检验。
检验方法：观察，尺量。

19.2.5 室外导管敷设应符合下列规定：
1 埋地敷设的钢导管埋深应符合设计文件要求，管壁厚应大于2mm。
2 导管的管口不应敞口垂直向上，管口应在盒内或导管端部设置防水弯。
3 导管的管口在穿入绝缘导线、电缆后应做密闭处理。

检验数量：施工单位全部检验。

检验方法：观察，尺量。

19.2.6 金属线槽、保护管穿楼板和防火分区隔墙时应符合设计文件要求。

检验数量：施工单位全部检验。

检验方法：观察。

19.2.7 光缆尾纤应单独布放并用垫衬固定，不得挤压、扭曲、捆绑，弯曲半径不应小于 50mm；光缆敷设、接续和固定安装时的弯曲半径不应小于外径的 20 倍。

检验数量：施工单位全部检验。

检验方法：观察，仪器测量。

19.2.8 控制电缆、通信电缆应在上电前进行对线测试，各回路的绝缘电阻值应符合设计文件要求。

检验数量：施工单位全部检验；监理单位按每个检验批的线路数量抽样检验 20%，且不得少于 1 条线路，并应覆盖不同型号的电缆和电线。

检验方法：用绝缘电阻测试仪测试并查阅绝缘电阻测试记录。

条文说明

第 19.2.2 条～第 19.2.8 条相关条文参考了现行国家标准《建筑电气工程施工质量验收规范》（GB 50303）、《综合布线系统工程验收规范》（GB/T 50312）和《火灾自动报警系统施工及验收规范》（GB 50166）等的有关规定。

19.3 设备安装

主 控 项 目

19.3.1 环境与设备监控系统的设备、控制柜、控制器、传感器、电动阀及配件，其型号、性能、功能应符合设计文件要求和国家产品标准的规定。

检验数量：施工单位、监理单位全部检验。

检验方法：观察，检查产品质量证明文件。

19.3.2 配电盘、控制箱安装位置应符合设计文件要求，并应标识清晰，箱体应排列整齐。

检验数量：施工单位、监理单位全部检验。

检验方法：对照设计文件进行观察，尺量。

19.3.3 环境与设备监控系统的各类传感器、控制器的安装位置应符合设计文件要求，并应符合下列规定：
　　1　风管型温度、湿度传感器应安装在风速稳定、并能反映风管温度和湿度的位置。
　　2　风管型压力传感器应安装在气流流速稳定和管道的上半部位置。
　　3　水管型压力和压差传感器应安装在水流流束稳定的位置；高压水管传感器应装在进水管侧，低压水管应装在回水管侧。
　　4　水流开关应安装在水平管段上，开关上的箭头方向应与水流方向一致。
　　5　空气质量传感器应安装在回风通道内风管直管段，探测气体密度小的空气质量传感器应安装在风管或房间的上部，探测气体密度大的空气质量传感器应安装在风管或房间的下部。
　　6　风阀控制器应与风阀门轴垂直安装，并应与风阀门轴连接牢固；开闭箭头的指向应与风门开闭方向一致。
　　检验数量：施工单位、监理单位全部检验。
　　检验方法：对照设计文件进行观察。

一 般 项 目

19.3.4　构件间应连接紧密、牢固，安装用的坚固件应有防锈层。控制盘安装应垂直、平正、牢固，垂直度允许偏差为 1.5mm/m，水平方向的倾斜度允许偏差为 1mm/m。
　　检验数量：施工单位全部检验。
　　检验方法：观察，尺量。

19.4　电源、防雷与接地

主 控 项 目

19.4.1　环境与设备监控系统电源、防雷与接地应符合本标准第 13.13 节和第 13.14 节的有关规定。

19.5　单机功能检验

主 控 项 目

19.5.1　设备的硬件配置、软件配置、网络地址设置、预置参数应符合设计文件要求。
　　检验数量：施工单位、监理单位全部检验。
　　检验方法：对照设计文件操作检验。

19.5.2　设备中预装的软件登录正常，应用程序、调试工具软件无死机或不响应。
　　检验数量：施工单位、监理单位全部检验。
　　检验方法：操作检验。

19.5.3 上电后各设备、模块工作指示灯状态应正常。
   检验数量：施工单位、监理单位全部检验。
   检验方法：操作检验。

19.5.4 传感器采样的分辨率应符合设计文件要求。
   检验数量：施工单位全部检验；监理单位全部见证检验。
   检验方法：操作检验。

19.6 系统检验

主 控 项 目

19.6.1 监视功能应符合下列规定：
   1 控制中心可监视全线各车站设备，各车站设备动态显示画面完整，无遗漏站点和设备。
   2 画面中显示的各车站、各设备状态应与设备现场实际状态一致。
   3 设备图符标识及设备状态标识应符合设计文件要求。
   检验数量：施工单位、监理单位全部检验。
   检验方法：观察，操作试验。

19.6.2 监控功能应符合下列规定：
   1 中心、车站的操作权限互锁、移交功能应符合设计文件要求。
   2 监控范围应包括车站及所辖区间、集中冷站。
   3 监视画面分类、设备状态表示图符、颜色定义符合设计文件要求。
   4 单控和模式控制功能符合设计文件要求。
   5 实现区间隧道及车站的联动控制功能。
   6 时间表编辑、下载功能符合设计文件要求。
   7 环境与设备监控的数据归档和统计报表功能应符合设计文件要求。
   检验数量：施工单位、监理单位全部检验。
   检验方法：观察，操作试验。

19.6.3 系统应能够正常接收、显示并储存屏蔽门设备的主要运行状态。
   检验数量：施工单位、监理单位全部检验。
   检验方法：观察，调试试验。

19.6.4 系统操作工作站权限功能应符合下列规定：
   1 管理员可在线添加、修改、删除用户。
   2 用户权限专业独立性应实现各调度权限控制范围不同。
   3 中心、车站的操作权限互锁功能正常。

4 中心、车站的操作权限移交功能正常。
检验数量：施工单位、监理单位全部检验。
检验方法：观察，功能测试。

19.6.5 系统时钟同步功能应符合下列规定：
1 中心接收时钟系统信号功能正常。
2 各车站计算机设备可接受中心校时服务器的校时。
检验数量：施工单位、监理单位全部检验。
检验方法：观察，功能测试。

19.6.6 后备操作盘盘面布置和功能应符合设计文件要求，操作盘各指示灯状态显示应与现场设备状态一致，按钮、开关控制、联锁功能及试灯功能应正常。
检验数量：施工单位、监理单位全部检验。
检验方法：观察，见证试验。

19.6.7 车辆基地的环境与设备监控系统应具备车站级的通用功能、复示功能、维修管理功能、组态仿真测试功能和培训功能。
检验数量：施工单位、监理单位全部检验。
检验方法：观察，功能测试。

19.6.8 环境与设备监控系统的控制命令响应时间和报警信号响应时间应符合设计文件要求。
检验数量：施工单位全部检验；监理单位全部见证检验。
检验方法：观察，测试。

19.6.9 环境与设备监控系统抗干扰性能和电源切换时系统运行的稳定性应符合设计文件要求。
检验数量：施工单位全部检验；监理单位全部见证检验。
检验方法：观察，测试。

19.6.10 环境与设备监控系统应用软件的在线编辑和参数修改功能，设备和网络通信故障的自检功能应符合设计文件要求。
检验数量：施工单位全部检验；监理单位全部见证检验。
检验方法：观察，测试。

19.6.11 环境与设备监控系统控制网络和数据库的标准化、开放性，系统的冗余配置、可扩展性，节能措施应符合设计文件要求。

检验数量：施工单位全部检验，监理单位全部见证检验。
检验方法：观察，测试。

20 安防系统

20.1 一般规定

20.1.1 安防系统的施工质量验收除应符合本标准外，尚应符合现行国家标准《安全防范工程技术规范》（GB 50348）、《城市轨道交通公共安全防范系统工程技术规范》（GB 51151）和《城市轨道交通安全防范系统技术要求》（GB/T 26718）的有关规定。

20.2 管线敷设

主 控 项 目

20.2.1 安防系统管线敷设应符合本标准第13.2.1条~第13.2.6条的有关规定。

20.3 设备安装

Ⅰ 前端设备安装

主 控 项 目

20.3.1 前端设备、部件及接线端子，其型号、规格、数量和质量应符合设计文件要求，并应外形完好、表面无划痕，附件资料齐全。

检验数量：施工单位、监理单位全部检验。

检验方法：观察，检查质量证明文件。

20.3.2 前端设备安装位置应符合设计文件要求。

检验数量：施工单位、监理单位全部检验。

检验方法：观察，尺量。

Ⅱ 机房设备安装

主 控 项 目

20.3.3 服务器、工作站、交换机、机柜及配线线缆，其型号、规格、质量和数量应符合设计文件要求。

检验数量：施工单位、监理单位全部检验。

检验方法：观察，检查质量证明文件。

20.3.4 服务器、工作站、交换机的安装位置应符合设计文件要求，并应安装稳定、牢固。

检验数量：施工单位、监理单位全部检验。

检验方法：观察，手动检验。

20.3.5 机柜的安装位置应符合设计文件要求，并应符合下列规定：

1 机柜垂直和水平允许偏差应小于2mm，并应安装牢固。

2 同列机柜正面应位于同一平面，其允许偏差为5mm。

检验数量：施工单位全部检验。

检验方法：观察，手动检验。

一 般 项 目

20.3.6 机柜插接件应插接准确、牢固。

检验数量：施工单位全部检验。

检验方法：观察，手动检验。

20.4 电源、防雷与接地

主 控 项 目

20.4.1 安防系统电源、防雷与接地应符合本标准第13.13节和第13.14节的有关规定。

20.5 周界报警系统检验

主 控 项 目

20.5.1 周界报警系统设备型号、规格、数量和质量应符合设计文件要求。

检验数量：施工单位、监理单位全部检验。

检验方法：观察，检查质量证明文件。

20.5.2 周界探测器报警功能应符合设计文件要求。

检验数量：施工单位、监理单位全部检验。

检验方法：观察，对照设计文件进行检查，功能检验。

20.5.3 周界报警系统的记录、显示功能应符合设计文件要求。

检验数量：施工单位、监理单位全部检验。

检验方法：对照设计文件进行检查，查验显示信息、记录。

20.5.4 周界报警系统应能按时间在全部分区域任意设防和撤防，设防、撤防状态应有明显区别。

检验数量：施工单位、监理单位全部检验。
检验方法：观察，对照设计文件进行检查，功能检验。

20.5.5 周界报警系统中下列报警响应符合设计文件要求：
1 从探测报警信号到系统联动设备启动之间的响应时间。
2 从报警发生到报警控制设备接收到报警信号之间的响应时间。
3 从检测系统发生故障到报警控制设备显示信息之间的响应时间。
检验数量：施工单位、监理单位全部检验。
检验方法：观察，对照设计文件进行检查，功能检验。

20.6 视频监视系统检验

主 控 项 目

20.6.1 视频监视系统测试应符合本标准第13.8节的有关规定。

20.7 电子巡更系统检验

主 控 项 目

20.7.1 当与入侵报警系统、出入口控制系统联动时，应保证对联动设备的控制准确、可靠。
检验数量：施工单位、监理单位全部检验。
检验方法：对照设计文件进行检查，观察，功能检验。

20.7.2 电子巡更系统记录打印应能记录打印执行器编号、执行时间，与设置程序的比对等信息。
检验数量：施工单位、监理单位全部检验。
检验方法：对照设计文件进行检查，观察，功能检验。

20.7.3 电子巡更系统管理功能应能有多级系统管理密码，对系统中的各种状态均应有记录。
检验数量：施工单位、监理单位全部检验。
检验方法：对照设计文件进行检查，观察，功能检验。

20.8 安检设施检验

主 控 项 目

20.8.1 安检设施的功能应符合设计文件要求，并应符合下列规定：
1 应能探测出国家、地方及相关部门制定的危险物品目录所列的物品。
2 当探测到危险物品时，应能自动向安防监控中心发出报警信息，并能自动进行数据记录。

检验数量：施工单位、监理单位全部检验。

检验方法：对照设计文件进行检查，观察，功能检验。

条文说明

安检探测系统应能探测指定的炸药、液态危险品、有毒有害气体、放射性物质、武器（含刀、仿真枪、管制器具）等危险物品。对危险物品的报警和数据记录信息可包括危险物质类型、时间、地点、方向、探测仪编号等。当检查、探测到危险物品时宜自动向安防监控中心发出报警信息，并自动进行数据记录。

21 通风空调及供暖

21.1 一般规定

21.1.1 通风空调及供暖系统设备基础、孔、洞及预埋件等土建工程施工完毕后，应由建设、监理、设计及施工单位验收，符合设计文件要求后方可进行通风空调及供暖系统的安装。

21.1.2 供暖系统相关的内容适用于电采暖设备、热水温度不超过130℃的室内采暖系统安装工程的质量检验与验收。

条文说明

本条文是参考现行国家标准《建筑给水排水及采暖工程质量验收规范》（GB 50242）的有关规定制定的。

21.1.3 风管质量的验收应按材料、加工工艺、系统类别的不同分别进行，包括风管的材质、规格、严密性能与成品观感质量等项内容。

条文说明

本条规定了风管成品质量验收的要求，一是按风管的材料类别；二是按风管类别；三是按风管的特性要求进行验收。

21.1.4 供暖系统的质量验收应按供暖方式、系统、设备的不同分别进行。

21.1.5 通风空调及供暖系统的施工质量验收除应符合本标准外，尚应符合现行国家标准《通风与空调工程施工质量验收规范》（GB 50243）、《建筑防烟排烟系统技术标准》（GB 51251）和《建筑给水排水及采暖工程质量验收规范》（GB 50242）的有关规定。

21.2 风管与通风部件

主 控 项 目

21.2.1 金属风管的材料品种、规格、性能与厚度应符合设计文件要求和相关国家标准的规定。

检验数量：施工单位、监理单位全部检验。

检验方法：观察，尺量。

21.2.2 金属风管的制作、安装与加固应符合设计文件要求和相关国家标准的规定。

检验数量：施工单位、监理单位全部检验。

检验方法：观察，尺量。

21.2.3 风管、风管部件及风管配件等，其品种、规格、材质、型号应符合设计文件要求。

检验数量：施工单位、监理单位全部检验。

检验方法：观察，尺量，检查产品质量证明文件。

条文说明

风管部件包含风管系统中的各类风口、阀门、风罩、风帽、消声器、空气过滤器、检查门的测定孔等功能件，风管配件包含风管系统中的弯管、三通、四通、异形管、导流叶片和法兰等构件。

21.2.4 防火阀、排烟阀、排烟口的制作应符合设计文件要求和现行国家标准《建筑通风和排烟系统防火阀门》（GB 15930）的有关规定，并应具有相应的产品合格证书。

检验数量：施工单位、监理单位全部检验。

检验方法：观察，尺量，检查产品质量证明文件。

21.2.5 防爆系统风阀应符合设计文件要求和现行国家标准的有关规定。

检验数量：施工单位、监理单位全部检验。

检验方法：观察，尺量，检查产品质量证明文件。

21.2.6 穿过封闭的防火、防爆的墙体或楼板的风管，应设置厚度不小于1.6mm的钢制防护套管。风管与防护套管之间应用不燃柔性材料封堵严实。

检验数量：施工单位全部检验；监理单位见证检验20%，且不少于5件。

检验方法：观察，尺量。

一 般 项 目

21.2.7 矩形和圆形风管水平安装吊架的规格和间距应符合设计文件要求及现行国家标准《通风与空调工程施工质量验收规范》（GB 50243）的有关规定。

检验数量：施工单位全部检验。

检验方法：观察，尺量。

21.2.8 风管末端的支、吊架距风管端部的距离应符合设计文件要求。

检验数量：施工单位全部检验。

检验方法：观察，尺量。

21.2.9 风管法兰垫片的材质应符合设计文件要求。

检验数量：施工单位全部检验。

检验方法：观察。

21.2.10 风管、风管部件及部件安装完毕，保温前应按设计文件要求做漏风量测试，测试宜分段进行。

检验数量：施工单位全部检验。

检验方法：漏光法检测。

条文说明

漏风量的检测方法需符合现行国家标准《通风与空调工程施工规范》（GB 50738）的有关规定。

21.3 抗震支吊架

主 控 项 目

21.3.1 抗震支吊架的材质、规格、性能应符合设计文件要求及现行行业标准《抗震支吊架安装及验收规程》（CECS 420）的有关规定。

检验数量：施工单位、监理单位全部检验。

检验方法：观察，检查产品质量证明文件。

21.3.2 抗震支吊架的整体安装间距应符合设计文件要求，其允许偏差不应大于0.2m。

检验数量：施工单位全部检验；监理单位平行检验10%，且不少于5件。

检验方法：观察，尺量。

21.3.3 抗震支吊架的斜撑与吊架安装距离应符合设计文件要求，并不得大于0.1m。

检验数量：施工单位全部检验；监理单位平行检验10%，且不得少于5件。

检验方法：观察，尺量。

条文说明

本条对抗震支吊架安装间距的验收要求做了规定，文中具体数值参考现行行业标准《抗震支吊架安装及验收规程》（CECS 420）。

21.3.4 抗震支吊架与结构、吊杆与槽钢、槽钢螺母与连接件的扭矩应符合设计文件要求。

检验数量：施工单位全部检验；监理单位平行检验10%，且不少于5件。

检验方法：扭矩扳手检查。

21.4 设备安装

主 控 项 目

21.4.1 通风与空调设备的型号、规格、性能及技术参数等应符合设计文件要求，并应符合消防规范与产品技术文件的规定。

检验数量：施工单位、监理单位全部检验。

检验方法：观察，检查产品质量证明文件。

条文说明

本条文规定与消防有关的设备除符合设计文件要求外，还应满足现行国家标准《建筑防排烟系统技术规程》（GB 51251）、《建筑设计防火规范》（GB 50016）和消防部门的有关规定。

21.4.2 风机及风机箱的安装位置应符合设计文件要求。

检验数量：施工单位全部检验；监理单位见证检验20%，且不少于1个系统。

检验方法：观察，尺量。

21.4.3 通风机传动装置外露部位和直通大气的进、出口的防护措施，应符合设计文件要求。

检验数量：施工单位全部检验；监理单位见证检验20%，且不少于1个系统。

检验方法：观察。

条文说明

为防止风机对人的意外伤害，本条是对通风机传动装置的外露部分应采取保护性措施的规定。

21.4.4 现场组装的组合式空气调节机组应按设计文件要求做漏风量的检测，其漏风量应符合现行国家标准《组合式空调机组》（GB/T 14294）的有关规定。

检验数量：施工单位全部检验；监理单位见证检验20%，且不少于1个系统。

检验方法：观察，漏风量测试仪测量。

条文说明

该条主要针对散装或组装功能段运至现场进行整体拼装的施工方法，在现场组装的机组安装完毕后，应进行漏风量的测试。

21.4.5 散热器及辅助设备的安装应符合设计文件要求。

检验数量：施工单位全部检验；监理单位见证检验20%，且不少于1个系统。

检验方法：观察，尺量。

21.4.6 空气风幕机、空调机组、热回收机组等设备的安装应符合设计文件要求。

检验数量：施工单位、监理单位全部检验。

检验方法：观察，检查质量证明文件。

21.4.7 空气过滤器、加湿器、空气净化装置等设备的安装应符合设计文件要求。

检验数量：施工单位全部检验；监理单位见证检验20%，且不少于1个系统。

检验方法：观察，尺量。

21.5 供暖系统

主 控 项 目

21.5.1 供暖管道、补偿器、平衡阀、调节阀及所用材料，其型号、规格、质量和数量应符合设计文件要求。

检验数量：施工单位、监理单位全部检验。

检验方法：观察，检查产品质量证明文件。

21.5.2 供暖管道、补偿器、平衡阀及调节阀等装置的安装位置应符合设计文件要求。

检验数量：施工单位、监理单位全部检验。

检验方法：观察，尺量。

21.5.3 供暖管道的安装坡度应符合设计文件要求和现行国家标准《建筑给水排水及采暖工程施工质量验收规范》（GB 50242）的有关规定。

检验数量：施工单位全部检验；监理单位见证检验20%，且不少于5件。

检验方法：水平尺、拉线测量。

21.5.4 供暖系统的补偿器、平衡阀、调节阀等装置，其安装方式、安装质量应符合设计文件要求和现行国家标准《建筑给水排水及采暖工程施工质量验收规范》（GB 50242）的有关规定。

检验数量：施工单位全部检验；监理单位见证检验20%，且不少于5件。
检验方法：观察，检查质量证明文件。

21.5.5 管道、金属支架及设备的防腐和保温措施应符合设计文件要求。
检验数量：施工单位、监理单位全部检验。
检验方法：观察。

21.6 系统检验

主 控 项 目

21.6.1 通风与空调工程系统调试应符合设计文件要求，并应包含以下内容：
1 设备单机试运转及调试。
2 系统非设计满负荷条件下的联合试运转及调试。
3 系统带负荷的综合效能测试。
检验数量：施工单位、监理单位全部检验。
检验方法：观察，操作试验。

条文说明

通风与空调工程完工后，为了使工程达到预期的目标，规定应进行系统的测定和调整。这是应进行的工艺过程，其中系统非设计满负荷条件下的联合试运转及调试，还可分为单个或多个子分部工程系统的联合试运转与调试，以及整个分部工程系统的联合试运转与平衡调整。

21.6.2 系统无负荷条件下，通风与空调工程系统的联合试运转应符合设计文件要求。
检验数量：施工单位、监理单位全部检验。
检验方法：观察，操作试验。

条文说明

通风系统安装完毕，系统无负荷运行的条件下，应对以下系统进行调整与测定：通风机的风量、风压或空调设备余压、转速及噪声；风管、风道及风口的风速和风量分配；空气处理设备和制冷系统的冷、热媒及工质的压力、温度等各项参数；站台厅、站厅、设备与管理用房典型测点的温度、相对湿度；测定当时的户外气温和相对湿度以及排风温度和相对湿度。

21.6.3 供暖系统安装完毕，管道保温之前后应进行水压试验，试验压力应符合设计文件要求和现行国家标准《建筑给水排水及采暖工程施工质量验收规范》（GB 50242）的有关规定。

　　检验数量：施工单位、监理单位全部检验。
　　检验方法：观察，调试试验。

21.6.4 供暖系统冲洗完毕后应充水、加热，系统试运行和调试应符合设计文件要求和现行国家标准《建筑给水排水及采暖工程施工质量验收规范》（GB 50242）的有关规定。

　　检验数量：施工单位、监理单位全部检验。
　　检验方法：观察，调试试验。

21.6.5 当竣工季节气温符合冷、热源的运行条件时，空调系统应按设计文件要求做带冷源、热源的联合试运转。当不符合运行条件时，空调系统可先做不带冷源、热源的试运转。

　　检验数量：施工单位、监理单位全部检验。
　　检验方法：观察，调试试验。

21.6.6 通风、空调各系统无负荷联合试运转时，应按设计文件要求的方式运行。每个系统内的设备及主要部件的联动应协调，并运转正常。

　　检验数量：施工单位、监理单位全部检验。
　　检验方法：观察，调试试验。

21.6.7 无负荷联合试运转的时间应符合设计文件要求，并符合下列规定：
　　1　局部通风系统、事故通风和排烟系统应连续稳定运行 6h 以上。
　　2　空调系统、带制冷剂的制冷系统和采暖系统应连续、稳定运行 8h 以上。
　　3　带制冷剂的制冷系统如在最低负荷能力条件下不能连续运行，可缩短试运转时间。

　　检验数量：施工单位、监理单位全部检验。
　　检验方法：观察，调试试验。

22 门禁系统

22.1 一般规定

22.1.1 门禁系统的施工质量验收除应符合本标准外，尚应符合现行国家标准《安全防范工程技术规范》（GB 50348）、《城市轨道交通公共安全防范系统工程技术规范》（GB 51151）和《城市轨道交通安全防范系统技术要求》（GB/T 26718）的有关规定。

22.2 线缆敷设及设备安装

I 线缆敷设

主控项目

22.2.1 门禁系统所用线缆规格、型号、数量和质量应符合设计文件要求。
检验数量：施工单位、监理单位全部检验。
检验方法：观察，检查质量证明文件。

22.2.2 线缆敷设应符合下列规定：
1 线缆的敷设位置、路径应符合设计文件要求。
2 线缆防护管应通畅，管口应加防护圈。
3 线槽、管槽内的线缆，不应有接头或扭结。
4 线槽内的电源线、信号线应排列整齐。
检验数量：施工单位、监理单位全部检验。
检验方法：观察，尺量。

一般项目

22.2.3 金属保护管的镀锌层应符合设计文件要求，并不应有变形及裂缝，管口应光滑、无锐边，内外壁应光洁、无毛刺。
检验数量：施工单位全部检验。
检验方法：观察。

22.2.4 线缆在走线架、线槽、机柜、机架内应均匀绑扎固定，松紧适度。
检验数量：施工单位全部检验。
检验方法：观察。

Ⅱ 设备安装

主控项目

22.2.5 门禁系统设备的规格、型号和质量应符合设计文件要求，并应符合下列规定：

1 机柜、机架、设备及附件应无变形、表面应无损伤。
2 铭牌、标识应清晰。
3 机柜、机架及设备内部的部件应完好，连接应无松动、无受潮、无发霉和无锈蚀。

检验数量：施工单位、监理单位全部检验。
检验方法：观察，检查质量证明文件。

22.2.6 门禁系统设备安装应符合下列规定：

1 机柜、机架及前端设备，其安装位置、安装方式、数量应符合设计文件和产品技术文件要求。
2 识读设备的安装位置应符合设计文件要求，且不得靠近高频、强磁场、潮湿、腐蚀性等环境。
3 识读装置安装的离地高度应符合设计文件要求，并应安装牢固。
4 控制器与读卡器间的距离应符合设计文件要求。
5 控制器、读卡器不应与大电流设备共用电源插座。
6 配套锁具安装应牢固，启闭应灵活。

检验数量：施工单位、监理单位全部检验。
检验方法：观察，尺量。

22.2.7 机柜、机架的接地方式和接地电阻应符合设计文件要求。

检验数量：施工单位、监理单位全部检验。
检验方法：观察，万用表检测。

条文说明

机柜、机架应可靠接地，包括应与接地端子焊接牢靠及接地阻值达到设计文件要求。

22.2.8 门禁系统与火灾自动报警系统、视频监控系统等的接口应符合设计文件要求。

检验数量：施工单位、监理单位全部检验。
检验方法：对照设计文件进行检查。

22.2.9 电源、防雷与接地系统的安装质量应执行现行国家标准《安全防范工程技术规范》（GB 50348）及本标准第 13.13 节和第 13.14 节的有关规定。

一 般 项 目

22.2.10 门禁系统的备用电源在正常工作状态下，满负荷连续工作时间应符合设计文件要求。

　　检验数量：施工单位全部检验。

　　检验方法：对照设计文件进行检查。

22.2.11 机柜、机架应垂直；相邻机柜、机架应可靠贴合，正立面平齐。

　　检验数量：施工单位全部检验。

　　检验方法：观察，尺量。

22.3 系统检验

主 控 项 目

22.3.1 门禁系统检验应符合下列要求和现行国家标准《安全防范工程技术规范》（GB 50348）的有关规定。

　　1 每一次有效的进入，系统应储存进入人员的相关信息。

　　2 检查系统的响应时间及事件记录功能应符合设计文件要求。

　　3 调试门禁系统与火灾自动报警系统、视频监控系统等的联动功能应符合设计文件要求。

　　4 控制器、读卡器通电状态、启动状态应正常。

　　5 控制器与其连接的相关模块联通、加电测试工作状态应正常。

　　6 读卡器的读卡距离应符合设计文件及产品技术文件要求。

　　7 出门及紧急按钮应能够正常开启。

　　8 系统主机在离线的情况下，控制器应能准确、实时地独立工作，并应实现储存信息的功能。

　　检验数量：施工单位、监理单位全部检验。

　　检验方法：对照产品技术文件进行调试，检测。

22.3.2 门禁系统的软件调试应符合下列规定：

　　1 演示软件的功能，应符合设计文件及产品技术文件要求。

　　2 软件的适应性、稳定性和图形化界面操作性，应符合设计文件及产品技术文件要求。

　　3 系统操作人员的分级授权、操作信息的存储记录等的安全性能，应符合设计文件及产品技术文件要求。

检验数量：施工单位、监理单位全部检验。

检验方法：对照产品技术文件进行调试，检测。

23 站台门

23.1 一般规定

23.1.1 站台门施工质量验收除执行本标准外，尚应符合现行行业标准《城市轨道交通站台屏蔽门系统技术规范》（CJJ 183）的有关规定。

23.2 管线敷设

主控项目

23.2.1 线管、线槽和线缆，其规格、型号、质量应符合设计文件要求。
　　检验数量：施工单位、监理单位全部检验。
　　检验方法：检查质量证明文件。

23.2.2 线管和线槽的安装位置、安装路径及安装方式应符合设计文件要求。
　　检验数量：施工单位、监理单位全部检验。
　　检验方法：观察，尺量。

23.2.3 动力线和通信线应分开放置在不同的管槽内，且动力线和通信线的表面应无划伤或破损。
　　检验数量：施工单位、监理单位全部检验。
　　检验方法：观察。

23.2.4 动力线和通信线终端头和接头的制作应符合设计文件要求。
　　检验数量：施工单位、监理单位全部检验。
　　检验方法：观察。

23.2.5 线管、线槽及其支架和托架的安装，应牢固可靠、排列整齐，线管管口应光滑。
　　检验数量：施工单位、监理单位全部检验。
　　检验方法：观察。

一 般 项 目

23.2.6 线管、线槽的敷设应整齐牢固；线槽内导线总截面面积不应大于线槽净截面面积的60%；导管内导线总截面面积不应大于导管净截面面积的40%；软管固定间距不应大于1m，端头固定间距不应大于0.1m。

检验数量：施工单位、监理单位抽样检验10%，且不少于10处，否则全部检验。

检验方法：观察，尺量，仪器测量。

23.3 站台门安装

Ⅰ 门 槛 安 装

主 控 项 目

23.3.1 滑动门、应急门和端门门槛，其规格、型号、外观、质量应符合设计文件要求。

检验数量：施工单位、监理单位全部检验。

检验方法：观察，检查质量证明文件。

23.3.2 滑动门、应急门和端门门槛的安装位置应符合设计文件要求；门槛上表面至轨道顶面距离及门槛轨道侧边缘到轨道中心线距离应符合设计文件要求。

检验数量：施工单位、监理单位全部检验。

检验方法：观察。

23.3.3 滑动门、应急门和端门门槛应有防滑措施，门槛安装应牢固无松动。

检验数量：施工单位、监理单位全部检验。

检验方法：对照设计文件进行观察，尺量。

23.3.4 下支架及底部支撑螺栓的扭力应符合设计载荷要求，且紧固螺栓应有放松措施。

检验数量：施工单位全部检验。

检验方法：对照设计文件进行扭力测试。

一 般 项 目

23.3.5 相邻门槛应接口平整，门槛与立柱周边间隙应均匀。

检验数量：施工单位全部检验。

检验方法：观察，尺量。

Ⅱ 上部结构安装

主 控 项 目

23.3.6 上部结构及连接螺栓的规格、型号、扭力应符合设计文件要求，且紧固螺栓应有放松措施。

检验数量：施工单位抽样检验10%，监理单位按施工单位检验数量的20%见证检验，且不少于10处。

检验方法：检查质量证明文件，扭力测试。

23.3.7 上部结构安装位置、上部结构轨道侧到轨道中心线的水平距离、上部结构下表面到轨顶面的垂直距离应符合设计文件要求。

检验数量：施工单位、监理单位全部检验。

检验方法：尺量。

23.3.8 上部结构安装质量应符合设计文件要求。

检验数量：施工单位、监理单位全部检验。

检验方法：观察。

Ⅲ 门体结构安装

主 控 项 目

23.3.9 门体及其部件的规格、型号、质量应符合设计文件要求。

检验数量：施工单位、监理单位全部检验。

检验方法：检查质量证明文件。

23.3.10 门体结构的安装位置、各门体立柱间距应符合设计文件要求。

检验数量：施工单位、监理单位全部检验。

检验方法：尺量，观察。

23.3.11 门体结构的安装质量应符合设计文件要求，并应符合下列规定：

1 门机梁、门楣及立柱间的连接应牢固。

2 门体结构应有等电位连接电缆。

3 站台门门楣或固定侧盒的安装应使门机导轨中心线与门槛平行，门机导轨中心线与门槛面的平行度应小于1mm/m。

检验数量：施工单位、监理单位全部检验。

检验方法：观察，测试检查。

Ⅳ 固定门、滑动门、应急门及端门安装

主 控 项 目

23.3.12 固定门、滑动门、应急门、端门及配件，其规格、型号、质量应符合设计文件要求，且应外观完好。

检验数量：施工单位、监理单位全部检验。

检验方法：观察，检查质量证明文件。

23.3.13 固定门、滑动门、应急门、端门的安装位置应符合设计文件要求。
　　检验数量：施工单位、监理单位全部检验。
　　检验方法：观察，尺量。

23.3.14 固定门、滑动门、应急门、端门安装质量应符合设计文件要求，门体安装应牢固可靠，外观良好，并应符合限界要求。
　　检验数量：施工单位、监理单位全部检验。
　　检验方法：观察，尺量，手推。

23.3.15 滑动门导靴、应急门上铰链定位销、端门闭门器、固定门调节支架、电气安全开关、各密封胶条的安装应正确，并应符合设计文件要求。
　　检验数量：施工单位、监理单位全部检验。
　　检验方法：观察，测试。

23.3.16 滑动门、应急门及端门开度应符合设计文件要求。
　　检验数量：施工单位、监理单位全部检验。
　　检验方法：尺量。

23.3.17 应急门和端门开启后，可向站台侧旋转90°；门体的内外侧开门装置应动作灵活，密封良好。
　　检验数量：施工单位、监理单位全部检验。
　　检验方法：观察，测试。

23.3.18 滑动门、应急门及端门的门体应能在站台侧用专用钥匙开启。
　　检验数量：施工单位、监理单位全部检验。
　　检验方法：观察，测试。

23.3.19 轨道侧的滑动门把手、应急门和端门推杆锁，应开启灵活。
　　检验数量：施工单位、监理单位全部检验。
　　检验方法：观察，测试。

23.3.20 手动把手、推杆的操作标识和透明部件上的防撞标识设置，应符合设计文件要求，且应清晰、醒目。
　　检验数量：施工单位、监理单位全部检验。
　　检验方法：观察。

一 般 项 目

23.3.21 每侧站台固定门和应急门应在同一个平面上安装；固定门扇与门楣、门槛面之间间隙应均匀。
　　检验数量：施工单位全部检验。
　　检验方法：观察，尺量。

23.3.22　全高站台门滑动门门扇、应急门门扇与门楣、门槛面之间的间隙不应大于10mm，全高封闭式站台门间隙处应有密封毛刷或其他形式的密封装置。
　　检验数量：施工单位全部检验。
　　检验方法：观察，尺量。

23.3.23　全高站台门滑动门与滑动门立柱之间的间隙不应大于6mm，半高站台门滑动门与固定侧盒立柱之间的间隙不应大于8mm，并应在间隙设置毛刷或橡胶条等。
　　检验数量：施工单位全部检验。
　　检验方法：观察，尺量。

Ⅴ　盖板安装

主控项目

23.3.24　盖板的规格、型号、质量应符合设计文件要求。
　　检验数量：施工单位、监理单位全部检验。
　　检验方法：检查质量证明文件。

23.3.25　盖板安装位置应符合设计文件要求。
　　检验数量：施工单位、监理单位全部检验。
　　检验方法：观察，尺量。

23.3.26　站台门顶箱后封板安装应牢固，前盖板安装应平整，前盖板全部开启后，各开启面板应调整在同一平面内，上下高度一致，其开启角度应符合设计文件要求，并应能在最大开启角度定位。
　　检验数量：施工单位、监理单位全部检验。
　　检验方法：观察，测试。

一般项目

23.3.27　相邻盖板的间距应均匀，并且平面应平整，外观应良好。
　　检验数量：施工单位全部检验。
　　检验方法：观察。

23.3.28　前下盖板的支撑构件、盖板密封胶及后盖板的毛刷安装应良好，并应符合设计文件要求。

检验数量：施工单位全部检验。
检验方法：观察，测试。

Ⅵ 设备柜安装

主 控 项 目

23.3.29 设备柜的规格、型号和质量应符合设计文件要求。
检验数量：施工单位、监理单位全部检验。
检验方法：检查质量证明文件。

23.3.30 设备柜安装位置应符合设计文件要求，并应牢固可靠。
检验数量：施工单位、监理单位全部检验。
检验方法：观察，尺量。

23.3.31 设备柜的接地方式、接地电阻应符合设计文件要求。
检验数量：施工单位、监理单位全部检验。
检验方法：观察，测试。

23.3.32 电气绝缘电阻应符合设计文件要求。
检验数量：施工单位、监理单位全部检验。
检验方法：兆欧表测量。

23.4 电源与接地

主 控 项 目

23.4.1 电源和监控系统设备的型号、规格和性能应符合设计要求。
检验数量：施工单位、监理单位全部检验。
检验方法：检查质量证明文件。

23.4.2 电源系统应有过流、过压保护，当电压在±10%范围内波动时，站台门系统应能正常工作；当电压超过10%，站台门系统应能自动保护。
检验数量：施工单位全部检验，监理单位平行检验10%，且不少于10处。
检验方法：调整电压测试。

23.4.3 门体金属机械结构之间采用电缆相连时，应保持等电位连接。
检验数量：施工单位全部检验，监理单位平行检验10%，且不少于10处。
检验方法：观察，欧姆表接地试验。

23.4.4 站台门应通过接地端子接地，接地电阻不应大于1Ω。

检验数量：施工单位全部检验；监理单位平行检验10%，且不少于10处。

检验方法：接地电阻仪测试。

23.5 系统检验

主 控 项 目

23.5.1 站台门系统与综合监控系统、信号系统的接口应符合设计文件要求和双方接口文件技术条款的要求。

检验数量：施工单位、监理单位全部检验。

检验方法：测试检查及查验相关技术协议。

23.5.2 主监视系统对各单元及系统的状态及故障信息的监视功能应符合设计文件和合同要求。

检验数量：施工单位、监理单位全部检验。

检验方法：观察，测试。

23.5.3 站台门系统的断相、错相保护、短路保护和过载保护功能应符合设计文件要求。

检验数量：施工单位、监理单位全部检验。

检验方法：观察，测试。

23.5.4 站台门的障碍物探测功能应符合设计文件要求，并能探测到厚度为5mm～10mm，且最小宽度为40mm的硬障碍物。

检验数量：施工单位、监理单位全部检验。

检验方法：测试。

23.5.5 站台门噪声峰值不应超过70dB。

检验数量：施工单位全部检验，监理单位平行检验10%，且不少于10处。

检验方法：分贝计测量。

23.5.6 端门、应急门、滑动门应能可靠闭锁，且能检测门体状态，当门体超过规定时间未关闭时，应有声光报警。

检验数量：施工单位全部检验；监理单位平行检验10%，且不少于10处。

检验方法：功能测试。

附录 A 单位工程、分部工程及分项工程划分

A.0.1 单位工程、分部工程及分项工程（土建）可按表 A.0.1 划分。

表 A.0.1 单位工程、分部工程及分项工程（土建）划分

单位工程	分部工程	子分部工程	分项工程
低置结构	地基处理	—	换填，素混凝土桩，旋喷桩，混凝土预制桩，钢筋混凝土灌注桩，桩板结构，筏板
	基床以下路堤	—	普通填料及物理改良土填筑，改良土填筑，边坡成型
	路堑	—	路堑开挖，路堑基床底层，路堑基床表层
	过渡段	—	路堑与桥台过渡段，路堑与隧道过渡段，路堤与桥台过渡段，横向结构物过渡段，基坑回填，桥台椎体填土
	基床	基床表层	土工膜铺设，级配碎石填筑
		基床底层	普通填料及物理改良土填筑，化学改良土填筑
	路基面	—	封闭层回填
	承轨梁	—	承轨梁垫层，钢筋，混凝土
	路基排水	地表排水	基坑，现浇钢筋混凝土水沟，预制水沟安装，吊沟消力池、挡水墙
		地下排水	现浇混凝土水沟，预制混凝土水沟
		过渡段排水	无砂混凝土块，透水管，渗水盲沟
	边坡防护	植物防护	植物防护，客土植生防护，喷混植生防护，土工合成材料防护
		骨架护坡防护	预制件骨架，现浇混凝土骨架，骨架间客土和植物
		孔窗式护坡（墙）	浆砌片石孔窗式护墙、混凝土现浇孔窗式护坡（墙），捶面护坡，植物
		锚杆框架梁	框架梁，锚杆，框架内植物
	支挡结构	重力式	基坑，挡土墙基础，墙身混凝土，墙背填筑及反滤层，沉降缝
		悬臂式、扶壁式	基坑，挡土墙基础，钢筋，墙身混凝土，墙背填筑及反滤层，沉降缝
	路基相关工程及设施	防护栅栏	防护栅栏基坑，防护栅栏
		检查井、检查道	检查井身混凝土，检查栏杆、堑顶维修检查通道
		接触轨支架	接触轨支架基础，预留设施
		四电接口	信号机基底，通信天线基底，电缆槽及盖板，电缆井，过轨管线
		疏散通道	疏散通道
	变形观测	—	观测装置安设，变形观测

表 A.0.1（续）

单位工程	分部工程	子分部工程	分项工程
桥梁	墩台基础	明挖基础	地基处理，基坑开挖，模板及支架，钢筋，混凝土，基坑回填
		钻孔桩	钻孔，挖孔，钢筋，混凝土
		承台	模板及支架，钢筋，混凝土，基坑回填
	墩台	墩台	模板及支架，钢筋，混凝土，防水层
		排水设施	排水设施的模板及支架、钢筋、混凝土、砌体
	桥位制梁	支架法现浇预应力混凝土简支箱梁	模板及支架，钢筋，混凝土，预应力，架梁，支座，防水层
		支架法现浇预应力混凝土连续梁	模板及支架，钢筋，混凝土，预应力，支座，防水层
		悬臂法现浇预应力混凝土连续梁	模板及支架，钢筋，混凝土，预应力，支座，防水层
	桥梁预制及架设	桥梁预制	模板及支架，钢筋，混凝土，预应力施加，支座，防水层
		桥梁架设	桥梁架设
	承轨梁	—	承轨梁垫层，钢筋，混凝土
	桥面及相关结构	—	防护层，保护层，伸缩装置，防落梁挡块，救援疏散设施，接地体，余长电缆腔
	涵洞	地基及基础	地基处理，基坑开挖，模板及支架，钢筋，混凝土，基坑回填
		涵身及端翼墙	模板及支架，钢筋，混凝土，防水层，沉降缝
	变形观测	—	沉降变形观测
地下工程	暗挖隧道工程	暗挖隧道洞口、明洞	开挖，模板，钢筋，混凝土，回填，防护
		暗挖隧道地层预加固	地表注浆加固，洞内预注浆
		暗挖隧道洞身开挖	开挖
		暗挖隧道支护	锚杆，钢筋网，钢架，喷射混凝土，回填注浆
		暗挖隧道衬砌	隧道衬砌模板，钢筋，混凝土，喷射混凝土衬砌，底板，仰拱，仰拱填充，二次衬砌背后注浆
		暗挖隧道防排水	防水板防水，涂料防水层，注浆防水，洞口防排水，洞内排水沟，盲管，施工缝与变形缝处理
	明挖工程	支护工程	地下连续墙（成槽、钢筋、混凝土），混凝土灌注桩，冠梁，钢或混凝土支撑
		土方工程	土方开挖，土方回填
		基底处理	混凝土垫层，地基加固
		主体结构	模板，钢筋，混凝土
		防排水	洞内排水设施，泄水洞，结构防水
	盾构工程	管片制作	管片模具，管片钢筋，管片成品，钢管片
		盾构掘进与管片拼装	盾构掘进，管片拼装管片防水，壁后注浆，手孔封堵，嵌缝，成型隧道
	承轨梁	—	承轨梁垫层，钢筋，混凝土

表 A.0.1（续）

单位工程	分部工程	子分部工程	分项工程
地下工程	附属设施	—	疏散平台，接地体
	变形观测	—	沉降变形观测
轨道	正线轨道工程	轨排测量网	轨排基标设置
		有缝线路轨排	轨排铺设，扣件安装，轨排接头
		承轨台	模板，钢筋，混凝土
		轨道附属设施与标志	车挡安装，线路及信号标志
	车辆段及出入段线轨道工程	轨道测量网	轨道基标设置
		有缝线路轨道	轨排铺设，扣件安装，轨排接头
		承轨台	模板，钢筋，混凝土
		轨道附属设施与标志	车挡安装，线路及信号标志
道岔系统	道岔基础及平台	—	钢筋，混凝土，基础板安装
	道岔结构件	—	活动端垛梁安装，驱动装置安装，锁定装置安装，台车安装，铰轴连杆安装，道岔梁安装
	电控设备	—	电控设备安装
	道岔调试	—	道岔调试
车站建筑	站台	—	站台填筑，块材铺设
	站厅及出入口	石材面层	基层，面层铺设
		瓷板安装	饰面板安装，饰面砖粘贴
		吊顶安装	板块面层吊顶，格栅吊顶
	附属设施	—	栏杆安装，扶手安装，导向标志安装
车辆基地	场内道路	—	路基填筑，基层填筑，面层铺设
	车辆基地设备	洗车机	基础施工，设备组装，上下水设备安装，设备配线，调试运行
		悬浮架更换设备	基础施工，设备安装，设备配线，调试及试运行
		车底大部件拆装设备	基础施工，设备安装，设备配线，调试及试运行
		整车间隙检测系统	基础施工，设备安装，设备配线，调试及试运行
		三层作业平台	基础施工，设备安装，设备配线，调试及试运行
		蓄电池间	基础施工，设备安装，设备配线，调试及试运行
		起重机	轨道和车挡安装，起重机组装，小车在起重机上就位，调整起重机驾驶箱吊装，起重机配线，滑触线安装，调试及试运行
	附属设施	—	栏杆安装，围墙施工

表 A.0.1（续）

单位工程	分部工程	子分部工程	分项工程
给水排水	给水排水管道	管沟及基础	管沟开挖，支护，沟底处理，管沟回填
		管道安装与铺设	球墨铸铁管，钢管，硬聚氯乙烯，聚乙烯，钢塑复合管，钢筋混凝土管，防护涵管，倒虹管，管道防腐，管道保温
		管道功能性试验及冲洗消毒	管道水压试验，无压管道闭水试验，给水管道冲洗消毒
	构筑物	构筑物	基坑开挖，构筑物基础，基坑回填，构筑物钢筋，构筑物混凝土，防水层，防渗层，变形缝
	水泵及附属设备	构筑物满水试验	水池等满水试验
		设备基础	设备基础
		设备安装	水泵安装、水处理设备安装
		仪表与自动控制系统安装	仪表与自动控制系统安装
	系统功能检验	—	给水系统调试，污水系统调试，集中监控系统调试

A.0.2 单位工程、分部工程及分项工程（机电）可按表 A.0.2 划分。

表 A.0.2 单位工程、分部工程及分项工程（机电）划分

单位工程	分部工程	子分部工程	分项工程
供电	变电所	—	开关柜安装，交直流配电屏安装，整流柜安装，接地装置安装及试验，整流变压器安装，变电所附属设备，设备调试
	接触轨	绝缘支撑装置	绝缘支撑装置安装
		接触轨及附件	接触轨，端部弯头，膨胀接头，中间接头
		电连接	电缆敷设
	环网电缆线路	—	电缆支架及接地，环网电缆敷设，测试试验
	动力及照明	电气动力安装	成套配电柜、控制柜、动力配电箱安装，导管敷设，电缆敷设，管内穿线和槽盒内敷线，电缆头制作、接线和线路绝缘测试
		电气照明安装	成套配电柜、控制柜、照明配电箱安装，导管敷设，管内穿线和槽盒内敷线，电缆头制作、接线和线路绝缘测试，灯具安装
	防雷及接地	—	线缆敷设，建筑物等电位联结，接地装置安装
	电力监控系统功能检验	—	设备安装，软件安装，管槽安装及电缆附设，系统调试
通信	通信管线	—	支吊架安装，保护管安装，缆线布放
	通信线路	—	区间电缆支架，光缆敷设及引入，电缆敷设及引入，漏缆敷设及引入，光缆检测，电缆检测，漏缆检测
	传输系统	—	设备安装，设备配线，性能检测、功能检验、网管检验

表 A.0.2（续）

单位工程	分部工程	子分部工程	分 项 工 程
通信	公务电话系统	—	设备安装，设备配线，性能检测、功能检验、网管检验
	专用电话系统	—	设备安装，设备配线，性能检测、功能检验、网管检验
	无线通信系统	—	设备安装，设备配线，性能检测、功能检验、网管检验
	视频监视系统	—	设备安装，设备配线，性能检测、功能检验、网管检验
	广播系统	—	设备安装，设备配线，性能检测、功能检验、网管检验
	时钟系统	—	设备安装，设备配线，性能检测、功能检验、网管检验
	乘客信息系统	—	设备安装，设备配线，性能检测、功能检验、网管检验
	办公自动化系统	—	设备安装，设备配线，性能检测、功能检验、网管检验
	电源设备	—	设备安装，设备配线，性能检测、功能检验、网管检验
	防雷与接地	—	接地装置安装，接地
	集中告警系统	—	设备安装，设备配线，性能检测、功能检验
信号	正线信号	光电缆线路	电缆支架，光电缆敷设，光电缆防护，光电缆接续，箱盒
		信号机、发车指示器和按钮装置	信号机，发车指示器，按钮
		LEU、应答器和标志牌	LEU，应答器，标志牌
		无线接入设备	漏缆，波导管，无线接入设备
		室内设备	区间电缆引入，电缆桥架，信号系统各子系统机柜，各类终端，电源相关设备，配线
		单体测试及系统检验	联锁系统，ATP 系统，ATS 系统，ATO 系统
		防雷及接地	防雷设施，接地设施
	车辆基地信号	光电缆线路	光电缆敷设，光电缆防护，光电缆接续，箱盒
		信号机、按钮装置	信号机，按钮
		无线接入设备	漏缆，波导管，无线接入设备
		室内设备	室外电缆引入，电缆桥架，信号系统各子系统机柜，各类终端，电源相关设备，配线
		单体测试及系统检验	联锁子系统，监测子系统，ATP 子系统
		防雷及接地	防雷设施，接地设施
电梯、自动扶梯及自动人行道	自动扶梯、自动人行道	—	设备进场验收，土建交接验收，整机安装检验
	曳引式无机房电梯	—	设备进场验收，土建交接验收，整机安装检验
	系统检验	—	轿厢空载运行，轿厢额定荷载运行，轿厢门开关

表 A.0.2（续）

单位工程	分部工程	子分部工程	分项工程
自动售检票系统	管线敷设	—	支吊架安装，保护管安装，缆线布放
	电源、接地与防雷	—	设备安装及配线，性能检测、功能检验、网管检验
	设备安装	—	车站终端设备、机房设备安装与配线
	车站终端设备功能检验	—	自动检票机、半自动售票机、自动售票机、自动加值机、自动验票机、便携式验票机设备性能检测、功能检验、网管检验
	车站计算机系统检验	—	车站局域网、紧急按钮设备性能检测、功能检验、网管检验
	线路中央计算机系统检验	—	线路中央计算机局域网设备性能检测、功能检验、网管检验
	票务清分系统检验	—	票务清分系统计算机局域网、容灾设备性能检测、功能检验、网管检验，网络化运营验收检测
火灾自动报警系统	管线敷设	—	管槽安装，桥架安装，线缆敷设，线缆引入
	设备安装	—	探测器、控制器、显示装置及手动报警按钮，消防电话等安装
	电源、防雷与接地	—	消防设备应急电源、系统备用电源、防雷设备，防雷测试、接地测试
	单机功能检验	—	设备安装，硬件测试，软件测试
	系统检验	—	系统功能测试，联动功能测试
综合监控系统	管线敷设	—	管槽安装，桥架安装，线缆敷设，线缆引入
	设备安装	—	服务器，工作站，通信处理设备，网络设备、综合后备盘，显示大屏
	电源与接地	—	设备安装，接地测试
	单机功能检验	—	基本功能测试，中央级功能测试，车站级功能测试，互联系统功能测试
	系统检验	—	响应时间，切换时间，平均负荷率
环境与设备监控系统	管线敷设	—	管槽安装，桥架安装，线缆敷设，线缆引入
	设备安装	—	传感器，控制器，电动阀，配电盘
	电源、防雷与接地	—	消防设备应急电源、系统备用电源、防雷设备，防雷测试、接地测试
	单机功能检验	—	设备安装，硬件测试，软件测试
	系统检验	—	系统功能测试，联动功能测试
安防系统	管线敷设	—	支吊架安装，保护管安装，缆线布放
	电源、接地与防雷	—	设备安装及配线，性能检测、功能检验、网管检验
	设备安装	—	终端设备、机房设备安装与配线
	周界报警系统检验	—	设备性能检测、功能检验、网管检验

表 A.0.2（续）

单位工程	分部工程	子分部工程	分项工程
安防系统	视频监视系统检验	—	设备性能检测、功能检验、网管检验
	电子巡更系统检验	—	设备性能检测、功能检验、网管检验
	安检设施检验	—	设备性能检测、功能检验、网管检验
通风空调及供暖	风管与通风部件	—	风管设备安装，配件安装，系统试压与调试，防腐，绝热
	供暖系统	—	管道安装，配件安装
	抗震支吊架	—	抗震支吊架安装，吊杆等配件安装
	设备安装	—	风机设备安装，防护设备安装，散热器及辅助设备安装
	系统检验	—	联合试运转
门禁系统	线缆敷设及设备安装	—	线缆敷设，设备安装
	系统检验	—	系统功能测试，软件功能测试
站台门	各站站台门安装	管槽及线缆敷设	管槽安装，支吊架安装，线缆敷设
		站台门安装	门槛安装，上部结构安装，门体结构安装，滑动门安装，固定门安装，应急门安装，端门安装，盖板安装，设备柜安装
		电源及监控系统检验	设备安装，设备调试
		系统检验	单体门测试，监视功能测试，整侧门体调试

附录 B 检验批质量验收记录

B.0.1 检验批质量验收记录可按表 B.0.1 填写。

表 B.0.1 _____检验批质量验收记录

单位工程名称				
分部工程名称				
分项工程名称		验收部位		
施工单位		项目负责人		
施工质量验收标准的规定		施工单位检查评定记录		监理单位验收记录

		施工质量验收标准的规定	施工单位检查评定记录	监理单位验收记录
主控项目	1			
	2			
	3			
	4			
	5			
	6			
	7			
	8			
一般项目	1			
	2			
	3			
	4			
	5			
	6			
施工单位检查评定结果		专职质量检查员： 年 月 日 分项工程技术负责人： 年 月 日		
勘察单位现场确认情况（需要时）		现场负责人： 年 月 日		
设计单位现场确认情况（需要时）		负责人： 年 月 日		
监理单位验收结论		监理工程师： 年 月 日		

附录 C 分项工程质量验收记录

C.0.1 分项工程质量验收记录可按表 C.0.1 填写。

表 C.0.1 _____ 分项工程质量验收记录

单位工程名称			
分部工程名称		检验批数	
施工单位		项目负责人	

序号	检验批部位	施工单位检查评定结果	监理单位验收结论
1			
2			
3			
4			
5			
6			
7			
8			
9			
10			
11			
12			

说明:

施工单位检查评定结果		分项工程技术负责人: 年 月 日
勘察单位验收结论（需要时）		专业负责人: 年 月 日
设计单位验收结论（需要时）		专业负责人: 年 月 日
监理单位验收结论		监理工程师: 年 月 日

附录 D 分部工程质量验收记录

D.0.1 分部工程质量验收记录可按表 D.0.1 填写。

表 D.0.1 _____ 分部工程质量验收记录

单位工程名称				
施工单位				
项目负责人		项目技术负责人		项目质量负责人
序号	分项工程名称	检验批数	施工单位检查评定结果	监理单位验收结论
1				
2				
3				
4				
5				
6				
7				
8				
9				
10				
	质量控制资料			
	实体质量和主要功能检验（检测）报告			

验收单位	施工单位		项目负责人： 年 月 日
	监理单位		监理工程师： 年 月 日
	勘察单位 （需要时）		项目负责人： 年 月 日
	设计单位 （需要时）		项目负责人： 年 月 日
	建设单位 （需要时）		项目负责人： 年 月 日

附录 E 单位工程质量控制资料核查记录

E.0.1 单位工程质量控制资料核查记录可按表 E.0.1 填写。

表 E.0.1 单位工程质量控制资料核查记录

工程名称				施工单位			
序号	项目	资料名称	份数	施工单位		监理单位	
				核查意见	核查人	核查意见	核查人
1		图纸会审记录、设计变更通知单、工程洽商记录					
2		工程定位测量、放线记录					
3		原材料出厂合格证书及进场检验、试验报告					
4		成品及半成品出厂合格证或试验报告					
5		施工记录					
6		分项、分部工程质量验收记录					
7		工程质量事故调查处理资料					
8		新技术论证、备案及施工记录					
9		常见质量问题专项治理检查验收记录					
10		……					
结论:							
施工单位项目负责人： 年 月 日				总监理工程师（建设单位项目负责人）： 年 月 日			

附录 F 单位工程实体质量和主要功能核查记录

F.0.1 单位工程实体质量和主要功能核查记录可按表 F.0.1 填写。

表 F.0.1 单位工程实体质量和主要功能核查记录

单位工程名称			
施工单位			
序号	项　目	资 料 份 数	核 查 意 见	核 查 人
1				
2				
3				
4				
5				
6				
7				
8				

结论：

施工单位项目负责人： 年　月　日	总监理工程师： 年　月　日	
勘察单位项目负责人： 年　月　日	设计单位项目负责人： 年　月　日	建设单位项目负责人： 年　月　日

附录 G 单位工程观感质量核查记录

G.0.1 单位工程观感质量核查记录可按表 G.0.1 填写。

表 G.0.1 单位工程观感质量检查记录

工程名称		施工单位	
序号	项目	抽查质量状况	质量评价
1		共检查（　）点，好（　）点，一般（　）点，差（　）点	
2		共检查（　）点，好（　）点，一般（　）点，差（　）点	
3		共检查（　）点，好（　）点，一般（　）点，差（　）点	
4		共检查（　）点，好（　）点，一般（　）点，差（　）点	
5		共检查（　）点，好（　）点，一般（　）点，差（　）点	
6		共检查（　）点，好（　）点，一般（　）点，差（　）点	
7		共检查（　）点，好（　）点，一般（　）点，差（　）点	
8		共检查（　）点，好（　）点，一般（　）点，差（　）点	
9		共检查（　）点，好（　）点，一般（　）点，差（　）点	
10		共检查（　）点，好（　）点，一般（　）点，差（　）点	
11		共检查（　）点，好（　）点，一般（　）点，差（　）点	
12		共检查（　）点，好（　）点，一般（　）点，差（　）点	
13		共检查（　）点，好（　）点，一般（　）点，差（　）点	
14		共检查（　）点，好（　）点，一般（　）点，差（　）点	
15		共检查（　）点，好（　）点，一般（　）点，差（　）点	
观感质量综合评价			
结论：			
施工单位项目负责人： 　　　　　　年　月　日		总监理工程师： 　　　　　　年　月　日	
设计单位项目负责人： 　　　　　　年　月　日		建设单位项目负责人： 　　　　　　年　月　日	

注：1. 观感质量评定应由建设单位组织设计、监理、施工单位共同进行现场评定。
　　2. 本表格内容需根据《观感质量现场检查原始记录》填写。
　　3. 对质量评价为差的项目应进行返修。

附录 H 单位工程质量竣工验收记录

H.0.1 单位工程质量竣工验收记录可按表 H.0.1 填写。

表 H.0.1 单位工程质量竣工验收记录

工程名称		结构类型		层数/建筑面积	
施工单位		技术负责人		开工日期	年 月 日
项目负责人		项目技术负责人		完工日期	年 月 日
序号	项目	验收记录		验收结论	
1	分部工程验收	共（　）个分部，经查符合设计及标准规定的（　）个分部			
2	质量控制资料核查	共（　）项，经核查符合规定的（　）项			
3	安全和使用功能核查及抽查结果	共核查（　）项，符合规定的（　）项；共抽查（　）项，符合规定的（　）项；经返工处理符合规定的（　）项			
4	观感质量验收	共抽查（　）项，达到"好"和"一般"的（　）项；经返修处理符合要求的（　）项			
综合验收结论					
参加验收单位	建设单位	监理单位	施工单位	设计单位	勘察单位
	（公章） 项目负责人： 年 月 日	（公章） 总监理工程师： 年 月 日	（公章） 项目负责人： 年 月 日	（公章） 项目负责人： 年 月 日	（公章） 项目负责人： 年 月 日

本标准用词说明

1 为便于在执行本标准条文时区别对待,对要求严格程度不同的用词说明如下:
1)表示很严格,非这样做不可的用词:
正面词采用"必须",反面词采用"严禁"。
2)表示严格,在正常情况下均应这样做的用词:
正面词采用"应",反面词采用"不应"或"不得"。
3)表示容许稍有选择,在条件许可时首先应这样做的用词:
正面词采用"宜",反面词采用"不宜"。
4)表示有选择,在一定条件下可以这样做的,采用"可"。

2 条文中指明应按其他有关标准、规范执行的写法为:"应符合……的有关规定"或"应按……执行"。

引用标准名录

1 《电梯安装验收规范》（GB 10060）
2 《自动喷水灭火系统设计规范》（GB 50084）
3 《火灾自动报警系统施工及验收规范》（GB 50166）
4 《电气装置安装工程接地装置施工及验收规范》（GB 50169）
5 《电气装置安装工程盘、柜及二次回路接线施工及验收规范》（GB 50171）
6 《砌体结构工程施工质量验收规范》（GB 50203）
7 《钢结构工程施工质量验收规范》（CB 50205）
8 《地下防水工程质量验收规范》（GB 50208）
9 《建筑装饰装修工程质量验收标准》（GB 50210）
10 《给水排水管道工程施工及验收规范》（GB 50268）
11 《起重设备安装工程施工及验收规范》（GB 50278）
12 《建筑工程施工质量验收统一标准》（GB 50300）
13 《建筑电气工程施工质量验收规范》（GB 50303）
14 《电梯工程施工质量验收规范》（GB 50310）
15 《安全防范工程技术规范》（GB 50348）
16 《城市轨道交通通信工程质量验收规范》（GB 50382）
17 《盾构法隧道施工及验收规范》（GB 50446）
18 《城市轨道交通技术规范》（GB 50490）
19 《城市轨道交通综合监控系统工程技术标准》（GB 50636）
20 《钢结构焊接规范》（GB 50661）
21 《城市轨道交通公共安全防范系统工程技术规范》（GB 51151）
22 《火灾报警控制器》（GB 4717）
23 《电梯制造与安装安全规范》（GB 7588）
24 《道路交通标线质量要求和检测方法》（GB/T 16311）
25 《城市轨道交通安全防范系统技术要求》（GB/T 26718）
26 《地下铁道工程施工质量验收标准》（GB/T 50299）
27 《综合布线系统工程验收规范》（GB/T 50312）
28 《组合式空调机组》（GB/T 14294）
29 《天然大理石建筑板材》（GB/T 19766）
30 《预制混凝土衬砌管片》（GB/T 22082）

31	《建筑玻璃应用技术规程》	(JGJ 113)
32	《天然石材产品放射防护分类控制标准》	(JC 518)
33	《天然花岗石建筑板材》	(JC/T 205)
34	《地铁杂散电流腐蚀防护技术规程》	(CJJ 49)
35	《中低速磁浮交通设计规范》	(CJJ/T 262)
36	《中低速磁浮交通道岔系统设备技术条件》	(CJ/T 412)
37	《中低速磁浮交通轨排通用技术条件》	(CJ/T 413)
38	《铁路工程土工试验规程》	(TB 10102)
39	《铁路工程桩基无损检测规程》	(TB 10218)
40	《铁路给水排水施工质量验收标准》	(TB 10422)
41	《铁路混凝土工程施工质量验收标准》	(TB 10424)
42	《铁路工程结构混凝土强度检测规程》	(TB 10426)
43	《高速铁路路基工程施工质量验收标准》	(TB 10751)
44	《高速铁路桥涵工程施工质量验收标准》	(TB 10752)
45	《高速铁路隧道工程施工质量验收标准》	(TB 10753)
46	《高速铁路轨道工程施工质量验收标准》	(TB 10754)
47	《紧固件机械性能螺栓、螺钉和螺柱》	(CB/T 3098.1)
48	《电子巡查系统技术要求》	(GA/T 644)